北京金融评论

BEIJING JINRONG PINGLUN

《北京金融评论》编辑部 编

2011年第3辑

中国金融出版社

责任编辑：张翠华
责任校对：刘　明
责任印制：丁淮宾

图书在版编目（CIP）数据

北京金融评论（Beijing Jinrong Pinglun）．2011年第3辑/《北京金融评论》编辑部编．—北京：中国金融出版社，2011.9
ISBN 978-7-5049-6104-4

Ⅰ．①北…　Ⅱ．①北…　Ⅲ．①金融—文集　Ⅳ．①F83-53

中国版本图书馆CIP数据核字（2011）第187951号

出版发行 中国金融出版社
社址　北京市丰台区益泽路2号
市场开发部　（010）63266347，63805472，63439533（传真）
网 上 书 店　http://www.chinafph.com　（010）63286832，63365686（传真）
读者服务部　（010）66070833，62568380
邮编　100071
经销　新华书店
印刷　保利达印务有限公司
装订　平阳装订厂
尺寸　185毫米×260毫米
印张　18.75
字数　352千
版次　2011年9月第1版
印次　2011年9月第1次印刷
印数　1-5000
定价　38.00元
ISBN 978-7-5049-6104-4/F.5664

学术委员会及编委会名单

Academic Committee and Editorial List

学术委员会

编委会

前　言

Preface

金虎辞旧岁，玉兔迎新春。“十二五”开局，在历经三十余年波澜壮阔激动人心的改革历程后，13 亿炎黄子孙开创了世界经济发展史上令人炫目的“中国奇迹”，正昂首迈入新的历史时期。站在新的历史起点上，我国既面临难得的历史机遇，同时世情、国情的深刻变化又使得我们的发展面临诸多可以预见和难以预见的风险和挑战。站在新的发展高度上，我国综合国力及体制机制的活力显著增强，同时经济社会发展中的深层次矛盾明显增多，坚持改革、促进发展、维护稳定的任务依然十分繁重。

经济实践搭台，理论研究唱戏。越是困难复杂的经济形势，越是千变万化的风险挑战，就越能为理论研究和调查分析工作提供更广阔的空间。诚如 20 世纪 30 年代的经济大萧条成就凯恩斯的宏观经济理论革命，20 世纪 70 年代的全球滞胀成就卢卡斯的理性预期革命一样，当前的这种复杂多变、波谲云诡的国际国内经济金融形势也许更能体现理论研究与调查研究的魅力，甚至成就新的经济学革命。

思想指导实践，评论传播思想。“十二五”时期，《北京金融评论》将进一步致力于汇集经济金融理论与实践研究精华，凝聚首都金融改革发展真知灼见，争当关注改革发展热点主题、探索理论研究难点问题，展示首都金融改革发展非凡成就的一面旗帜。我们期待与首都及全国各界人士共享智慧，围绕转变经济发展方式、构建逆周期的金融宏观审慎管理制度框架、推进利率市场化改革、完善地方政府金融管理体制、促进区域经济社会发展等多个视角，充分发挥改革创新精神，进一步解放思想，实事求是，破除旧有思维习惯的束缚，深入调查研究，挖掘鲜活材料，创作出一批思想深邃、生动反映时代特征的精品。

杨国中

目 录
Contents

特稿

金融高管论坛

学术探索

理论纵横

分析研究

工作交流

风险防范

特稿

巴塞尔资本协议Ⅲ对我国货币政策的潜在影响分析

中国人民银行课题组[①]

一、引言

国际金融危机引发了理论范式、市场实践与政策制定的全面反思与讨论，来自各方面的争议如影随形，货币政策以及监管框架的重构似乎不可避免。国际清算银行（BIS）提出用宏观审慎性的概念来应对导致危机中“大而不倒”、顺周期性、监管不足、标准不高等问题（周小川，2011），建立微观审慎和宏观审慎相结合的金融监管新模式，巴塞尔资本协议Ⅲ应运而生，其核心框架包括：提高银行资本基础的质量、一致性和透明度；扩大资本框架的风险覆盖面；引入杠杆率，补充风险资本要求；建立全球流动性指标，降低流动性风险；建立逆周期超额资本。经过多次讨论修订，2010 年 12 月 16 日，巴塞尔银行监管委员会（The Basel Committee on Banking Supervision，以下简称巴塞尔委员会）正式发布了该协议，并要求各成员国 2 年内完成相应监管法规的制定和修订工作，2013 年 1 月 1 日开始实施新监管标准，2019 年 1 月 1 日前全面达标。2011 年 4 月，中国银监会发布了我国实施新监管标准的指导意见，我国银行业将于 2012 年 1 月 1 日开始执行新监管标准，资本充足率、杠杆率、流动性等监管标准都高于巴塞尔资本协议Ⅲ，要求系统重要性银行和非系统重要性银行分别于 2013 年底和 2016 年底前达到新监管标准。近年来，尽管我国主要商业银行在经历改制上市后，资本充足率及经营稳健性水平大幅提高，但巴塞尔资本协议Ⅲ的正式实施，仍将会对金融机构的微观经营行为，以及建立在微观基

---

① 课题组组长：马德伦

课题组成员：杨国中　姜再勇　严宝玉　曹　莉　盛朝晖　卢　川　余　剑　李宏瑾　钱　珍

马德伦系中国人民银行副行长、研究员；杨国中、姜再勇、严宝玉、盛朝晖、卢川、余剑、李宏瑾、钱珍供职于中国人民银行营业管理部；曹莉供职于中国人民银行国际司。

础之上的货币政策框架带来一定的影响。

二、巴塞尔资本协议Ⅲ的基本内涵

巴塞尔资本协议Ⅲ是巴塞尔委员会为改善银行业风险管理以及加强银行的透明度和信息披露而出台的全面性改革措施①。2008 年国际金融危机爆发后，针对巴塞尔资本协议Ⅱ暴露的缺陷和不足，巴塞尔委员会对巴塞尔资本协议Ⅱ的相关内容进行了若干修订，出台了一系列征求意见稿和最终稿，形成了巴塞尔资本协议Ⅲ的基本框架。2009 年 9 月，巴塞尔委员会通过该协议实施框架；同年 12 月，巴塞尔委员会就《增强银行业抗风险能力（征求意见稿）》和《流动性风险计量标准和监测的国际框架（征求意见稿）》2 份文件向社会公开征求意见。这 2 份文件对如何加强银行资本和流动性管理、增强银行抵御风险的能力提出了修订意见，构成了巴塞尔资本协议Ⅲ的主体。2010 年 7 月 28 日和 9 月 12 日，巴塞尔委员会又对巴塞尔资本协议Ⅲ进行了调整，11 月在韩国首尔举行的 G20 峰会通过了该协议。此后，2011 年 7 月 19 日，经金融稳定理事会（FSB）全体会议同意，巴塞尔委员会发布了题为《全球系统重要性银行（G-SIBs）：评估方法及额外的损失吸收要求》的咨询性文件，具体阐明了系统重要性的评估方法，对全球系统重要性银行提出了附加的资本要求，以确保其具备额外的损失吸收能力。

巴塞尔资本协议Ⅲ立足于巴塞尔资本协议Ⅱ的三大支柱②，主要从五个方面对商业银行经营活动的监管标准提出了调整意见：

（一）提高银行资本基础的质量、一致性和透明度

危机显示：不同经济体对于银行资本定义不一致，并且缺乏透明度，造成市场不能充分评估和比较不同银行的资本。

首先，巴塞尔委员会统一了银行资本的定义。一级资本和二级资本分别被定义为在持续经营条件下吸收损失的资本和在破产清算时吸收损失的资本，取消了仅能用于覆盖市场风险的所谓三级资本。巴塞尔委员会给出了一级资本和二级资本的标准，要求银行一级资本的主要构成必须是普通股和留存收益，其他一级资本工具也必须能够在持续经营条件下充分吸收损失③。监管标准调整主要针对普通股，调整项目主要包

---

① 参见《Enhancements to the Basel Ⅱ framework》（2009. 7），www. bis. org/publ/bcbs157. html。

② 巴塞尔资本协议Ⅱ的三大支柱分别是“最低资本要求”、“监管当局的监督检查”和“市场约束”。

③ 即具有以下特征：次级的、对非累积的红利和息票支付有充分灵活性、没有到期日也没有激励赎回的机制。

括从普通股中扣除商誉及其他无形资产，债务工具、贷款和应收项目、股票、自用及投资房地产的未实现损益，所持有本银行的股票，预期损失准备金的缺口，现金流套期储备，养老金缺口等；允许银行将持有的其他金融机构的少数股权、递延税款资产和抵押贷款服务权益计入普通股，但上述三者的比例之和不得超过15%。

其次，巴塞尔委员会给出了各级资本的充足率要求：从2015年1月1日开始，全球各商业银行由普通股构成的“核心”一级资本占银行风险资产的下限将从现行的2%提高至4.5%；一级资本充足率下限将从现行的4%上调至6%；总资本充足率保持8%不变。

再次，巴塞尔委员会要求各家银行设立“资本留存缓冲资金”(Capital Conservation Buffer)，总额不得低于银行加权风险资产的2.5%，该规定将在2016年1月—2019年1月之间分阶段执行。这样，由普通股构成的“核心”一级资本充足率最终将被提高到7%；总的资本充足率也将被提高到10.5%。

为提高资本透明度，增进市场约束，巴塞尔委员会还提出了一系列信息披露方面的要求，包括披露资本工具的所有要素以及与财务报告科目的详细对应关系等。此外，对可能引发系统性风险的大银行，巴塞尔委员会要求增加附加资本（Capital Surcharges）、或有资本（Contingent Capital）和保释债（Bail - in Debt）等资本和类资本要求，以便在危机发生时可以转化为普通资本来吸收损失。

表1　　最低资本充足率标准实施阶段　　单位:%

	2013	2014	2015	2016	2017	2018	2019
“核心”一级资本充足率	3.5	4.0	4.5	4.5	4.5	4.5	4.5
一级资本充足率	4.5	5.5	6.0	6.0	6.0	6.0	6.0
总资本充足率	8.0	8.0	8.0	8.0	8.0	8.0	8.0
资本留存缓冲资金比率				0.625	1.25	1.875	2.50
“核心”一级资本充足率+资本留存缓冲资金比率	3.5	4.0	4.5	5.125	5.75	6.375	7.0
总资本充足率+资本留存缓冲资金比率	8.0	8.0	8.0	8.625	9.25	9.875	10.5

资料来源：《Press release：Group of Governors and Heads of Supervision announces higher global minimum capital standards》，2010-09-12。

（二）扩大资本框架的风险覆盖面

为解决巴塞尔资本协议Ⅱ对表内外风险和衍生品交易相关的风险暴露覆盖不全的问题，2009年7月，巴塞尔委员会发布了对交易账户和资产证券化的监管措施：

针对交易账户和证券化产品蕴含的潜在风险，对其赋予更高的风险权重，实现更多的资本计提。此次巴塞尔资本协议Ⅲ又提出了加强交易对手信用风险（主要源于衍生品交易、回购和证券融资活动）的资本监管。主要措施包括：采用压力因子决定交易对手信用风险的资本要求；对与交易对手信用水平下降相关的盯市损失（Mark - to - market Losses）计提资本；加强抵押品管理和提高初始保证金标准等。这些强化措施将提高单个银行机构的稳健性。此外，巴塞尔委员会允许银行对达到严格标准的中央交易对手的抵押品和盯市风险暴露（Marker - to - market Risk Exposures）采用零风险权重，该标准与提高双边场外交易的衍生品风险的资本要求一起，鼓励场外衍生品交易通过中央交易对手和交易所交易，降低了相互关联的衍生品市场交易可能产生的系统性风险。

（三）引入杠杆率，补充风险资本要求

为了控制银行体系表内外杠杆率的过度累积，巴塞尔资本协议Ⅲ引入了杠杆率监管作为风险资本框架的补充措施。杠杆率的定义为资本与表内外总资产①的比值，是一个基于总敞口的简单无风险加权指标。在计算杠杆率时，巴塞尔委员会定义资本为一级资本，并规定一级资本杠杆率不低于3%。杠杆率标准将在2013—2017年进行测试，最早在2018年正式实施。

（四）建立全球流行性指标，降低流动性风险

为加强银行流动性风险管理、控制流动性风险暴露，巴塞尔资本协议Ⅲ建立了适用于国际活跃银行的全球流动性标准，包括流动性覆盖率（Liquidity Coverage Ratio，LCR）和净稳定资金比率（Net Stable Funding Ratio，NSFR），两个指标分别从2015年和2018年开始实施。

LCR主要确保银行短期（30天）内高质量的可变现资产能够应付可能的资金流出，表达式为：LCR = 优质的流动性资产储备/30天内净资金流出量≥100%。资金净流出 = 资金流出 - 资金流入。其中，高质量的流动资产包括现金、存入央行的相关资产和债券投资等，不同等级的债券投资有不同的折扣率；30天内资金流入包括零售和批发客户的应收款收回和质押拆出的资金收回等；30天内资金流出包括个人零售存款流失、企业或机构存款流失、金融机构借款流失等。巴塞尔委员会规定不同的存款（借款）来源采用不同的转换系数②，零售存款转换系数较低，金融机构

---

① 表外项目是形成高杠杆率的重要因素，包括：承诺项、无条件可撤销承诺、直接信用替代、承兑、备用信用证、贸易信用证、未完成交易和未结算证券等。

② 转换系数是指对一定数额资金的折算比例，转换系数越高说明存款流失的概率越大。

的批发性存款转换系数较高，从而鼓励银行获取稳定的零售存款，限制银行通过批发性融资来支持资产发展的业务模式。

NSFR 考察的是银行中长期（1 年内）的流动性，表达式为：NSFR = 可用的稳定资金[①]/业务所需的稳定资金 ≥100%。该指标要求银行要有稳定的中长期资金来源（资本、稳定的存款等）支持，纠正银行资产和负债在期限上错配的问题。在可用的稳定资金中，不包括金融机构的同业短期存款，限制了银行通过批发性融资进行中长期贷款和投资。在所需的稳定资金中，引入了表外业务对资金需求的考核。

该框架还包括一套监测指标[②]以帮助监管当局识别和分辨单个银行与银行体系的流动性风险趋势，作为监管当局评估流动性最低标准的补充。

（五）建立逆周期超额资本

巴塞尔资本协议Ⅲ引入逆周期的资本充足制度，即采取一系列措施推动银行在经济上行期建立超额资本用于经济下行期吸收损失，以维护整个经济周期内的信贷供给稳定。目前，巴塞尔委员会提出了建立 0 ~ 2.5% 的“逆周期超额资本”（Counter - cyclical Buffer）要求。

此外，巴塞尔委员会正在推进基于预期的、前瞻性的损失准备金制度，与现行的“确认损失”准备金模型相比，该框架将更加透明地反映实际损失，并降低顺周期效应。

三、巴塞尔资本协议Ⅲ对我国货币政策的潜在影响

从货币政策视角考虑，巴塞尔资本协议Ⅲ的实施对我国货币政策可能产生的影响主要表现在以下几个方面：

（一）更高的资本充足率标准将在一定程度上压缩我国货币政策信贷传导渠道发挥作用的空间

近年来，尽管我国直接融资规模迅速发展，在社会融资总量中的比重不断提升，但人民币新增贷款依然占据半数以上的份额，银行信贷仍然是货币政策传导的重要渠道。巴塞尔资本协议Ⅲ逐步提高商业银行的总资本充足率和核心资本充足率，将约束商业银行扩张信贷的能力，特别是我国将执行比巴塞尔资本协议Ⅲ更为严格的

① 稳定资金是指在持续存在的压力情景下，在一年内能够保证稳定的权益类和负债类资金来源。

② 包括合同期限错配、融资集中度、可用的无变现障碍资产和与市场有关的监测工具。

资本充足率标准，核心一级资本充足率不低于5%，系统重要性银行资本充足率不低于11.5%，分别比巴塞尔资本协议Ⅲ的规定高0.5个和1个百分点，商业银行的可贷资金占比将会有所降低，信贷渠道发挥作用的空间将有所减少。当然，由于当前我国多数商业银行的资本充足率已经达到巴塞尔资本协议Ⅲ最终要求标准，经过测算，提高资本充足率压缩的风险权重信贷资产，相较于我国年度新增信贷规模以及庞大的贷款余额，其实际影响相对有限。但随着商业银行信贷资产的扩张，资本充足率约束的影响将会逐渐显现。

（二）扩大资本框架的风险覆盖范围，有利于监管和货币政策调控，但规避监管的金融创新活动对未来货币政策的潜在影响不容忽视

一方面，巴塞尔资本协议Ⅲ限制了商业银行将表内业务向表外转移，有利于监管和货币政策调控。近年来，我国商业银行表外业务发展较快，包括理财产品等金融衍生产品市场规模不断扩大，不少商业银行通过发行信托贷款类理财产品，将信贷资产由表内转为表外。由于表外业务不在资产负债表内反映，易成为金融监管和货币政策调控的盲区。巴塞尔资本协议Ⅲ尽可能覆盖表内外风险和衍生品交易，提高了对交易账户、资产证券化和表外渠道的风险敞口的资本要求，限制了商业银行将资产从表内向表外转移，将有利于金融管理当局对风险的全面掌控。

另一方面，巴塞尔资本协议Ⅲ可能促使商业银行不断进行试图逃避监管的金融创新，对未来货币政策调控的潜在影响不容忽视。当金融法规的约束大到回避它们便可以增加经营利润时，“发掘漏洞”和创新就非常可能发生。巴塞尔资本协议Ⅲ既限制了商业银行的可贷资金，影响了其传统的盈利能力，同时又对更加宽泛的业务范畴进行了监管规定。在已有表外业务被纳入监管范畴后，商业银行为了弥补传统的信贷业务受限后的利润缩减，将有强大动力开发新的金融产品，特别是我国规定银行杠杆率为4%，高于巴塞尔资本协议Ⅲ标准1个百分点，不受杠杆率约束的新表外业务可能构成金融创新的重要方式。更加隐蔽复杂的表外业务及其难以洞察的真实运行机制，将加大货币政策调控的难度。

（三）更高的流动性监管要求可能冲击市场流动性及利率水平，中央银行的货币政策调控将面临更加复杂的环境

巴塞尔资本协议Ⅲ拟在2015年及2018年实施流动性覆盖率及净稳定资金比率指标，我国要求银行业机构应于2013年和2016年达到上述两项指标的监管要求。为达到流动性覆盖率要求，商业银行必须留存更多的流动性备付，以应对短期的资金流出。我国货币市场上，商业银行尤其是大型商业银行是主要的资金融出者，如

果其留存更多的备付，将会在很大程度上影响市场资金供给，进而影响市场流动性及市场利率。并且我国货币市场的实际运行中，大型商业银行的资金拆出、拆入行为往往还具有示范效应，能够在很大程度上影响一般中小商业银行和其他市场参与者的预期，引发连锁反应，加大市场的波动。为达到净稳定资金比率要求，商业银行在负债经营方面必须采取更加积极主动的措施，以吸收大量的长期稳定的资金。但目前金融市场的发展加剧了金融脱媒趋势，在负债方面主要表现为大量资金游离于银行体系之外，商业银行吸收的资金趋于短期，不稳定性增加，商业银行存款竞争也日益激烈，不少银行加大了吸收存款的力度，甚至出现变相提高利率吸收存款的情况，市场流动性及利率也容易出现短时期大幅波动，中央银行公开市场操作面临更为复杂的环境。需要强调的是，如果巴塞尔资本协议Ⅲ同时对所有商业银行（或者大多数商业银行）实施，则各家商业银行同时在货币市场上回收流动性①的一致性举措将很快造成市场流动性的紧缺，并进而造成市场利率的大幅波动。为维护金融市场流动性及利率水平的稳定，中央银行的准备金政策、利率政策以及公开市场操作水平都将受到考验，对对冲性操作的力度及其时机的把控需要中央银行具有高超的管理水平和艺术。

（四）资本和流动性约束增强了中央银行对商业银行信贷结构实行差别化指导的重要性

在当前条件下，利息收入仍然是我国商业银行收入的主要来源。由于受高标准的资本充足率和贷款损失准备的监管约束，在现有资本总量不变的前提下，商业银行信贷高投放总量将会受到限制。为保证盈利水平，在信贷投放总量既定的条件下，商业银行可能会将贷款集中投放于风险度较低的经济发达地区、大行业、大企业以及有政府担保背景的领域，以降低贷款的违约率、损失率和风险敞口。而对经济不发达地区、经济社会发展的薄弱环节的行业以及一些有发展前景但目前经济效益不佳的企业，信贷投放力度可能会减弱。商业银行信贷投放可能出现的这种结构性变化，会对经济运行产生一定影响。对于一些容易获得信贷资金的行业和企业而言，将会产生投资冲动，助长其非理性扩张，或将资金投入生产，导致一些行业产能过剩；或投资资本市场，助推资产价格上涨。在经济上行周期，这些风险尚未暴露，一旦经济运行步入下行周期，则会形成商业银行不良资产。而对于那些不易获得信贷资金的欠发达地区、行业和企业而言，由于不能及时获得足够的资金支持而无法发展，从而使当地产业结构、经济结构得不到有效调整，导致区域经济发展的不平衡性进一步扩大，地区经济发展

① 回收流动性既包括减少拆出资金，也包括拆入资金。

失衡。因此，需要加强货币政策的结构化窗口指导力度。

（五）特有的宏观审慎监管外延要求中央银行适时改进和创新货币政策工具

为弥补现行金融监管的缺陷，巴塞尔委员会将宏观审慎管理纳入到新的资本协议中。但宏观审慎管理并不能独自担当金融体系稳健的重责。从这次金融危机救助过程中可以看到，为了防止金融体系的不稳定、经济的衰退，货币当局也制定了相关政策，采取了相应的措施。有些政策和宏观审慎管理有所重叠，这种重合源于两者目标以及角色定位的关联。货币政策稳定经济活动的价格和产出，其目标追求的是国民经济的稳定发展，宏观审慎管理稳定整个金融体系的发展，其目标追求的是为国民经济稳定发展提供良好的金融功能服务。通过对金融部门的稳健性管理和抑制金融机构的顺周期性，宏观审慎监管抑制了经济过度波动，服务于货币政策，为中央银行有效地实施货币政策提供保障。但是仅仅依靠宏观审慎监管工具来应对金融风险存在很大压力，货币政策也应积极灵活地创新工具，通过逆周期调节，增强宏观审慎监管的力度和效果。特别是在当前开放经济条件下，宏观审慎管理框架并没有涉及国际货币体系中的重大问题，如以美元为代表的国际货币的投放并没有得到有效约束，银行同样可以在满足巴塞尔资本协议Ⅲ的各项指标基础上，不断扩张信用。在完全资本开放条件下，一些国家仍将会面临全球流动性泛滥时无法保持本国经济稳定发展的问题。因此，宏观审慎管理的外延扩展到全球性风险时，跨境资本流动政策、汇率制度都将在宏观审慎管理中发挥重要作用，也迫切需要货币政策创新工具，拓展作用空间。

四、巴塞尔资本协议Ⅲ对我国金融和宏观经济影响的实证分析

巴塞尔资本协议Ⅲ将对商业银行资本及流动性提出更高的要求，商业银行为满足新的监管规定，将通过各种手段在市场筹集普通股资金，收缩资产并提高其信贷标准，短期内致使市场流动性和信贷趋于紧缩，贷款数量减少，市场利率上升，从而有可能导致实体经济面临下行的压力；随着市场对银行融资补充资本金效果的消化，金融市场流动性将逐步恢复，利率将出现下降，银行信贷也将随之增长，较高的资本充足度水平还将提高银行和整个金融体系的风险抵御能力，提高银行资产和信贷质量，从而有利于降低整体经济和金融体系风险，促进经济的长远健康发展。

以 2005 年第一季度至 2010 年第三季度的季度数据为分析样本，通过 VAR 模型

和脉冲响应函数，对巴塞尔资本协议Ⅲ提高资本充足率要求对我国金融和宏观经济的影响进行了实证分析。由于数据的关系，我们以资本资产比例作为资本充足率的替代指标，考察商业银行资本金提高对市场流动性（以银行间债券质押式回购加权平均利率作为替代指标）、银行信贷增长率、银行信贷质量（不良贷款率）和经济增长（GDP 同比增速）的具体影响。结果表明，与很多担忧巴塞尔资本协议Ⅲ将威胁经济增长的观点不同，虽然提高银行体系资本要求在短期内将导致金融市场流动性紧张和商业银行信贷收缩，但这种效应是较为短暂的。特别是提高商业银行资本要求将有助于其资产质量的持续改善，而这也正是巴塞尔资本协议Ⅲ的政策意图。同时，对资本监管要求的提高对经济影响的担心也不必过度忧虑，提高资本监管要求将有利于长期经济增长。

提高资本监管要求对市场流动性和信贷的负面冲击效应较为短暂，这主要是由于这一时间区间我国商业银行资本充足率较高，金融市场环境相对宽松，商业银行盈利能力和资本市场融资功能提高，商业银行竞争不充分面临的风险相对较小等因素造成的。

上述实证分析结果是以 2005 年第一季度至 2010 年第三季度我国金融和经济环境为分析背景的。虽然其间经济受到全球金融危机的冲击，货币政策也经历了由稳健到从紧再到适度宽松的多次调整，但总的来看过去 6 年我国经济增长处于持续上升周期，GDP 增速始终在 9% 以上，银行竞争相对不充分、金融环境和市场流动性总体宽松，市场风险相对较小，因而提高资本金要求的负面冲击也相对较小。但需要指出的是，如果经济增长趋势发生逆转，货币政策转向稳健操作并从根本上扭转金融市场流动性过剩局面，同时，如果金融机构竞争加剧，那么提高银行资本金要求对金融和经济的负面冲击持续时间将更长，经济面临的负面影响也将更大。

因此，一方面，金融监管部门应根据经济金融发展的实际情况，适时稳妥地推进巴塞尔资本协议Ⅲ的实施方案，切实提高商业银行抵御风险的能力和服务实体经济的水平；另一方面，中央银行应密切根据经济的变化和金融机构的实际情况，及时采取相机抉择的政策，有效对冲资本监管新要求的负面冲击，确保经济金融的平稳健康发展（详细内容见附件）。

五、政策建议

巴塞尔资本协议Ⅲ有利于增强金融体系的稳健性，减少金融机构顺周期行为对经济运行的不利影响。但是，如上分析，作为一项更加严格的监管政策，短期内可能会对货币政策传导机制、金融体系和经济运行带来一定的冲击。因此机构在实施巴塞尔资本协议Ⅲ时，应充分考虑我国金融体系现状，分步推进。同时，货币政策也需要采取一些对冲措施，以化解短期冲击。

（一）大力发展金融市场，拓展货币政策传导渠道

金融市场既是企业融资的一个重要渠道，也是货币政策操作的重要平台。大力发展金融市场，有利于化解巴塞尔资本协议Ⅲ短期内对信贷传导渠道带来的冲击。因此，应进一步推进金融市场建设，扩大货币政策传导途径，将社会融资规模作为金融调控的中间目标。继续大力发展货币市场，增加货币市场主体，发展多种货币市场产品，为公开市场操作提供更多的工具。继续推动股票、债券市场的发展，完善多层次的资本市场体系，在为企业融资提供多元化渠道的同时，也为商业银行建立正常的资本金补充机制提供支持，提高资本市场的货币政策传导效应。

（二）加强对金融创新的疏导和管理

金融创新是提高我国金融业核心竞争力的内在要求，也是金融机构提升风险管理水平的重要工具。金融创新要与金融体系的发展成熟水平相适应，为实体经济服务，满足市场的真实有效需求，按照商业可持续的原则进行规划设计。中央银行和监管部门要进一步密切跟踪市场，了解最新的金融创新态势，全面及时地掌握金融创新风险，摸清微观金融运行机制，引导商业银行进行合理的金融创新，尤其是提高服务于实体经济的金融创新水平。同时，建立有效的激励约束机制，强化商业银行经营责任，降低金融机构道德风险，提高金融创新的透明度，为货币政策决策提供有效的信息，促进金融业平稳健康发展。

（三）加强对市场流动性的监测和调节

巴塞尔资本协议Ⅲ实施之后，中央银行要密切关注金融市场的流动性和利率水平所受到的影响，加强对市场流动性的监测和调节，及时调整货币政策工具的运用方式，掌握好调控的力度和时机，合理引导市场预期，防范货币市场利率大起大落，确保货币市场资金的有效供给，为宏观经济金融运行创造一个平稳有序的政策环境。

（四）进一步完善窗口指导政策

中央银行应根据不同资本规模的商业银行，结合资本充足率的要求，积极对商业银行进行窗口指导，以保持与经济增长相适应的信贷规模及结构。积极引导金融机构增加对信誉优良、具有发展潜力的中小企业的有效信贷投入，对欠发达地区以及中小企业贷款占比有一定的比例要求，并在这些金融机构出现流动性短缺时予以

适当的中央银行资金支持。适时对商业银行的行业性和区域性的信贷集中进行预警，适当限制商业银行向某些行业和地区增加贷款，防范贷款过度集中引起的金融风险。

（五）积极探索货币政策促进宏观审慎管理的作用

增强货币政策工具的逆周期调节效果。从利率工具看，可以考虑从单维度的利率变量向多维度的利率向量转变，中央银行既要通过基准利率这一政策工具实施货币政策，也要对利差有适当的管理，从而调节银行业为实体经济服务的积极性，防止出现过多的顺周期行为，同时也应稳步推进存贷款利率市场化步伐，通过一系列的利率变量共同作用于市场，形成利率向量的相互影响。从存款准备金率看，虽然目前一些国家法定存款准备金率影响货币供应量的功效已经越来越弱化，个别国家甚至已经停止了法定存款准备金率的制度。但在境外资金流入过多的背景下，法定存款准备金率和其他国家有很大的不同，法定准备金率的制度不仅不应该被弱化，还需要加强其在信用总量调节中的作用。此外，在目前国内银行业的系统性风险主要集中在房地产信贷、政府融资平台等方面，以及全球性的系统性风险从发达国家向新兴发展中国家蔓延的形势下，财税、跨境资本管理、汇率等政策在宏观审慎管理框架也具有重要作用。因此，在积极探索货币政策促进宏观审慎管理的作用时，应加强货币政策与这些政策的协调与衔接。

附：

巴塞尔资本协议Ⅲ对我国宏观经济影响的实证分析

一、巴塞尔资本协议Ⅲ对金融和宏观经济的潜在影响渠道

巴塞尔资本协议Ⅲ对银行资本充足提出了更高的要求，普通股充足率最低要求由原来的2%提高到4.5%，一级资本充足率最低要求（包括普通股和其他满足一级资本定义的金融工具）由4%提高到6%。在此基础上，银行应保留2.5%的资本留存缓冲，并可根据各国情况实施逆周期资本缓冲（提高普通股充足率0～2.5%）或补充其他能充分吸收损失的资本。短期来看，巴塞尔资本协议Ⅲ的新要求无疑将加大银行资本充足率的要求，银行为满足新监管标准，将通过各种手段在市场筹集普通股资金，收缩资产并提高其信贷标准，致使市场流动性和信贷趋于紧缩，贷款数

量减少，市场利率上升，从而有可能导致实体经济面临下行的压力。在9月12日巴塞尔委员会管理层会议上，日本、德国等国就表示，新监管标准对金融市场、银行体系及整体经济恢复的影响很大，甚至将影响当下的经济复苏步伐。但是，如果从经济发展的长期趋势来看，较高的资本充足度要求将提高银行和整个金融体系的风险抵御能力，提高银行资产和信贷质量，从而有利于降低整体经济和金融体系风险，促进经济的长远健康发展。提高资本监管要求对我国金融和宏观经济的影响到底怎样，我们可以通过VAR模型来进行实证分析。

二、模型和变量选择

我们主要关心商业银行资本充足度提高对银行流动性、银行信贷、资产质量、实体经济的影响，因此可以通过向量自回归模型VAR进行定量分析，观察资本充足率提高对各变量的冲击反应。具体模型如下：

$$Y_{it} = \sum_{p=1}^{k} A_i Y_{i,t-p} + \varepsilon_{i,t}$$

其中，Y_i代表各变量，A为系数向量，$\varepsilon_{i,t}$为白噪声误差。

变量选择方面，由于目前中国银监会仅公布了2009年以来我国商业银行资本充足率季度数据，样本数量较小，因而不适宜进行计量分析。但是，除了风险资本资产比例的资本充足度指标外，资本/资产比率也是衡量资本充足度的重要指标（戴相龙，2000），即未经风险加权的杠杆率指标，而这一指标也是9月12日巴塞尔委员会管理层会议要求对最低资本要求建立的补充要求，并将在过渡期内就3%的一级资本杠杆率标准进行测试，测试结束后最终的杠杆率标准将于2017年上半年开始实施，并于2018年纳入第一支柱。由此，我们以商业银行资本资产比率（Ratio），即总资本（总资产-总负债）/总资产×100%，作为资本充足率的替代指标。

如果我们以核心资本充足率为因变量，以资本资产比率为自变量，进行简单最小二乘回归，可以得到如下结果：

$$\text{核心资本充足率} = 1.647 + 1.323 \times \text{资本资产比率}$$

$$(2.134)(0.382)^{**} \quad R2 = 0.7497 \quad D.W. = 2.0864$$

$$F = 11.983^{**}$$ 括号内数字为标准差，**代表显著性水平为5%。

可见，以资本资产比率作为核心资本充足率的替代变量是比较合适的。银行体系流动性方面，根据我国货币市场交易情况，以银行间债券质押式回购加权平均利率（Interest）作为银行体系流动性指标，利率越低，代表市场流动性越充足；商业银行本外币贷款余额同比增长率（Loan）作为银行信贷指标；以商业银行不良贷款比例（NPL）作为信贷质量指标；以 GDP 当季同比数据作为实体经济变化的替代指标。数据分析区间为 2005 年第一季度至 2010 年第三季度的季度数据。

三、模型检验结果

（一）平稳性检验和协整检验

由于我们主要是进行时间序列 VAR 分析，因而必须对数据的平稳性进行检验。当各序列都是水平平稳时，或者各序列一阶差分是平稳（即I（1））序列并存在协整关系时，才可以通过 VAR 进行分析。这样，我们对各变量进行平稳性检验，结果如下：

附表 1　　变量平稳性检验结果

变量名称	检验形式	ADF 统计量	变量名称	检验形式	ADF 统计量
Ratio	(C, 0, 0)	-1.8513	D（Ratio）	(C, 0, 0)	-3.393 **
Interest	(C, 0, 0)	-1.5198	D（Interest）	(C, 0, 0)	-3.7998 ***
Loan	(C, T, 3)	-0.0871	D（Loan）	(C, 0, 3)	-4.9405 ***
NPL	(C, 0, 0)	-2.0196	D（NPL）	(C, 0, 0)	-6.9742 ***
GDP	(C, T, 1)	-2.682	D（GDP）	(C, 0, 0)	-2.946 *

注：检验形式（C，T，L）根据 AIC 和 SC 准则确定，*、**、***分别代表显著性水平为 1%、5% 和 10%，D 代表一阶差分。

可以发现，各变量的水平变量都是不平稳的，而各变量的一阶差分序列都至少在 10% 显著性水平下平稳，因而对其进行 Johansen 协整检验结果如下：

附表 2　　变量协整检验结果

Unrestricted Cointegration Rank Test (Trace)				
Hypothesized		Trace	0.05	
No. of CE(s)	Eigenvalue	Statistic	Critical Value	Prob. **
None *	0.845825	103.2555	69.81889	0.0000
At most 1 *	0.734486	63.99247	47.85613	0.0008
At most 2 *	0.718475	36.14461	29.79707	0.0081
At most 3	0.296032	9.526360	15.49471	0.3189
At most 4	0.097525	2.154898	3.841466	0.1421
Hypothesized		Max - Eigen	0.05	
No. of CE(s)	Eigenvalue	Statistic	Critical Value	Prob. **
None *	0.845825	39.26303	33.87687	0.0103
At most 1 *	0.734486	27.84786	27.58434	0.0463
At most 2 *	0.718475	26.61825	21.13162	0.0076
At most 3	0.296032	7.371463	14.26460	0.4462
At most 4	0.097525	2.154898	3.841466	0.1421

由迹检验和最大特征值检验可见，资本充足度、货币市场利率、信贷增长率、不良贷款率和GDP增长率这5个变量至少存在3个确定性的协整关系，因而可以直接以水平变量进入VAR系统进行分析。

（二）VAR模型和脉冲响应函数

VAR模型中，一个很重要的问题就是对最优滞后阶数p的确定。一方面，VAR模型的滞后阶数足够大，以希望更能够完整地反映所构造的模型的动态特征；另一方面，滞后阶数越大，所需估计的参数也就越多，模型的自由度也就越少。通过不同标准对VAR系统最优滞后数的检验，我们发现似然比（LR）、SC最优滞后阶数为1，而最终预测误差（FPE）、AIC准则和HQ准则为2，根据多数原则我们选择最优滞后阶数为2。

附表3　　VAR最优滞后阶数检验

Lag	LR	FPE	AIC	SC	HQ
0	NA	3.719407	15.50259	15.75128	15.55656
1	136.5301*	0.004863	8.781538	10.27371*	9.105378
2	35.25092	0.002543*	7.637399*	10.37305	8.231106*

观察VAR系统稳定性的特征根图可以发现，VAR系统的全部特征根都落在单位圆以内，因而说明我们所设定的VAR模型是稳定的。

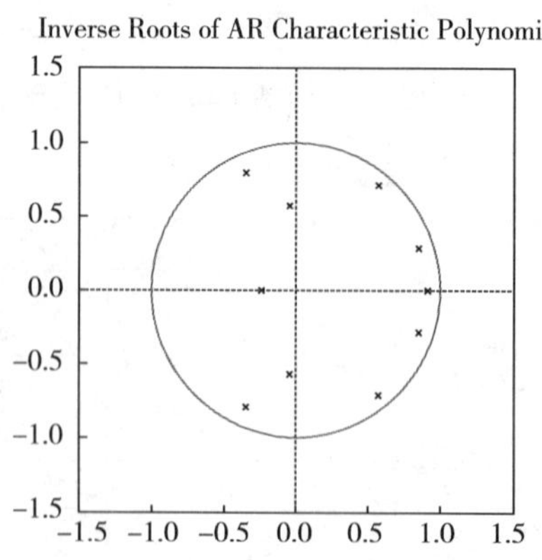

附图1　VAR系统单位根图

这样，我们可以通过脉冲响应函数来分析商业银行资本要求提高的冲击对VAR模型各变量所带来的影响。我们选择残差方差矩阵的Cholesky因子的逆来正交化脉冲，因为这个方法实际上为VAR模型的变量强加了一个次序，并将所有影响变量的公共因素归结到在VAR模型中第一次出现的变量上，而变量的排序就显得很重要，往往需要对变量间经济关系进行讨论。而正如第一部分指出的，提高银行资本金要求，将首先促使商业银行为补充普通股而在市场进行大规模融资，直接影响市场的流动性，促使利率提高，进而促使银行收缩信贷规模，改善资产质量，而利率上升和信贷规模紧缩使经济增长 GDP 面临下行的压力，因而我们的变量排序为 Ratio→Interest→Loan→NPL→GDP，这不仅仅是出于 Cholesky 分解方法上的考虑，更多的是考虑到了变量间的经济关系。由此，得到一单位资本资产比例标准差的 Cholesky 新息冲击结果如附图 2 所示：

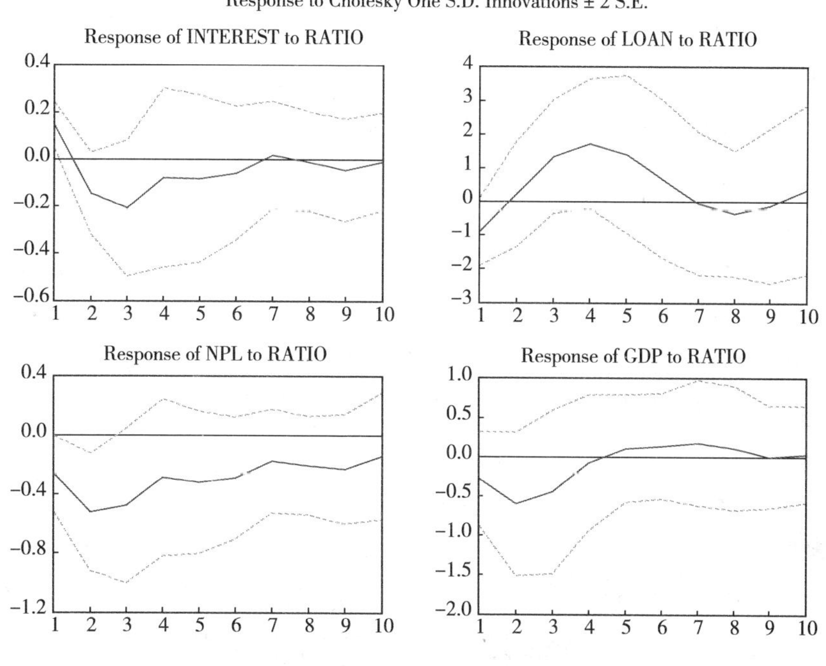

附图 2 资本充足度提高对各变量的脉冲响应函数

脉冲响应函数结果是比较理想的。由附图 2 可见，对于一单位资本充足度标准差的冲击，利率在第一期出现一定的上升，但流动性紧张和利率上升并不会维持下去，在第二期利率就将下降，市场流动性出现明显的缓解，直至第七期开始逐步收敛；与之类似，尽管受到资本金要求提高的冲击，银行体系贷款增长将首先出现下降，但在第二期开始就将出现正的反应；而资本充足度的提高对银行体系资产质量的改善一直呈现正作用，不良贷款比例在资本充足度提高后将持续下降，直至第 12 期左右收敛；经济增长方面，虽然资本充足度对 GDP 的增长将出现负的效应，但在约 1 年以后（即第 5 期开始）GDP 对资本充足度提高的反应将由负转正，并在第 8 期左右收敛，这也与提高资本监管要求将有利于长期经济增长的观点不谋而合。提高资本监管要求对市场流动性和信贷的负面冲击效应非常短暂，这可能主要是由于以下几方面原因造成的：

一是我国商业银行资本充足率较高。随着2003年以国有商业银行股份制改造为核心的现代金融体系改革的推进，目前中国商业银行资本充足率和资产质量等指标都是历史上最好的，并且远远满足巴塞尔资本协议Ⅲ的要求和其他国家水平。同时，中国实行了比较高的资本监管标准。目前中国要求股份制商业银行的资本充足率为10%，要求大型国有商业银行的资本充足率为11.5%。至2010年第二季度资本充足率和核心资本充足率分别高达11%和9%，2010年第三季度不良贷款率降至1.2%，拨备覆盖率高达203.0。可以说，至少在资本监管要求上，我国商业银行已经达到要求，因而新监管标准理论上对我国银行体系影响相对较小。

二是较为宽松的金融市场环境一定程度上削弱了提高资本监管要求的不利影响。2005年以来，我国金融市场总体环境是流动性过剩，尽管2007年至2008年上半年采取了紧缩性的货币政策，但并未根本解决市场资金的基本面状况。特别是为应对全球金融危机，在史无前例的大规模经济刺激计划和2009年巨额信贷投放等因素作用下，2009年2月至2010年5月M2同比增长率一直高于20%，M1同比增长率一度高达39%（2010年1月），这是1998年以来（甚至经济高涨的2007年）从未出现过的。在流动性过剩的环境下，银行补充资本金的冲击将很快被市场消化，因而提高资本金要求也不会带来过多的影响。

三是我国商业银行盈利能力的提高和资本市场的发展一定程度上也弱化了资本监管要求的不利影响。根据安邦资讯的统计，2010年前三个季度，16家上市银行共实现净利润5 293亿元，同比增长33.68%，预计全年税后利润将达8 555亿元，这为补充资本金提供了有利条件。而且，作为我国资本市场重要组成部分的银行类上市公司的融资能力一直是比较强的。随着资本市场的逐渐活跃，银行也能够比较容易地通过资本市场补充足够的资本金，银行业对资本市场的净融资压力会明显减小。因此，市场对提高银行资本监管要求的影响已经有了充分的预期，其不利影响发挥的作用空间将进一步缩小。

四是我国银行面临的风险相对较小，加强资本监管要求的影响相对不大。虽然此次金融危机很大程度上是由于金融创新过度带来了巨大的风险并严重威胁了银行吸收风险的能力，但与欧美发达国家不同的是，我国金融业面临的问题恰恰是金融创新不足。我国金融市场发育程度很大程度上类似于1988年巴塞尔资本协议Ⅰ时各国金融体系，仍然是以银行间接金融为主，并进行较为严格的分业经营限制，商业银行金融创新风险头寸要远远小于欧美金融机构，因而巴塞尔资本协议Ⅲ对我国商业银行的影响也相对较小。

四、结论性评述

我们通过VAR模型和脉冲响应函数，对巴塞尔资本协议Ⅲ提高资本金要求对我国金融部门和宏观经济的影响进行了实证分析，结果表明，与很多担忧巴塞尔资本协议Ⅲ将威胁经济增长的观点不同，虽然提高银行体系资本要求将在短期内导致金融市场流动性紧张和商业银行信贷收缩，但这种效应是较为短暂的，因为市场可以预期提高银行体系的资本要求将提高商业银行吸收风险的能力，有助于其金融功能的发挥和服务实体经济的能力。特别是提高商业银行资本要求将有助于其资产质量的持续改善，而这也正是巴塞尔资本协议Ⅲ的政策意图。同时，对资本监管要求的提高对经济影响的担心也不必过度忧虑，提高资本监管要求将有利于长期经济增长。目前国内对巴塞尔资本协议Ⅲ对我国经济影响的担忧是不必要的。这既是由于我国多年来持续不懈的金融改革所获得的成果，也是与我国目前特定的金融经济发展阶段密不可分。因此，当前商业银行和各有关部门应更进一步加强风险管理，提高经营绩效和金融创新能力，真正改善金融服务实体经济的状况，有效抵御和吸收市场风险，促进金融和经济的和谐健康发展。

金融高管论坛

以科学监管推动北京保险业健康可持续发展

丁小燕[①]

"十一五"期间，北京保监局深入贯彻落实科学发展观，认真执行保监会的各项方针政策，结合首都实际，坚持科学的监管理念，围绕"抓监管、防风险、促发展"的监管主线，积极推动北京保险业健康可持续发展，为首都经济社会建设作出了应有的贡献。

一、行业实现跨越发展

5年来，北京保险业在复杂多变的环境下保持了平稳较快增长态势，规模实力显著增强，市场体系逐步健全，服务领域不断拓宽，风险防范能力进一步提高，行业发展跃上了新台阶。

（一）业务规模快速增长，行业实力显著增强

"十一五"时期，全行业保费收入年均增长14.2%，是首都国民经济发展最快的行业之一。2010年保费收入达966.5亿元，比2005年翻了近一番。截至2010年末，保险公司总资产达到2 558.8亿元，是2005年的2.4倍，占全国保险业总资产的5.1%。保险密度5 201.6元，保险深度7%，始终位居全国前列。2010年末全行业承担各类风险总额超过41.7万亿元，5年累计赔付支出804.2亿元。

（二）市场体系不断健全，对外开放持续推进

"十一五"时期，不同业务类型、多种组织形式的保险公司相继设立，保险中

① 作者简介：丁小燕，现任中国保险监督管理委员会北京监管局局长。

介市场快速发展，再保险市场逐步壮大，主体多元化、经营专业化、竞争差异化的市场格局基本形成。截至2010年末，北京保险市场共有保险分公司和直接经营业务的总公司88家，比2005年增加1倍。保险专业中介法人机构331家，兼业代理机构6 278家，保险营销员6万人。11个国家和地区在北京设立了30家外资独资和合资保险营业机构，21个国家和地区在北京设立了90家保险代表机构。

（三）业务结构不断优化，经营效益持续向好

“十一五”期间，北京保险业转变发展方式取得积极进展，提升业务质量和内涵价值，注重速度与质量、结构、效益的协调统一成为行业共识。5年间，产险公司持续盈利，承保利润从2005年的5.4亿元增长到2010年的7亿元，2010年承保利润率为4.3%，高于全国1.6个百分点；保险专业中介机构由亏损转为盈利，实力增强。业务结构不断优化，产险公司非车险业务占比高于全国2.6个百分点；反映寿险公司发展质量的标准保费达到137亿元，年均增长23.3%。

二、加强监管促发展

5年来，北京保监局根据北京保险业发展的阶段性和区域性特征，尊重和把握现阶段保险业的发展规律，以有效监管促进行业健康可持续发展。

（一）以科学监管理念促进监管方式转变

北京保险市场具有主体多、发展快、消费者法律意识强、金融安全稳定要求高等特点，监管部门把建立基础扎实、竞争有序、风险可控的保险市场作为监管责任，把保护消费者利益作为监管目标。5年来，北京保监局重视行业科学发展，注意研究保险业的发展规律，注重“三个坚持”，实现“三个转变”，即坚持加强监管就是促进发展，实现了由培育市场向规范市场的转变；坚持抓监管制度建设不放松，实现了由事后查处向事前规范的转变；坚持遵循市场经济发展规律，实现了由以行政监管为主向行政和市场化手段监管并重的转变。5年来的实践表明，良好的市场竞争环境、安全稳定的市场运行态势、政府和社会认可度的提升，是行业持续发展的强大动力。

（二）以制度建设促进市场秩序规范

5年来，北京保监局在保险法律法规的框架下，出台了88个保险监管制度，涉及保险经营主体管理、从业人员管理、保险产品规范、经营行为规范等各个方面，

为夯实监管基础、提高监管有效性提供了制度保障。比如，在车险监管领域通过实施“见费出单”管理制度、推行商业车险费率浮动、加强中介业务监管，彻底扭转了车险市场无序竞争的局面；加强意外险市场监管，首先明确航意险经营标准，规范经营行为，然后着手制定意外险经营规范，较好地解决了意外险市场长期存在的管理混乱问题。“十一五”期间，北京保监局以制度建设促进市场规范，以技术手段保障制度落实，取得了较好的实效，提高了监管的科学性、有效性。

（三）以标本兼治的方式解决市场存在的突出问题

“十一五”期间，在北京保险市场发生深刻变化的同时，新的矛盾和问题也影响了行业的健康发展。针对问题，北京保监局制定了阶段性监管工作目标，重点解决保险业务领域的数据不真实、销售误导和理赔难等突出问题，采取制度规范与严厉查处相结合的方式，先后对 344 家（次）保险机构实施了现场检查，处罚违法违规保险机构 95 家（次），处理责任人 78 人（次）。5 年来，先后制定和出台了保险消费者风险提示、人身险产品销售管理规定、机动车保险理赔时效以及农业保险承保理赔时效规定等规范性文件，不断加大监管的力度，一些市场反映突出的问题得到有效遏制，行业合规经营意识有所提高。

三、防范风险促稳定

5 年来，北京保险业经历了复杂的经济金融环境变化，积极应对国际金融危机的影响。不断增强风险意识，努力实现行业的可持续发展。

（一）保险监管主导作用有效发挥

北京保监局在监管中注重统筹行业发展与风险防范相互协调，通过建机制、定制度防范保险风险，维护市场安全。一是不断健全风险预警机制，建立了非现场风险监测制度和分类监管办法，加强动态风险监测，对风险抓早抓小，增强监管预见性和针对性。二是制定了行业突发事件应急预案和应急处置责任追究办法，强化了重大突发事件管理要求，落实各级机构领导责任，切实提高保险机构风险应对和处置能力。三是定期对重点公司、重点业务开展风险排查，妥善处置风险个案，加强与公安、金融监管等部门的沟通协调，及时处置风险苗头，防止行业发生大的系统性风险。

（二）保险机构主体作用不断加强

一是注重发挥保险机构在防范多类风险中的主体作用，从源头强化风险管理。5

年来，保险机构加强内控建设，全面覆盖、全程管理、全员参与的全面风险管理开始起步；强化依法合规意识，通过健全完善薪酬福利、考核激励、职责分工、授权授信、内部审计等内控制度，逐步树立稳健经营理念，使行业快速发展中的各类风险得到较好控制。二是注重强化对保险机构内控建设的指导、监管，督促公司将监管要求嵌入内控制度，通过监管外力推动市场主体提升风险防范能力，加强内部审计监督，督促落实案件责任追究机制。

（三）积极应对金融危机影响

国际金融危机发生后，保险业及时采取行动，重点防范三类风险：一是受金融危机影响的外资保险公司在北京的分支机构，二是受资本市场影响较大的投资型保险产品，三是风险承受能力较弱的远郊区县保险市场。通过跟踪研究国际金融危机的变化和影响，加强对重点公司和退保情况的监督，及时提示保险公司经营风险，指导行业建立应急处置措施，增强了行业和公众对保险市场的信心。由于应对措施得力，北京保险业务没有出现大的波动。与此同时，北京保险业加强与北京市有关部门沟通协调，充分发挥出口信用保险对外贸出口的支持作用，帮助北京出口企业渡过难关。仅2010年，出口信用保险就为短期和中长期出口提供了135.5亿美元的保障，同比增长58.3%。对北京一般贸易的渗透率①达到55.7%。

四、维护权益促和谐

实现和维护保险消费者合法权益是保险监管的出发点，也是行业可持续发展的立足点。北京保监局积极探索建立保护保险消费者利益的长效机制，促进了行业和消费者和谐关系的形成和巩固。

（一）全力解决销售误导和理赔难等不诚信问题

为有效治理保险销售误导，北京保监局加大关键环节和主要渠道的监管力度，通过加强保险知识宣传等方式，提高消费者防范和识别风险的能力。一是针对宣传、销售、新单回访三个关键环节，制定相关监管规定，强化了保险公司的管理责任。二是针对销售人员资质，明确了银保渠道持证上岗、挂牌展业、投连险销售人员学历和经历等要求，促进销售人员整体素质的提高。三是针对消费者风险偏好，建立了投连险销售适用制度，帮助消费者正确认识风险承受能力，确保投连险产品销售

---

① 一般贸易的渗透率=承保金额/一般贸易出口额。

给适合的人群。经过5年的努力，北京保险市场已经基本形成了覆盖销售全过程的防治销售误导的监管制度。在处理车险理赔难问题方面，北京保监局与交管部门联合建立了交通事故快速处理机制，通过简化理赔手续，打击骗赔行为，维护保险消费者的权益。2007—2010年，保险公司累计快速处理交通事故中的保险案件近300万起，平均结案周期缩短了三成，没有发生一起拒赔案件；通过公布车险理赔质量测评指标和理赔信息，有力地促进了保险公司改善理赔服务，车险平均结案周期缩短40%，结案率提高了12个百分点；2010年行业建立了车险定损人员分级认证和分类管理制度，一方面加强定损人员管理，另一方面提高定损人员专业技能，达到改善车险理赔服务的目的。

（二）拓宽消费维权渠道，确保消费者诉求得到解决

一是重视保险信访工作，提高信访投诉处理水平。“十一五”期间，北京保监局不断完善信访工作流程，改进信访工作方式，提高信访工作效率。先后制定完善信访回访和督查制度、信访投诉业内通报和社会公开披露制度，做到信访问题“件件有回复，事事有结果”。二是加大对信访投诉重点公司和突出问题的监管力度，督促保险公司改善管理和服务。信访投诉总量连续3年下降，行业依法合规经营意识增强。三是推动行业建立保险合同纠纷调解机制，开辟了消费者维权新渠道。发挥调解机制在公平、公正地解决保险合同当事人的利益纠纷，维护保险合同双方合法权益方面的积极作用。2008年至今，行业纠纷调解机构共受理纠纷案件1 565件，结案率达到95%。最高人民法院和北京市高级人民法院充分认可北京保险行业的纠纷调解工作。

（三）加大信息披露力度，高度重视消费者权益

一是加强了政务信息公开工作，主动公开保险监管政策法规，行政审批、许可流程和结果，现场检查程序、范围、内容、纪律，实施行政处罚的法定依据、结果等信息，促进了行政执法行为的公平、公正。二是重视行业信息的公开透明，先后制定出台了投保提示、车险理赔质量测评指标、意外险保单查询等各方面的信息披露制度，切实保障保险消费者的知情权和选择权。三是高度重视消费者教育和风险提示工作，采取形式多样、内容丰富的保险消费者教育措施，引导保险消费者树立正确的消费理念和风险意识。

五、服务能力显著提高

北京保险业积极探索保险业服务首都经济社会的新领域和新方式，作为提升行

业能力赢得发展空间的新途径。

（一）支持首都经济平稳较快发展

一是及时处理灾害事故赔偿，“十一五”期间，北京保险业累计赔付804.2亿元，平均每年赔付160.8亿元，累计承担了数十万亿元的风险保障，较好地发挥了经济补偿和社会风险管理功能。二是为首都建设提供资金支持。保险资金积极参与了北京地铁等基础设施建设、土地储备等不动产投资项目。三是服务科技创新战略，保险业有针对性地推出了关键研发设备保险、专利保险等15个新险种，为科技创新企业提供风险管理等多种服务，累计为800余家（次）高新技术企业提供了760亿元的风险保障，赔付金额达1.2亿元，有力地支持和促进了科技进步。四是支持都市型现代农业发展，在北京市政府的支持下，采取“政府推动、政策支持、市场运作、农民参与”的方式开展政策性农业保险。“十一五”期间，政策性农业保险为种植业、养殖业提供了18个险种，覆盖北京75%的农业生产资源，累计为72.1万户（次）提供了263.9亿元保障，赔款支出7.4亿元，受益农户39万户（次）。北京的政策性农业保险制度得到国务院有关部门的充分肯定，受到欧盟、印度等国际组织和国家的关注。

（二）通过保险方式服务社会建设和管理创新

截至2010年底，保险业为北京提供了超过1.8万亿元的涉及公众、产品等领域的各类责任保险保障。在医疗责任保险方面，北京保险业在全国率先实施医疗责任保险制度，缓解了医患纠纷，提高了医疗机构风险管理意识和水平，取得了很好的社会效果，累计承保医疗机构2 104家（次），承保医务人员33.9万人（次），提供了48.4亿元的医疗责任风险保障，累计处理医疗纠纷7 139件。在校方责任保险制度方面，投保的学校、幼儿园达到2 795所，公立学校、幼儿园的覆盖面达到100%，保障人群达161.9万人，各类校园安全事故明显减少，受到了各级政府的充分肯定和社会各界的高度赞扬。在辅助道路交通安全管理方面，实施交通事故快速处理机制，缓解全市道路交通拥堵；实施商业车险费率浮动机制，运用经济杠杆引导社会公众规范驾驶行为，减少事故发生。

（三）支持多层次社会保障体系建设

一是积极提供企业补充医疗保险服务，2010年商业健康险服务人群180万人（次），投保率约为20%，赔款对参保人医疗费用支出的补偿率达到35%。二是提供中小学生意外伤害和意外医疗保险服务，2010年全市有122万名学生投保，投保率约为50%，6.3万名学生得到赔付，赔付金额为4 460万元。三是提供高端医疗保险服务，2010年为3.5万人（次）的在京外籍人士提供了与其本国无差异的医疗保险服务。四是提供商业性养老保险服务，截至2010年底，全行业已为市民未来养老积累准备金2 399.3亿元，4家专业养老保险公司也在企业年金管理中发挥了主渠道作用。

（四）圆满完成北京奥运保险服务

2008年，北京保险业为40个奥运场馆和5个奥运场站、4万名运动员和奥运会官员、12万名赛会志愿者和40万名城市志愿者提供了全面风险保障。北京保监局组织全行业推出了保险服务奥运9项措施，大大提升了行业服务能力，得到了社会公众和政府的充分肯定，有14家保险公司和89名个人受到了北京市政府表彰。

北京保险业“十一五”期间取得的成绩，得益于中国保监会的正确指导，得益于北京市委、市政府的大力支持，得益于全行业的共同努力。“十二五”期间，北京保险业将面临更复杂的发展形势，承担更艰巨的风险管理责任。总结过去，成绩可嘉，展望未来，任重道远。北京保监局将继续以科学发展观为指导，努力推动行业加快转变发展方式，实现科学发展。围绕服务北京建设世界城市这一发展目标，加强能力建设，提升管理水平，努力实现在“十二五”末建成与首都经济社会发展水平相适应的现代保险业的规划目标。

加大创新力度　优化客户结构　打造诚信文化　努力实现业务发展“两个一”

孙德顺[①]

交通银行北京市分行成立22年以来，在交通银行总行党委和北京市金融监管部门的正确领导和科学监管下，各项业务快速稳健发展，逐步成长为北京银行业一支举足轻重的力量。截至2010年末，交通银行北京市分行本外币资产总规模达到5 886.91亿元；按照五级分类口径，本外币不良贷款8.51亿元，占比0.33%；全年实现本外币经营利润76.38亿元，本外币拨备后利润76.06亿元。根据中国人民银行营业管理部对北京市各商业银行主要业务指标的信息披露数据，2010年交通银行北京市分行在17项业务发展指标中，15项市场占比得到提升，其中本外币同业存款、本外币各项贷款、外币存款等8项指标市场占比超过10%，大型银行的地位得到巩固加强。2011年上半年，交通银行北京市分行各项业务继续保持快速健康发展态势，盈利能力显著增强。

2005年交通银行实现公开上市以来，进一步加大体制机制改革力度，焕发出旺盛的经营活力。以交通银行总行党委书记、董事长胡怀邦同志为核心的领导班子审时度势，提出“走国际化、综合化道路，建设以财富管理为特色的大型活跃银行集团”的战略构想，即“两化一行”战略，要求全行各项业务都要努力争取“跑赢大市，争先进位”，并结合国家“十二五”规划，提出“倍增计划”的业务发展规划。交通银行北京市分行在总行“倍增计划”整体框架内，详细制定业务发展“两个一”工程规划，计划利用3~4年的时间，实现本外币资产总规模突破10 000亿元，

① 作者简介：孙德顺，现任交通银行北京市分行党委书记、行长。

年度经营利润超过100亿元的发展目标。在推动“两个一”工程的过程中，分行将进一步加大创新力度，优化客户结构，并着力打造诚信文化，努力实现业务发展指标与综合市场竞争力的“双提升”。

一、强化创新意识，加大创新力度

2011年是“两个一”工程建设开局之年，对于交通银行北京市分行未来发展而言是打基础的一年。分行将进一步创新发展理念、创新发展模式、创新服务方式，通过实施以公司营销、个金营销、组织管理、运营保障、风险防控五大体系建设为核心的体制机制改革，进一步解放生产力，促进各项业务全面协调可持续发展。

（一）创新发展理念

市场在发展，社会在进步，要想赢得竞争，就必须进一步提升对创新工作的认识。一是树立“事事关注创新”的理念，在求新求变中求发展。银行是服务行业，服务行业最大的特点就是决不能以自我为中心，“以不变应万变”，而必须以客户为中心，各项工作都能够“因您而变”。银行只有主动“放下身段”，求新求变，才能赢得客户信任，求得自身发展。二是树立“人人参与创新”的理念，强化每个人的“创新责任”。目前市场竞争如此白热化，竞争的技术含量如此之高，银行干部员工必须将创新置于头等重要位置，作为每个人的“本职事，分内事”，人人参与创新，才能保证不被竞争所淘汰。三是树立“法无禁止皆可为”的理念，正确认识监管政策。要进一步解放思想，一方面严格遵章办事，不踩“红线”；另一方面要放开手脚，大胆创新。四是树立“创新就是核心竞争力”的理念，迅速将业务创新能力转化为市场拓展能力和客户服务能力。要在业务创新过程中真正为客户解决实际问题，以创新促客户发展，以创新提升核心竞争力，以创新提升干部员工的经营管理水平。在树立上述四项创新理念的基础上，要进一步提升对品牌工作的认识，真正将创新作为树立品牌的有效手段，通过切实加强政策和市场把握能力，不断增强创新能力，通过持续提升创新水平，有效提高交通银行品牌的市场影响力。

（二）创新发展模式

创新发展模式要找准着力点，明确主攻方向，交通银行北京市分行当前最重要的工作就是要继续加强“五大体系”建设，落实具体措施，对“两个一”工程建设形成强大的体制机制保障。

1. 公司、个金两个新型营销体系建设方面细化营销流程。稳步推进人员调整、客户交接工作，加强团队管理，以客户关系为主导，理顺总分行直营客户及支行自营客户营销管理流程，在总分支行、各业务条线之间构建顺畅交流与紧密衔接的平台。加强信息系统建设，开发客户经理业绩统计系统，为客户经理人员配置与考核评价提供全面准确的数据支持。在个金营销体系建设过程中，要重点抓好市场研究员、个金产品经理、个金风险管理3支队伍，在此基础上实施个金销售团队标准化管理，形成全行统一规范的个金营销管理和组织推动模式，全面构建大个金框架下客户分层管理和产品营销的经营管理体系。

2. 组织管理体系建设方面

要从业务和人才两个方面大力推进组织管理体系改革。业务方面：要突出集约化管理，通过组织管理改革提升分行整体运营效率，增强整体作战能力；人才方面：要重在挖掘员工潜力，丰富选拔方式，开展分类培养，为不同人才设计不同的发展路径，真正形成干部“能上能下，能进能出”的良性循环体系。根据银行业发展变化，动态调整组织架构，通过管理创新提高劳动生产率和专业化程度，既要体现交通银行特色，也要体现北京市场特色，使我们的组织管理体系不断适应市场的发展和客户的需求。

3. 运营保障体系建设方面

以营运管理部为核心，加强“一部三中心”建设，进一步理顺部门职能和岗位职责，再造运营保障体系。要尽快使运营保障体系与其他四大体系、特别是两个营销体系顺利对接，强化运营保障团队的业务支持、产品创新和咨询顾问职能，探索高效的运营保障模式。着力打造集中管理平台和电子运营平台，突出信息技术在运营保障体系改革中的极端重要作用，切实强化电子银行条线运营能力。

4. 风险防控体系建设方面

以风险管理部为核心，整合风险防控体系，形成信用风险、市场风险、操作风险、流动性风险、合规风险、声誉风险、道德风险等七大风险分工负责、整体防控的全面管理体系，切实加强员工队伍建设，树立交通银行良好的市场口碑。通过加大风险防控体制机制改革力度，引导全行紧跟金融业改革发展进程，动态解决业务发展和经营管理中的各项风险问题。未来一段时间仍将是国内商业银行改革和创新的繁荣期，必将伴生一些新的业务风险，原有风险也会出现新的表现形式，必须切实做到“一手抓业务发展，一手抓风险防范”，真正建立扎实有效、动态完善的风险管理长效机制。

（三）创新金融产品

创新发展理念和创新发展模式，最终都需要通过创新产品服务加以具体体现。

全行要进一步加大产品创新研发力度，为客户提供超出预期的优质服务。一要加强市场调研。进一步加强市场流行产品和同业先进产品研究，增强产品区域适用性，提高发布频率。在组建交通银行北京市分行“资金管理分池”的基础上，重点研发推广“京品”系列理财产品，争取做出特色，创出品牌。二要注重集成创新。利用先进的管理手段和信息技术，对各项创新要素进行集成优化，对创新成果进行整合包装，进一步提高创新效率。三要抓好重点项目。针对央企、市属企业和中小企业建立差异化产品体系，深入研究信托类产品，推进贵金属业务创新，增加挂钩商品、指数及利率等不同金融指标的结构性外汇理财产品，建立满足客户不同风险偏好、不同投资需求的财富管理产品体系。

（四）创新服务方式

做好服务创新工作，首先，要把握短流程原则。“短流程”概念最早诞生于冶金工业中的“连铸连轧”技术，通过技术创新有效提高了劳动生产率，现已在造纸、纺织、精工制造等领域得到广泛应用。交通银行北京市分行在新型营销体系建设过程中，已经体现了这种“短流程”的思路。下一步要继续将这种思维模式运用到业务管理、日常操作的方方面面，特别是服务模式创新工作中。其次，要把握整体性原则，服务工作不仅仅体现在单一的柜面服务上，要从提供针对性金融服务方案、完善高端客户服务方式等综合角度广泛开展服务创新，通过整体服务充分满足客户需求。再次，要把握差异性原则。必须针对不同客户、不同业务品种设计差异化的服务方式。完善电子审批模式，加强虚拟渠道特色业务平台建设，通过标准化服务与特色服务相结合的方式，为不同客户提供套餐式方案选择。

二、优化客户结构，促进业务联动

随着金融脱媒、利率市场化改革和“腕骨”监管政策的实施，商业银行优化客户结构、努力扩大优质中小企业客户基础的紧迫感越来越强。交通银行北京市分行在继续狠抓负债业务的同时，将把客户结构优化工作作为最重要的一项工作抓紧抓实，突出“存款为本，客户为根”，既要着力抓好新客户，更要深入挖掘老客户，促进业务协调联动，切实打好“两个一”工程坚实的基础。

（一）贴近业务需求，为集团客户提供新兴产品、尖端服务

一是持续加强对已设财务公司的挖潜和综合营销，逐步建立财务公司标准化产品体系，尽快研究跟进财务公司对新型委贷、委托投资、分离式保函、票据集中管

理等创新产品的业务需求。二是充分利用交通银行总行建立的战略性客户境内外联动专项贷款业务机制，提高对优质集团客户的整体服务水平，增强交通银行北京市分行创新产品的核心竞争力。三是发挥交通银行北京市分行信用平台功能，在资金充裕型客户与资金需求型客户之间形成有效衔接，探索融资租赁、股权投资基金等融资新方式。

（二）加大资源投入，为中小型客户提供特色产品、一流服务

通过有针对性地提供现金管理、贸易融资、支付结算产品和上下游产业链服务，培育一批忠诚度较高的客户群。一是扩大与市属企业、中小企业的现金管理业务合作。通过针对客户量身定制的跨行支付平台及现金管理服务方案，培育企业现金管理意识，挖掘业务需求。二是以上市中小企业、拟上市中小企业、“新三板”企业为目标客户，筛选重点客户清单，把握风险投资资金存放、上市财务顾问服务、上市募集资金存管等合作机会，定向拓展目标客户。三是以经营类贷款为抓手，加强与企业在代发工资、对公理财等方面的业务合作，挖掘中小企业客户资源。四是借助国家知识产权局合作平台，推广“智融通”业务，实现对目标科技型企业客户的快速批量拓展，设计艺术品质押融资业务和艺术品投资理财产品，拓宽中小企业金融服务产品的担保模式。

（三）抢抓机遇，多措并举，大力拓展新客户

一是利用贸易结算、供应链融资等撬动上下游企业新开户。顺应大型企业资金集中管理趋势，拓展成员企业合作范围。二是以有利于扩大交通银行北京市分行优质客户、有利于信贷联动负债资源增长为原则，合理分配贷款规模，培育和增加有效客户数量。三是抓好新市场开拓，依托“银卫安康”、“财智校园”等产品，力争在交通银行北京市分行客户基础较为薄弱的医疗卫生、教育、社会保障等领域有所突破。

（四）加强协调联动，实现整体开发，提高全行营销效率

经过近年来的市场锤炼，分行单项营销能力显著提高，但整体营销能力仍显薄弱，协调联动能力亟待加强。今后工作中，分行将进一步强化“四联四促一带动”。所谓“四联”，即推动本外币、境内外、离在岸和内外贸业务联动发展，形成对客户全产品、全流程的业务覆盖。所谓“四促”，即以公司业务促进个金业务发展，特别加强公司业务对私人银行业务的支撑作用；以创新业务促进传统业务发展，突出发挥好投行业务、理财业务、银团贷款业务和综合经营平台业务的带动作用；以

传统银行业务促进电子银行业务发展，巩固自助银行现有优势，打造网上银行特色优势，争取手机银行先发优势；以信息技术进步促进银行业务升级，与时俱进地保持交通银行北京市分行各项产品和服务的高技术含量。所谓“一带动”，即在监管部门推行“宏观审慎架构”新政的条件下，深入研究存贷比、资本充足率、现金备付率等监管指标和差额准备金率等监管政策，着力发挥好资产业务、负债业务、中间业务相互之间的协调带动作用。“四联四促一带动”的核心理念是对业务的整体营销和对客户资源精耕细作式的深度发掘。分行将在深入研究客户特点的基础上，进一步整合资源、再造资源，并争取形成和发现新的客户与业务资源，以推动各项工作协调发展，实现各项业务之间的相互联动和相互促进。

三、打造诚信文化，提升社会形象

随着时代的发展和社会的进步，商业银行之间将逐渐从比拼规模、指标等硬实力向竞争干部素质、企业文化等软实力转变。交通银行北京市分行将着力打造学习型组织，提升干部素质，构建诚信文化，在和谐氛围中求发展。

（一）加强素质建设，营造“讲学习”的积极气氛

提高各级干部和全体员工的学习能力、管理能力、专业素质和综合素质是一个永恒的话题。要将人才资源作为第一资源，进一步开阔工作视野，提升管理效率，增强管理工作规范性，营造学习型组织的积极气氛。一要增强学习的紧迫感。提升全体干部员工的综合素质，不仅是形势发展和市场竞争的需要，而且是推行审慎监管和加大创新力度的要求，更是分行开展“两个一”工程建设自我挑战、自我实现的要求。当今的时代是一个学习的时代，学习已经成为一条“生存法则”而非“发展法则”。据研究，农业经济时代接受7~10年教育、工业经济时代求学15~18年，即可基本获得一生所用的知识。而当今知识经济时代，必须终身学习，否则必将面临无情淘汰，这是不以任何人的意志为转移的。二要全面学习与突出重点相结合。各级干部要正确处理好全面学习与重点学习的关系，以“本专业精，跨专业通”为原则，既要有广阔的知识面，形成厚重的人格积淀，又要在专业技能中独领风骚。三是领导干部要善于向群众学习。群众中蕴含着巨大的创新能力和发展智慧，如何唤醒和激发群众的创造性和创业热情，对各级领导干部而言都是极其重要的一项任务。各级干部都要更加贴近市场、贴近一线、贴近基层员工，通过深入细致的调研工作提升自身综合管理能力。四是中后台部门要善于向前台部门学习。银行工作是一项业务性很强的工作，作为银行干部，政治素质与业务素质密不可分，政治素质

在银行的根本体现是切实推动业务发展，而没有一定的业务素质做保障，其政治素质也就无法得到体现和加强。因此，中后台部门要加强向市场和前台部门学习，迅速跟上形势，切实发挥好政治保障作用。五是学思并重，知行合一，通过不断总结实现自我提升。我们不仅要加强学习，而且要善于思考、善于形成学习与实践的互动，时刻怀着一颗参与的心去考虑和解决问题，通过不断总结自己，不断完善自己，最终实现自我提升。

（二）打造诚信文化，形成“讲诚信”的和谐氛围

诚实信用原则是民商事法律制度的灵魂，是市场经济活动的基本道德准则。做到诚实守信，不仅代表着人格的境界，而且展示了企业的胸怀。交通银行打造最佳财富管理银行的发展目标，要求我们不断强调并大力倡导诚信文化。“财富管理，诚信为先”，我们只有在客户心目中树立起诚实守信的企业形象，才能在竞争中长久立于不败之地。

深入开展诚信文化建设，首先需要在全行形成以下几方面共识：一是诚信源于自信。为人诚实守信，是一个人对自身能力素质和事业发展充满自信的表现，是经济社会对职业经理人的基本要求。建设诚信文化，需要全行上下进一步打好素质基础，通过讲诚信树立健康自信的市场形象。二是诚信贵在坚守。“小信诚，大信立”，有大志向才能讲大诚信。企业持续发展的不竭动力，必须以诚信经营的人生信条为基础。坚守诚信原则，树立诚信形象，是一家企业最重要的无形资产。三是讲诚信才会有朋友，有朋友才能得道多助。孟子曰：“长幼有序，朋友有信”，讲信用是交朋友的前提条件。当今社会“相互合作，和谐发展”是主题，我们从事银行工作也要与客户、与同业、甚至与竞争对手广交朋友，按照中央“包容性增长”的要求实现共同发展。四是竞争越激烈，越要讲诚信。“君子爱财，取之有道”，这个“道”指的就是讲原则和守诚信。我们要将客户真正作为最宝贵的资源，通过诚实守信的职业行为，切实提升客户忠诚度。“三聚氰胺事件”殷鉴不远，该事件告诉我们，竞争再激烈也不能为追求短期业绩而损害客户利益，否则必将招致灭顶之灾。五是交通银行的诚信形象需要每个人的参与。树立一家企业的诚信形象，每名员工都必须做到“个体诚信”。所有人都应该认识到，我们的每一步行动都是在书写自己的历史，“交流融通，诚信永恒”的承诺需要全体交通银行人共同努力才能实现。每名员工无论身处任何岗位，都要在一点一滴的工作中扮演好自己的诚信角色，不做任何失信于客户的事情。

2011 年是交通银行北京市分行完成发展转型历史使命、开启“两个一”工程建设的关键一年，是承前启后、继往开来的一年，同时在交通银行北京市分行发展史

上也必将是浓墨重彩的一年。是历史选择了我们这一代交行人，让我们有机会在交通银行北京市分行“两个一”工程奋斗史上写下自己的名字。交通银行北京市分行全体干部员工将在交通银行总行党委和北京市金融监管部门的正确领导和科学监管下，继续深入落实科学发展观，团结一致，迎难而上，全力实现业务发展“两个一”工程规划目标，谱写更加华美的乐章！

解放思想　汇智创新
努力实现可持续发展

苏锡河①

随着政策性不良资产处置历史使命的逐渐完成，中国华融资产管理公司北京办事处（以下简称北京办事处）从工作性质到经营模式都面临着一系列重大转变，进行商业化转型成为其必由之路。在此过程中，业务发展没有现成的经验可以借鉴，原有的产品和业务模式已经不能适应激烈的市场竞争，风险控制成为必须深入研究和落实的新课题，内部管理机制也只有不断地改革、改进才能适应新形势的要求，这些问题都只能通过创新的视角和创新的方法进行探索、解决。为此，北京办事处在公司党委的领导下，不断解放思想，创新思维方式，转变发展模式，在业务管理、风险管理和内部管理等方面不断探索、持续创新，初步形成了一条适合北京办事处可持续发展的路子。

一、正确认识创新对北京办事处改革发展的重大意义

（一）创新是思想观念转变之基

北京办事处实施商业化转型，要求全体员工必须尽快摒弃以往长期从事政策性业务形成的思维模式，克服原有思想束缚，以取得整体优化效益为目标，创新思想，更新观念，增强市场意识，树立全新的管理思路。创新思想直接地表现为一种创新性思维活动，即价值观念和经营理念的创新，它深刻地影响北京办事处的行为和效

① 作者简介：苏锡河，现任中国华融资产管理公司北京办事处总经理。

益，是北京办事处管理创新的基石。创新思想首先要改变传统观念中的守业意识、保守意识和“等”、“靠”、“要”意识，树立大局观，增强责任心和事业心；其次要适应市场经济发展和公司商业化转型发展的要求，建构全新的思想观念，即着眼于北京办事处加快商业化转型推动公司改革发展的使命，培育和维护北京办事处良好的市场地位和社会形象，严格成本观念和质量管理意识，提高资金营运效率，强化全面风险管理观念、竞争意识和效益意识，树立以人为本、“顾客是上帝”的现代文明经营观念等。

（二）创新是业务持续发展之魂

北京办事处的持续发展需要创新。实施商业化经营之后，面对变幻莫测的金融环境和日益激烈的市场竞争，北京办事处想要得到持续发展，就必须改变固有的思想观念和经营模式，否则，就会在残酷的市场环境中碌碌无为，甚至被其他企业所替代。诚然，通过几年来的积极探索和辛勤努力，北京办事处坚持资产管理主业，积极与公司各子公司合作开展业务，整体规模和盈利能力较之以往有了很大提高，但要想真正实现可持续发展，就需要在结合北京办事处实际情况的基础上，不断创新业务模式，构筑营销渠道，寻求新的突破。只有永不停息地坚持创新，不断提升自身核心竞争实力，北京办事处才能真正获得持续、健康、长远的发展。

（三）创新是增强盈利能力之源

企业经营的最终目的是盈利，而构建一个创新到创收的过程则可以为企业带来显著效益。从北京办事处面临的金融环境来看，尽管持续实现高质量创新比较困难，但是如果北京办事处能够创新机制，建立一套旨在提高创新业绩的整体程序；创新产品，不断开发完善满足迎合金融市场服务需求的金融产品；创新服务，采取措施更好地了解各类客户的需要，高度重视潜在的市场价值，就会有很大的空间来有效地提高自身的创新业绩。不过，任何有利可图的创新都会立即被竞争者复制并获得同样程度的成功，这就要求我们必须努力保持自己的市场引领者地位，采取有力措施拉大领先优势，并创造出更为持久的竞争优势。这些措施包括：率先进行品牌战略、巩固北京办事处定位；积极提升自身能力，在博弈中始终保持一定的领先优势；建立其他竞争者很难模仿的强大市场资源、信息支持和客户服务流程；等等。事实上，扩展和完善成功的创新，对整个创新到创收的过程来说是至关重要的。

（四）创新是构建团结和谐之道

当前，在公司转型改制的新形势下，按照“稳健、创新、和谐、发展”的企业文化理念，以“机制创新、文化制胜”为指导，构建团结和谐的管理机制，是提升北京办事处形象和竞争力的制度保障。首先，树立协调意识。通过团结和谐北京办事处建设的机制创新，解决制约和影响北京办事处转型发展的重点难点问题。通过不断的机制创新，用机制激励人，用精神凝聚人，在北京办事处内部，各部门、各项工作之间构建协调、均衡机制，形成步调一致求发展的良好态势。其次，实行科学民主决策，使得领导者的主导作用与全体员工的主体作用有机统一。要让员工真正成为团结和谐北京办事处的共赢者、受益者，有效发挥出积极的动员、教育、激励和约束作用，调动员工工作的积极性和主动性，增强北京办事处的生机与活力，并逐步转化为生机盎然的生产力，促进北京办事处的团结和谐发展。再次，协调好各方面的利益关系，维护员工的根本利益。创新利益分配制度和机制，对于整顿收入分配秩序、理顺收入分配关系意义重大，同时对化解利益矛盾、促进利益均衡、实现团结和谐具有十分重要的现实意义。

二、突出业务管理模式创新，积极拓展资产管理不良资产主业并带动各项业务的全面发展

几年来，北京办事处在公司党委的统一领导下，突出了创新和可持续发展两个主题，积极克服困难，坚定必胜信心，在困难中谋求发展，在转型中经受锻炼，经过几年的探索和实践，初步形成了以资产管理业务为主业、金融中间业务和财务性投资业务并举的业务体系。

（一）统一思想，突出主业，以资产管理业务推动北京办事处商业化业务的全面发展

为加快资产管理业务发展，一方面，统一思想，按照公司做强主业的要求，坚定不移地将资产管理业务作为北京办事处的主攻方向；另一方面，深刻理解资产管理公司化解金融风险，作为金融救火队的角色，不断以创新的理念拓展资产管理的内涵和外延，力争以资产管理为纽带，推动北京办事处业务的全面发展。一是收购范围由不良资产收购扩展到问题资产、潜在风险资产收购等领域；二是资产收购的目标市场应从银行体系向信托公司等非银行金融机构延伸；三是收购资产由过去粗放经营的打包收购向单户资产收购转移，资产收购时要选择总体保障充分、风险可控但现金流暂时短缺的企业；四是当前资产管理业务应努力围绕境内金融机构不良资产收购并重组、股权资产买断经营、受托代理资产管理等业务进行，通过不断丰富、完善资产管理业务的模式，提供满足市场主体需求的产品；五是通过资产管理

业务，带动北京办事处投行类业务的开展，完成发现价值—提升价值—实现价值的业务过程。实践表明，管理生息资产达到一定规模、客户积累具备一定厚度、产品开发形成一定广度后，北京办事处必将进入一个可持续发展的良好阶段。

（二）加强研究，细分市场，明确商业化业务的主攻方向

根据北京的经济特点，北京办事处确定了同业金融、房地产金融、供应链金融和高科技金融的目标市场。同业金融业务重点在资产收购方面，主要关注银行、信托公司贷款中那些现金流暂时短缺但保障程度高的资产，营销的客户主要是银行、信托公司等金融机构；对房地产金融，合作业务将拓宽至土地一级开发融资、房产开发融资、房地产信托基金、过桥融资和自营问题房地产贷款、烂尾楼资产的收购等，在选择房地产客户时，主要把握有一定开发经验的大中型房地产企业。对总部经济的金融业务，主要选择总部设在北京的大型或特大型企业，抓住其快速扩张时机，根据其下属企业“资本短缺，资产负债率高，授信规模充足”的特性“对症下药”，提供收购银行资产并实施债转股业务；对高科技金融要通过创新体制和方法来推动。

（三）加强管理，细致梳理，拓展客户抓住重点

北京办事处要求各部门紧紧围绕细分市场，以实事求是的态度开展客户营销工作，不断加强对客户营销工作的指导，一方面，为解决在市场开拓中针对同一个客户可能出现的撞车情况，出台了《北京办事处客户营销登记管理办法》，规定对同一客户的管理，原则上由一个部门负责，要求业务部门在与客户建立联系后即向北京办事处相关部门办理登记，明确管理责任。另一方面，为了将客户营销工作做实、做细，北京办事处安排相关部门对北京市场的重点金融类企业进行了梳理，同时与所掌握的客户资源进行比对，对于疏漏与盲点指派相关业务部门，有针对性地进行上门营销，建立联系，寻找业务机会。通过不懈努力，北京办事处已经形成了多领域、多层次的客户营销渠道。

（四）围绕市场，务实创新，不断推出满足客户需求的产品

产品创新不是纸上谈兵，不是闭门造车，而是要紧贴市场，不断满足客户的需求。我们积极探索实施“蓝海”发展战略，通过加大创新力度寻求业务突破。一是始终重视与平台公司的业务合作，在为北京办事处带来商业化收入的同时，也培养了一支能够熟练运用各种金融工具的人才队伍。二是摒弃将资产管理等同于不良资产收购的传统观念，深入研究债务重组及相关会计准则，创新地理解资产管理业务

的内涵，设计出多种资产管理的业务产品。目前北京办事处主要开展的业务模式包括债务更新、债务转移、债务合并、以股抵债、结构性交易收购抵债资产、收购及反委托六种创新型债务重组模式。可以说，北京办事处已经具备了一定的产品开发能力。三是在系统内率先成立了创新业务组，抽调相关专业人员对创新工作进行专题研究；编制产品手册，为业务人员开展业务提供支持；根据客户需求设计成本可算、风险可控、利润可获的业务产品，以创新的理念不断拓展业务范围。

三、加强风险管理机制创新，确保“第一责任”落到实处

北京办事处在业务创新的同时，以创新的理念建立风险管控体系。北京办事处认真贯彻公司“风险是硬约束，是第一责任”的发展理念，围绕“风险管控在于识别风险的能力，创造价值在于经营风险的能力”的风控理念，一方面，从思想上强化全员风险意识，3 年来开展了有针对性的主题活动：2009 年开展了“健康风险文化主题活动”；2010 年开展了“我能做什么”全员大学习、大讨论活动；2011 年开展了“增强风险意识，加强廉洁自律，争做管控表率”教育年活动。同时，从制度上落实风险管控的各项要求，逐步建立起了一套适应业务发展、具备自我完善功能的“双线四眼、专业独立、全面覆盖、强化后期”风控模式。

“双线四眼”即在坚决落实公司有关工作要求的基础上，多视角审查每一笔业务，确保对业务的判断和风险的分析更加全面、准确；“专业独立”，是指北京办事处在原有的三道防火墙的基础之上，将风险评估独立委员会委员分成若干专业小组分别收集和关注不同行业的信息，有针对性地研究其行业风险，针对 2010 年初房地产市场风险加大的情况，北京办事处及时出台《房地产金融业务尽职调查情况审查指引》，有效地提高了房地产金融业务项目调查审查的质量和效率；“全面覆盖”，不仅通过健康风险文化教育树立了全员风险观，还将风险管控渗透到经营活动的各个环节，强化尽职调查、审查环节，出台项目实施前审核办法；“突出后期”，是指北京办事处要求“三分项目七分管”，强化对项目的后期管理，通过管理管出好项目。北京办事处出台了《商业化项目后期管理指引（试行）》，各业务部门根据各项目的具体情况，参照该指引对项目后期实施管理。北京办事处定期对正在实施的项目进行回访。项目组深入分析项目运行风险，帮助完善项目后期管理措施，对尽职调查、交易结构、项目审查等进行后评估，总结项目工作的经验和教训。

总体来说，北京办事处在立足经营的基础上，将全面风险管理思想纳入经营活动的各个层面之中，风险管理的重心由过去突出合规，防范道德风险的管理向包括

信用风险、市场风险和操作风险在内的管理重心转移，努力将风险管理工作做实、做细、做专业，让风险管理成为北京办事处的一张“名片”。

四、坚持内部管理机制创新，为北京办事处可持续发展提供组织和制度上的保障

针对公司进行商业化转型所面临的新情况、新特点，适应形势变化和业务发展的需求，北京办事处坚持进行体制机制创新，逐渐完善了以“五个优化”为核心的内部管理制度，对于北京办事处的全面建设特别是业务开展形成了有力支撑。

一是优化内部组织架构体系，实施“1+N”管理模式。为充分贴近市场，增强市场开拓能力，北京办事处业务部门和业务支持部门人员比例大致按7:3控制，保证了北京办事处前台人员力量。同时，北京办事处内部组织架构采取“1+N”模式运行，即业务支持部门均分别对应N个业务部门，为业务开展提供全方位的后台服务，实现前台全力拓展市场、中台实施有效的风险管理、后台全力支持前台的内部组织架构体系，从而进一步提高了工作效率，促进了各项业务工作的快速开展。

二是优化人力资源配置方式，建立梯形人才队伍。北京办事处成立10年来，尽管整体人员年龄结构相对偏大，但是由于实行了公平而具有活力的绩效考核体系，通过优化人力资源配置，实现由看资历、凭年龄积累转向看能力和业绩，有效地消除了“官本位”和“混日子”的情况，呈现出人人争先、不甘人后的良好局面。同时，北京办事处通过内部竞聘和外部招聘等方式，建立起基本适合商业化运作的梯形人才队伍，老中青人员搭配得当，岗位配置合理，能够充分发挥员工的才能，为每个员工的成长和发展创造条件。

三是优化内部考核办法，建立精细化的绩效管理体系。北京办事处紧紧围绕做稳、做实、做新，本着“基本保障、拉开差距，绩效挂钩、总量控制”的指导思想，对部门经营管理目标考核采取与商业化收入直接挂钩的绩效考核和与平衡计分卡分数挂钩的综合考核，努力建立精细化的绩效管理体系，使绩效评价和绩效考核更有透明度，更具说服力，实现员工职业价值的稳步提升，实现北京办事处发展与员工发展的有机统一。

四是优化企业文化理念，营造积极向上的团队氛围。建设符合改革发展实际的企业文化，营造积极向上的团队氛围，是北京办事处实现可持续发展的关键。为树立正确的思想导向，我们提出了“不讲困难、只讲办法，不讲压力、只讲动力，不讲客观、只讲信心”的工作理念，引导全体员工从主观上不畏艰难，积极进取；为加强与中国华融各子公司的业务合作，实现“合作共赢、两翼齐飞”，我们提出了

"思其难、解其忧、务其需、成其事"的合作理念，保证在合作中以优质高效的服务创造最大的效益；为实现风险管控与经营效益的有机统一，我们提出了"风险管控在于识别风险的能力，创造价值在于经营风险的能力"的风控理念，引导全体员工树立正确的风险意识；为加强员工队伍作风建设，我们提出"要像爱护眼睛一样维护团结，像珍惜生命一样保持廉洁"，进一步深化党风廉政建设和反腐倡廉工作；为加强北京办事处的"五有"建设，我们提出首先要建设一支"有追求、有贡献、有知识、有能力、有纪律"的"五有"员工队伍；为营造和谐的团队氛围，我们要求各级领导干部对待员工要做到"严格要求与真诚关爱相结合、严格批评与及时鼓励相结合、严格考核与真心帮助相结合、严格约束与启发引导相结合"，切实增强北京办事处的凝聚力和战斗力。

五是优化成本管理机制，实施收入成本率管理。为适应开展商业化业务的需要，既保证合理支出，又切实控制成本，北京办事处实行有计划的收入成本率管理，并从适时监控和年度考核两个方面抓好落实。适时监控，就是财务部门每月对业务及管理费用情况进行分析，并将各项指标执行情况报送北京办事处领导。年度考核，就是把与部门业务直接相关的业务接待费和差旅费支出的年度费用指标下达到部门，并将执行情况纳入部门的年度考核，具体包括两个方面：首先，对业务部门下达年度净收入任务指标。对于商业化项目发生的直接业务费用、税金和资金成本等，实行冲减项目收入，考核项目商业化净收入的办法，使费用控制得到落实。其次，对与业务直接相关的差旅费和业务接待费支出项目与完成任务情况挂钩，下达年度挂钩率指标。对于部门开展业务需要的差旅费和业务接待费，实行既保证又鼓励的办法。为了保障部门开展业务需要，给部门核定一部分基础差旅费和接待费；为了鼓励部门多增加收入，实行与商业化净收入挂钩的费用管理办法，从而充分体现以收定支的费用管理理念。

学术探索

城市商业银行战略定位和发展方向[①]

唐洋军　陆跃祥[②]

摘要：城市商业银行在多年的发展过程中逐渐失去了自身的特点，监管部门对城市商业银行缺乏明确的政策定位。城市商业银行越是发展、实力越强，距离当初所设定的服务地方经济、服务中小企业、服务城市居民的方向越远。本文首先对城市商业银行发展形势进行了系统研究，接着对国际上商业银行发展的一般规律进行了探究，最后对我国城市商业银行的战略定位和发展模式进行了研究。

关键词：城市商业银行　战略定位　发展方向

银监会2004年发布的《城市商业银行监管与发展纲要》指出：城市商业银行要坚持“服务地方经济、服务中小企业、服务城市居民”的市场定位和改革发展的方针，在积极支持了地方经济发展的同时，自己的市场空间也得到了进一步的扩展，市场份额逐年增加，市场信誉逐步提高，为我国银行业的改革与开放做出了成功的尝试，积累了宝贵的经验。

但是，银监会对于城市商业银行的政策取向模糊不清，缺乏长期战略性的考虑，实际操作中也缺乏具有实效性的措施，并且开始慢慢淡化城市商业银行的地方性特点[③]，对城市商业银行的监管也只是简单地复制全国性股份制商业银行的标准和方法，缺乏差异性和弹性，并未充分考虑城市商业银行的特性和在金融体系中的独特作用。这样就出现了一个悖论：城市商业银行越是发展、实力越强，距离当初所设定的服务地方经济、服务中小企业、服务城市居民的方向越远。

---

① 本研究是北京师范大学“985工程”三期启动项目《金融协调发展与城市商业银行创新研究》的阶段性成果。

② 作者简介：唐洋军，经济师，供职于国家开发银行总行。主要研究方向：金融机构改革与货币政策。陆跃祥，北京师范大学经济与工商管理学院教授、博士生导师。主要研究方向：经济体制改革。

③ 银监会曾明确允许符合条件的城市商业银行跨区域经营，促使城市商业银行逐步从地方性金融机构向全国性金融机构转变，逐渐失去地方性的特性，但近期银监会开始收紧城市商业银行跨区经营的政策。

在间接融资占据企业融资来源主导地位之时，中国目前不缺为大型企业提供融资的全国性大型商业银行，缺的是专门以中小企业为服务对象提供金融服务的中小银行。本文首先对城市商业银行发展形势进行了系统研究，利用 SWOT 分析方法较为全面地分析城市商业银行的优势、劣势、机会和威胁，接着对国际上商业银行发展的一般规律进行了探究，最后对我国城市商业银行的战略定位和发展模式进行了研究。

一、城市商业银行发展形势分析

为分析城市商业银行的战略定位和未来发展模式，必须深刻研究城市商业银行的发展形势，对企业内部优势（Strengths）、劣势（Weaknesses）、外部环境的机会（Opportunities）和威胁（Threats）等因素进行动态分析，即借用 SWOT 分析方法对城市商业银行发展形势进行研究。

（一）城市商业银行的优势

城市商业银行在 20 多年的发展历程中稳步确立了自己的发展优势。

一是城市商业银行在地方具有得天独厚的优势，和地方政府、当地企业关系密切，在开拓业务时，一般能够得到地方政府的支持，获得优质的客户资源。而且城市商业银行对地方市场、政治经济形势、产业结构等较为了解，对当地的需求和政策变化能迅速作出反应，对潜在的风险也能较为深入地了解。此外，员工多为本地人，可以利用较为深厚的人脉对当地客户信用情况、经营状况进行实时跟踪。

二是城市商业银行规模相对较小，资产负债率相对较低，不良贷款率、资本充足率等指标和国有商业银行相比处于优势地位，历史包袱相对较轻。

三是城市商业银行机构较小，人员较少，管理扁平化，管理链条较短，高度灵活、决策快速，采用新的技术手段和管理方法相对较为容易，而且能够更容易、更灵活地进行调整，以应对市场的变化。

（二）城市商业银行的劣势

城市商业银行由于历史和现实发展的缘故，在发展过程中存在一些重大的不足。

一是城市商业银行脱胎于城市信用合作社，与地方具有根深蒂固的联系，对地方政府依赖性较强，因此具有一些固有的缺陷，经营风险一般高于大中型银行。城市商业银行经营范围集中于一个城市，因此，资产组合缺乏分散性，客户集中度和贷款集中度较高，此外经营地域的集中使得城市商业银行对单一地区的经济发展以及支柱产业的波动较为敏感。例如，宁波银行公司贷款中56.1%是制造业，而这些企业主要以出口为主，因此人民币升值速度和出口退税政策将会间接影响宁波银行的资产质量。南京银行公司类贷款组合中，12.42%是公用事业企业、4.84%是交通运输业、商业贸易企业占比更是高达21.7%、对教育行业的贷款占比为9.7%，前十大借款人中有五个为当地大专院校。①

二是城市商业银行的客户主要以中小企业为主，资产质量存在隐患。城市商业银行虽然能够通过风险定价来追求合理的风险调整后的回报，但中小企业抵御经济波动的能力弱，城市商业银行关注类贷款占比较高，从而对资本金要求较高。比如，南京银行关注类贷款余额从2004年的约7.59亿元上升到2006年的23.85亿元，关注类贷款占比从4.85%上升到9.35%，上升幅度惊人②。

三是城市商业银行规模普遍较小，网点和分支机构相对较少，难以形成规模效应，存款的沉淀效应明显弱于国有商业银行和大部分股份制商业银行，流动性管理难度较大，因此贷存比较低。如，2006年宁波银行和南京银行的贷存比仅为57.2%和58.2%，远远低于行业平均水平。较低的贷存比增加了城市商业银行提高净息差的难度，从而不利于提高资产收益率。

四是城市商业银行提供的金融产品和服务种类较少，缺乏规模经济效应，产品设计和IT投入分摊成本高，风险管理、财务管理相对较弱，高素质的人才较少。

五是城市商业银行跨区域经营缺乏经验，不仅在单一城市网点较多的优势基本丧失，更重要的是难以将本地市场的银政、银企关系和人脉优势迁移到新的市场。

（三）城市商业银行的机会

一是中国经济发展存在着严重的区域发展不均衡，区域经济的发展特别是经济发达城市的GDP增速一直高于全国平均水平，而城市商业银行作为具有较强地方性的金融机构在所在城市具有得天独厚的地位，渗透率远远高于其他银行业金融机构，能够分享到城市经济快速发展的成果。

二是城市商业银行最主要的目标客户群体是中小企业和民营经济，这是中国经济最具活力、发展速度最快的部分，为城市商业银行获取较高的风险调整后的收益创造了条件。

三是城市商业银行和地方政府及企业保持良好的银政、银企关系，熟悉地方政治经济形势，具备贴近企业的信息优势，管理机制灵活，激励机制日趋市场化，能

① 详见宁波银行和南京银行2006年报。

② 详见南京银行2006年报。

够不断扩大在当地的市场份额。

（四）城市商业银行的威胁

与国有商业银行和大型股份制商业银行相比，城市商业银行在激烈的市场竞争中面临巨大的威胁和劣势。

一是品牌不突出。城市商业银行与国有商业银行和大型股份制商业银行相比，品牌和声誉认同度较低，即便是在城市商业银行所在城市，也低于国有商业银行和大型股份制商业银行。国有商业银行和股份制商业银行经过数十年的积淀，已经形成很强的知名度和品牌。

二是产品缺乏差异化。[①] 多数城市商业银行一般经营最传统、最基础的银行存贷业务，在产品、服务水平和系统支持等方面远远落后于国有商业银行和大型股份制商业银行。

三是网点覆盖率较低。由于较长时间内受到监管政策的限制，城市商业银行难以将服务延伸至所在城市之外的地区，即便是在所在城市，城市商业银行的网点与国有商业银行相比也不占优势，而且有的城市商业银行分支机构所处地段通常较差，规模也相对较小。

二、商业银行发展的一般规律——国际经验

（一）商业银行业务定位规模效应标准初探

不同规模的商业银行有其最佳的业务范围，而不同业务又有不同的规模效应门槛。据统计，截至2006年末，在美国联邦存款保险公司担保的近8 000家银行中，有不到30家专业的信用卡银行，以汽车贷款为主要业务的消费信贷银行近120家，专业的抵押贷款银行近800家，而专业的企业贷款银行多达5 000家。从以上数据可以初步推知，信用卡业务集中度最高，要求的规模化门槛也最高，而企业贷款市场集中度最低，要求的规模化门槛也最低。

我们把美国联邦存款保险公司（FDIC）担保的银行按照资产规模划分为：3亿~5亿美元、5亿~10亿美元、10亿~100亿美元和100亿美元以上四类。[②] 下面我们利用2006年在美国联邦存款保险公司担保的银行的一些数据，分别从存贷

① 当然，在中国金融市场和金融机构发展处于较低阶段时，金融产品和服务同质化是一个较长期的现象。

② 大多数中国的城市商业银行资产规模为10亿~100亿美元之间。

比、利差、非利息收入占比、主要业务和业务多元化与资产规模相关关系等方面对这四类银行进行初步的比较分析。

如图 1 所示，资产规模在 10 亿 ~ 100 亿美元的银行是美国存贷比最高的银行，接近 95%；而资产规模在 3 亿 ~5 亿美元的银行，存贷比为 85% 左右；资产规模在 5 亿 ~ 10 亿美元的银行，存贷比约为 87%；而资产规模超过 100 亿美元的大银行，存贷比为 88% 左右。

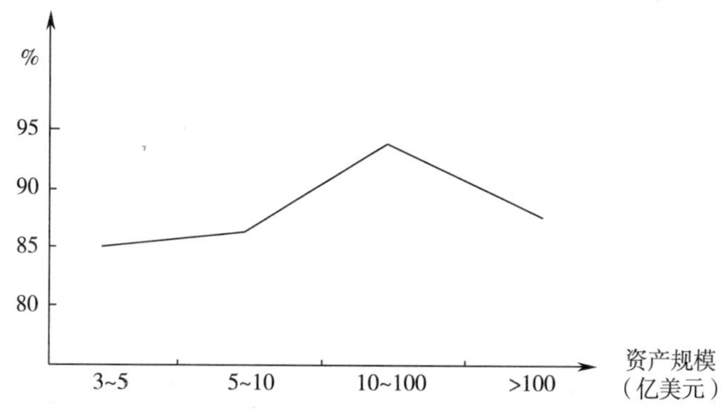

图 1　不同资产规模的银行存贷比比较

图 2 表现的是资产规模与利差的关系，资产规模在 5 亿 ~ 10 亿美元的银行利差约为 4. 2%，大多以中小企业贷款为主要业务，贷款对象的信用等级相对较低，存贷款利差较高。而随着银行资产规模的扩大，贷款对象的信用等级也在升高，利差在逐渐减小，资产规模大于 100 亿美元的银行，不仅存贷比降低，而且利差也明显小于规模较小的银行。

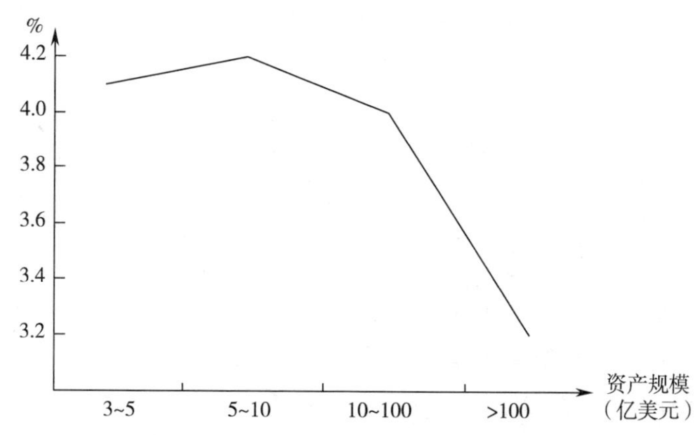

图 2　不同资产规模的银行利差比较

如图 3 所示，资产规模 3 亿 ~ 5 亿美元的商业银行非利息收入占总收入比重约为16%；资产规模在5亿~10亿美元的商业银行非利息收入占比略高，为17%；资产规模在10亿~100亿美元的商业银行非利息收入占比进一步提升至20%；资产规模高于100亿美元的商业银行非利息收入占比大幅提升至30%。随着资产规模的增加，商业银行业务逐渐多元化，收入也随之多元化，非利息收入占总收入的比重不断增加。

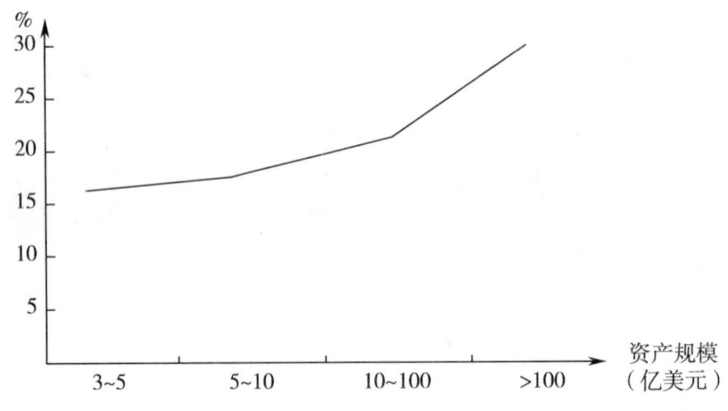

图3 不同资产规模的银行非利息收入占总收入比重比较

在高端业务方面，如图4和图5所示，信用卡业务、投资银行业务等具有高度的专业性和集中性，资产规模在10亿美元以下的商业银行根本无法进入这一市场。

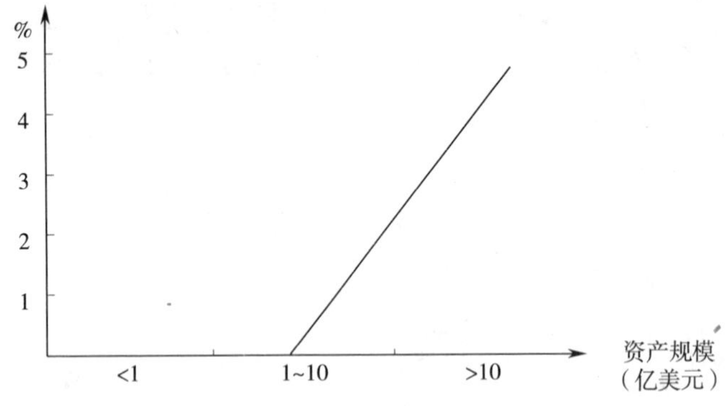

图4 不同资产规模的银行信用卡业务占总资产比重比较

在按揭放贷方面，如图6所示，资产规模在3亿~5亿美元的商业银行按揭房贷占总资产比重为16%；资产规模在5亿~10亿美元的商业银行按揭房贷占总资产比重为14%；资产规模在10亿~100亿美元的商业银行按揭房贷占总资产比重为12%；资产规模大于100亿美元的商业银行按揭房贷占总资产比重则为17%。

关于资产回报水平，如图7所示，资产规模为3亿~5亿美元的商业银行ROA为1.22%；资产规模为5亿~10亿美元的商业银行ROA为1.30%；资产规模为10

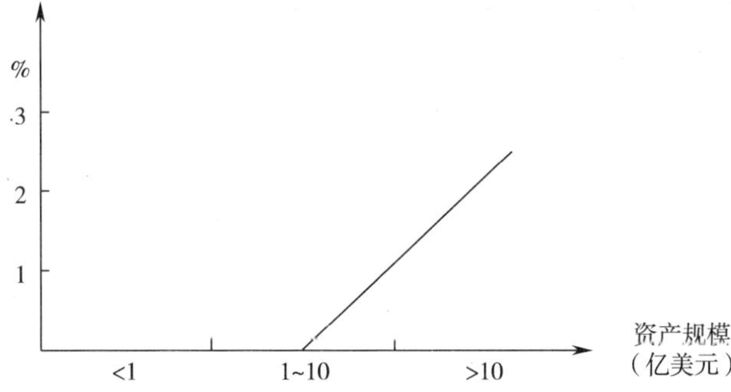

图 5　不同资产规模的银行投行业务收入占总收入比重比较

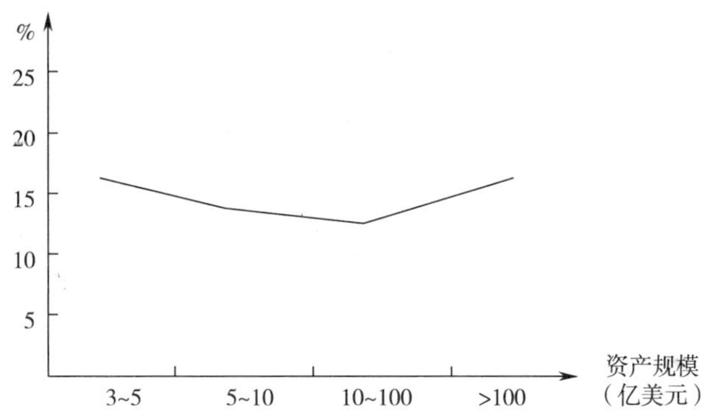

图 6　不同资产规模的银行按揭房贷占总资产比重比较

亿~100 亿美元的商业银行 ROA 为 1.28%；资产规模高于 100 亿美元的商业银行 ROA 为 1.27%。中型商业银行由于对中小企业客户的风险定价能力较强，具有与市场规模相适应的业务定位，在获得较高利差的同时（见图 2），资产使用效率也相对较高。资产回报率在银行同业中居于较高地位。

图 8 表现了商业银行资产规模与业务开展之间的关系。随着资产规模的不断扩

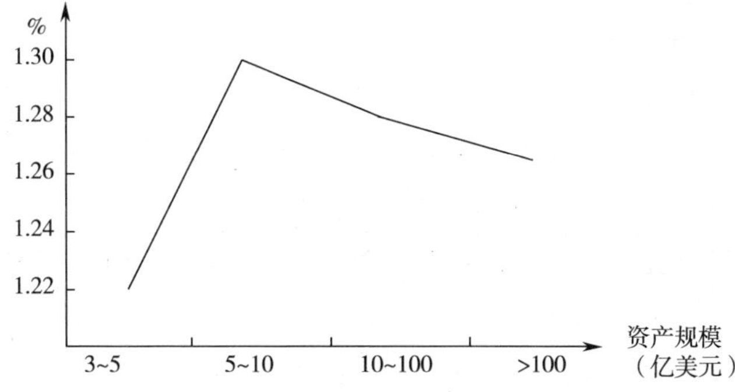

图 7　不同资产规模的银行 ROA 比较

张，商业银行业务不断多元化和专业化，从技术含量较低的中小企业贷款逐渐扩展到信用卡业务和投资银行业务等专业性极强、技术含量较高的业务。

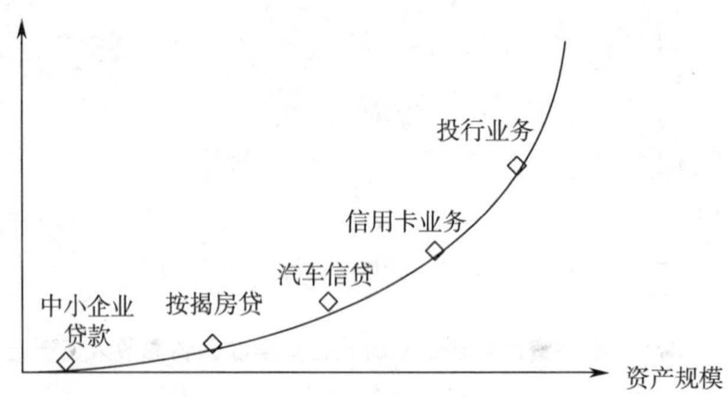

图8 商业银行不同业务的规模化门槛

商业银行在转型和跨区经营过程中不断构建与地域相匹配的业务范围。业务扩展和规模扩张过快，过早进入信用卡或投资银行业务，将导致商业银行资质、能力跟不上业务要求，最终导致成本急剧上升、新业务夭折。此外，过度、过早进行跨区域经营，开辟新的业务战场，可能导致商业银行地域结构松散。

（二）中小银行发展的主要模式

1. 围绕客户深入社区模式

该模式首先进行市场和客户细分，以清晰而重点明确的客户细分为基础，不断加强对社区渗透，围绕客户在一定的地域内提供多种形式的金融服务，形成规模效应。西班牙国民银行是这类银行的典型代表。该行综合运用其贴近客户、网络独特、细分市场清晰、运营高效等优点，强化对目标社区的渗透。统计表明，零售和小企业客户占该银行总收入的2/3以上，该行几乎没有批发银行或投资银行业务，私人银行业务也很有限。

在营销网络方面，西班牙国民银行分支机构贴近中小企业，具有一定的地区品牌效应。同时，西班牙国民银行善于使用当地代理，如通过医生、旅行社等介绍业务，并支付佣金。这种运营模式具有很高的运营效率，各支行由统一的运营来支持，市场局限在特定的区域，在区域外不进行积极扩张。

此外，还有一种比较常见的深入社区模式，即特许加盟的扩张模式。采用该模式运营的商业银行各支行在全国拥有统一品牌，但是支行具有高度的决策权，客户服务也带有明显的地方特色，同时在地区还能产生一定的规模效应。澳大利亚的Bendigo银行（2008年与Adelaide银行合并）是这种模式的典型代表。该行通常在当地社区成立一家公司，从总行获得特许经营的权利，由总行为其提供品牌的特许使用权和银行业务的支持，并与加盟分行一起分享营业收入。Bendigo银行的业务范围涵盖零售银行、商业融资、资产管理、外汇买卖、资金业务、年金、财务咨询和信托业务等。

在合并前的2006和2007年度，该银行拥有200多家自营网点，200多家特许社区网点，获得了良好的收入增长和盈利表现，收入在过去5年复合增长率达14%，经营利润过去5年复合增长率达22%，均远高于行业平均发展速度。

这种社区银行及其特许模式的核心竞争力在于能有效地结合社区具体情况，对标准化流程进行风险控制，最大可能地在社区内扩展相关的创新业务（包括非银行业务）。

2. 标准化产品的品牌扩张模式

该模式的特点是拥有统一的品牌，决策高度集中，利用产品的高标准化建立跨国家或区域的规模效应。苏格兰皇家银行是这类银行的典范。在过去的10年中，苏格兰皇家银行利用标准化产品进行积极扩张，包括建立金融产品制造中心，作为其服务各分支机构的运营、服务和技术的支持，并以此支撑整个集团的业务增长；利用集中的制造过程节省成本，形成规模经济。

3. 产品+客户混合模式

该种模式是模式一和二的混合体，其决策的地方化程度高，品牌建立在细分市场或某一地域，运营模式根据细分市场专门定制，做到因地制宜，同时在区域内形成一定的规模效应。美国的五三银行（Fifth Third Bank）成功地运用了这种模式，他们通过其分支机构实现更本地化的客户服务，积极参与当地社区银行的竞争。这种模式的主要特点体现在分散的管理架构和个性化的服务上。在分散的管理架构下，除了一些必须在控股公司进行的活动，比如资本预算、企业长期战略规划、市场活动、财务管理和资产负债管理等，五三银行各地区综合管理的职能分离，所有的业务线都向分区汇报。每个地区由当地的管理层领导，所以完全具备开展业务及日常客户服务、运营的管理能力。同时，银行产品和服务的定制都在地方层面进行。在业务领域，除了大公司客户业务集中在控股公司，其余均在各地区。五三银行成功的另一要素是其个性化的服务。

4. 专业化经营模式

该模式指银行首先进行市场细分，根据自己的实力和兴趣，将业务主要集中于某一特定金融领域，提供一种专业化的金融服务，在经营业务领域内做强做大，较少经营业务领域之外的其他金融业务。如，德国的Volks Bank和美国中小企业信贷协会主要经营小额贷款业务，欧洲复兴银行主要业务领域是中长期项目贷款，英国的四大清算银行专业经营结算业务，Charles Schwab专门从事金融产品分销业务等。这些银行都将某一特殊的专业性较强的金融服务从传统的银行价值链中分离出来，通过专业的风险控制能力降低资金需求和运营成本，借助创新的金融手段转移、分散风险，以提高资本杠杆，最终实现更高的资本回报和更快的规模扩张。

三、城市商业银行战略定位和发展模式

银监会将城市商业银行定位为“三个服务”，即“服务地方经济、服务中小企业、服务城市居民”的金融机构，但在日常监管和政策制定方面并未充分考虑城市商业银行的特性和在金融体系中的独特作用，缺乏长期、战略性的考虑。彭建刚等（2003）认为城市商业银行应定位为区域经济发展极的金融支柱，发展方向是区域性股份制商业银行，在区域经济一体化浪潮中，城市商业银行必须走出“发展极”，结盟或合并组建区域性股份制商业银行。曹凤岐等（2006）提出城市商业银行经营区域应定位于“当地化经营为主，探索区域化经营”。资产规模小但质量高、盈利能力强的城市商业银行可采用当地化经营定位，发展为“小、精、特、专”模式的地方性商业银行；而规模大、实力强的城市商业银行，可以有条件地探索区域化经营定位。谢绍荣（2006）根据城市商业银行资产规模的大小，将我国城市商业银行划分成为四个梯队，指出处于不同梯队的城市商业银行应当找准自己的市场定位，监管部门不可“一刀切”。特别是北京银行、上海银行等超大型城市商业银行，其经营状况良好、管理能力较强、法人治理结构较为完善，应走全国化甚至国际化的道路。

由于城市商业银行发展情况、资产规模、盈利水平等存在很大差异，如2009年北京银行资产规模超过4 000亿元、利润约40亿元，而部分西部二线城市的城市商业银行资产规模尚不及40亿元，因此，很难用一个统一的标准去衡量，更难给出一个适合所有城市商业银行战略定位和发展模式，不存在一个“放之四海而皆准”的模式，城市商业银行应根据自身综合实力找准自己的定位。

（一）城市商业银行战略定位

城市商业银行发展应明确三大支点：客户定位——中小企业、产品定位——个人金融、区域定位——地区银行。

城市商业银行将客户定位于中小企业具有明显的优势：银行自身的组织结构高度扁平化、决策审批链条短、市场反应比较敏感、能够提升放贷效率、降低放贷成本；人员与企业亲和力好，信息渠道畅通，在当地政府支持下能够容易地获取客户

的软信息，便于信用风险管理。城市商业银行分支机构和营业网点较为健全，基本处于当地经济较为活跃的地域，与当地企业银企关系较好，容易获得地方政府的支持，经营成本较低。中小企业有着巨大的金融需求，贷款利率相对较高，市场潜力很大，中小企业业务大有可为。一旦将客户定位于中小企业，那么就可以进一步根据规模、行业和企业地理位置细分市场，了解不同客户群的经营、利润情况，确定最佳的经营模式，并进行信贷资源的优化配置。

在个人金融业务领域，国有商业银行和大型股份制商业银行正在积极瞄准高价值的客户，他们的客户群中约有 20% 的是家庭收入高于 10 万元的客户，在竞争中占据领先位置，对金融服务的要求相对较高。目前国有商业银行基本设立了私人银行业务部门，专门面向高端客户提供高端金融服务，提高服务的专业化水平。城市商业银行由于受到金融资源和业务范围的限制，开展高端金融服务或将客户定位于高端客户较为困难，难以满足高端客户多元化的金融服务要求，应避免在高端客户市场与人银行开展正面竞争。城市商业银行的个人金融业务应集中于大众客户，积极开拓多种形式的金融业务，如按揭房贷、汽车消费贷款等；提供和区域客户日常生活息息相关的便捷、基本的金融服务，如水卡、电卡、医保卡等。例如，南京银行 2006 年末拥有 150 万个人客户、106 万张梅花借记卡、60 种个人业务产品和服务，形成了比较鲜明的业务特点。

城市商业银行应定位于地区银行，成为在所在城市提供全方位服务的市场领先者。这类银行只在一个较小的地理区域内提供服务，通常在一个具有足够规模银行市场的大城市中。它们提供的服务涵盖了全系列产品，但通常侧重于本地业务，并以中小型企业和零售客户为核心。城市商业银行作为具有较强地方性的金融机构在所在城市具有得天独厚的地位，渗透率远远高于其他银行业金融机构，能够分享到城市经济快速发展的成果。地方性银行的战略定位不仅能够获得当地政府的大力支持，借助政府的力量获得当地最好的客户资源，而且在当地进行有效的客户细分，开拓业务，深挖客户需求，在当地做强做大。但应避免成为地方政府的“小财政”和“取款机”。

（二）城市商业银行发展方向

我们按照资产规模把城市商业银行分为以下几类：

1. 资产规模超过 2 000 亿元，已经超过资产规模较小的全国性股份制商业银行。如截至 2009 年 6 月底北京银行资产总额达到 4 781 亿元，截至 2008 年末江苏银行资产总额达到 2 303. 3 亿元，远远超过渤海银行、恒丰银行等股份制商业银行。此类城市商业银行可以归为超大型城市商业银行。上海银行也属于此类超大型城市商业银行。

2. 资产规模在1 000亿~2 000亿元。如截至2009年6月底，南京银行资产总额达到1 297亿元、徽商银行资产总额达到1 659.63亿元。此类城市商业银行可以归为大型城市商业银行。大连银行、宁波银行等也属于此类大型城市商业银行。

3. 资产规模在200亿元以上的城市商业银行归为中型城市商业银行。

4. 资产规模在200亿元以下的城市商业银行归为小型城市商业银行。此类城市商业银行数量最多，约占全部城市商业银行的一半。

不同资产规模的城市商业银行发展方向不同。我们认为，城市商业银行根据自身综合实力的差异，可以在以下五类发展方向中选取一种较为符合自身情况的发展方向。

一是成为区域性或全国性的全方位服务提供者。银行必须在所在城市和其他区域都建立起强大的地域覆盖面，并通过这个大型的网络提供全方位服务。需要银行在所在市场奠定的坚实基础上进行多重收购，并拥有一个让收购目标能够适应的卓越的业务模式；这还需要银行具有优秀的并购和整合能力。

向大型跨区域全方位服务银行发展，代表银行为北京银行、上海银行等大型城市商业银行。此类城市商业银行具有良好的金融生态环境，有强大的总部支撑，具备吸引一流人才的条件等。面临的问题是，市场化程度略低以及受监管政策变化影响等。如，北京银行已经进军保险业务，获得首创安泰公司50%股份，股权转让将使北京银行全面提升银保业务和零售业务服务水平，增加盈利渠道，并加速向“一站式”金融服务商迈进的步伐。

向区域性银行发展，南京、杭州、宁波、沈阳、青岛、大连等城市商业银行具备成为区域性银行的优势和条件。影响这些城市商业银行跨区域发展的因素主要体现为不同城市金融生态环境的差异性，金融主体必须进一步按市场经济原则和现代金融企业制度进行改革。

行政区域内政府主导下进行联合重组，徽商银行、江苏银行已在政府主导下成功合并重组并取得明显成效。其合并重组形式可以是吸收合并，也可以是新设合并。政府主导合并重组并非唯一和最佳模式，应该提倡按市场原则去联合、并购、交易转让股权等行为。目的是成为行政区域内跨区域经营的城市商业银行。

二是成为区域性或全国性的特定市场参与者，并在所在城市提供全方位服务。这类银行在本国拥有强大的覆盖面，但在国外只有特定市场的覆盖点，并且通常只在重点城市。它们在国内市场提供全面的服务，并覆盖了大多数的客户细分群体。但是，在国外市场，它们只提供专项产品，有时只向某一细分客户群提供产品，所提供的产品和服务，通常只需要有限的本土化特征并能很好地利用地区支持力量，比如投资银行业务、支付和财富管理等。南京银行曾是债券市场上一支重要的力量。南京银行在城市商业银行中最早设置了独立的资金营运中心，而且较早取得了相关业务资格，2001 年就获得了债券结算代理人资格，是全国首批 9 家债券市场“做市商”之一，是 Shibor 首批报价团成员之一。

三是建立战略联盟。2008 年 3 月 16 日，在德国储蓄银行国际合作基金会的技术援助下，经银监会批准，山东省城市商业银行合作联盟有限公司正式开业。城市商业银行合作战略联盟的选择包括功能协议式和股权参与式，构建战略联盟是城市商业银行生存和发展的良好选择，战略联盟可以逐步从业务联盟、管理联盟向资本联盟过渡。

四是走社区银行之路。浙江泰隆商业银行、浙江省台州市商业银行等向社区银行发展已取得成功经验。社区银行的主要服务对象是小企业、个体经营户以及城镇家庭，社区银行是一种盈利性较高，具有长期稳定性的商业模式，向社区银行或特色银行发展是中小城市商业银行重要的战略发展方向。

五是向县域延伸。近年来，国有商业银行纷纷从县域、乡镇撤军，农村地区成了金融服务的“真空地带”。部分城市商业银行开始将网点向所在郊区、县、市延伸。一般采取两种方式：一是收购当地城市信用合作社；二是新设支行。重庆银行在 20 多个区县设立了分支机构；哈尔滨商业银行收购了双鸭山信用社；锦州市商业银行收购锦州市所属县（市）十二家城市信用社，并整体收购了建行锦州分行北宁、黑山两家县域支行。

部分城市商业银行发起成立村镇银行或小额贷款公司等法人机构，达到延伸至县域经营的目的，例如，包商银行设立固阳包商惠农封镇银行、长春商行在合并前设立吉林德惠长银贷款有限责任公司、湘潭商行控股乡镇银行等。设立村镇银行可能成为大趋势，设立村镇行，资金需求低，门槛低，操作简单。通过设立村镇银行，可以了解当地的资金需求，信用程度、金融生态和地方经济发展的真实状况，为下一步设立分支机构奠定基础。因此，成立村镇银行或小额信贷公司可能成为城市商业银行进一步扩张触角的大趋势。

四、小结

各城市商业银行由于所处发展阶段、综合实力等存在巨大差异，因此很难给出一个适合所有城市商业银行的战略定位和发展模式。城市商业银行应从自身实际出发，实行差异化的发展模式和差异化运营策略，坚持客户定位——中小企业、产品定位——个人金融、区域定位——地区银行，成为特定市场、特定服务的提供者，不断增强自身实力，为经济社会发展提供优质的金融服务。

参考文献

[1] 曹凤岐、谭先国：《城市商业银行的市场定位》，载《农村金融研究》，2006（4）。

[2] 林毅夫、李永军：《中小金融机构发展与中小企业融资》，载《经济研究》，2001（1）。

[3] 彭建刚、周鸿卫：《发展极的金融支撑：我国城市商业银行可持续发展的战略选择》，载《财经理论与实践》，2003（2）。

[4] 唐洋军、陆跃祥《城市商业银行发展现状、国际经验与改革方向》，载《上海金融学院学报》，2008（3）。

[5] 谢绍荣：《由“徽商模式”看我国城市商业银行跨区域发展》，载《金融纵横》，2006（10）。

全球主权债务图景分析

杨　蓉[①]

摘要： 发达经济体目前都面临了较重的债务负担和较大的财政缺口，新兴经济体的债务负担仍需要进一步减小。因此，政府去杠杆化成为经济健康发展的必需。政府去杠杆化会以不同的形式表现出来，一种是以激烈的危机模式，另一种则是在经济发展中的温和消化模式。政府去杠杆化对金融市场的影响将使投资者的投资行为发生改变，更高的风险溢价、更分散化的投资、更严格的风险管理和对抗通胀的关注将成为今后资产管理的重要特点。

关键词： 主权债务　去杠杆化

一、引言

2008 年从美国蔓延开来的经济危机席卷了全球，企业和个人都经历了痛苦的去杠杆化过程，而在这个过程中，为了将国家经济带出低谷，政府果断地运用了手中的财政政策工具。无论是复苏较慢的发达经济体还是反弹较快的新兴经济体，总体来说，都已走过了经济的最低点。此时，由美国和欧元区这两大发达经济体的主权债务困境开始引发了对政府财政去杠杆化的关注。每个国家的财政问题都有其各自的社会背景，对全球经济产生一些不同的和共同的影响。本文拟通过对全球主权债务状况的梳理，对全球即将面临的政府去杠杆化过程起到一个抛砖引玉的作用，算是为以后更细致具体的研究迈出第一步。

① 作者简介：杨蓉，现供职于中国工商银行投资银行部研究中心。主要研究领域：国际宏观经济和国际金融市场。

二、全球主权债务概况

（一）发达经济体的债台高筑

1. 美国的主权债务僵局

在过去的一段时间里，美国政府的联邦债务违约可能性是世界关注的焦点之一。

在美国 2008 年经济衰退之前，联邦政府债务负担已经很高，债务总额占 GDP 的比例高达 93.95%。由于金融危机期间财政刺激的需要，联邦政府债务规模急速飙升。截至 2011 年 7 月 20 日，美国联邦政府债务为 14.34 万亿美元，比 2007 年底增加了 5.11 万亿美元，占 GDP 的比例接近 100%。事实上，美国的联邦政府债务在 5 月就超过了 14.294 万亿美元的法定上限，财政部之后不得不启动应急措施，如暂时挪用联邦退休金、出售部分资产等，重新分配资金，以应付支付需求。据财政部估计，其应急措施仅能维持至 8 月 2 日，若法定上限不能得以上调，美国将首先出现短期债务违约。5 月中旬开始，美国两党就展开了围绕债务上限的谈判，但至今尚无有效进展，争论的焦点是美国巨大的财政赤字问题。

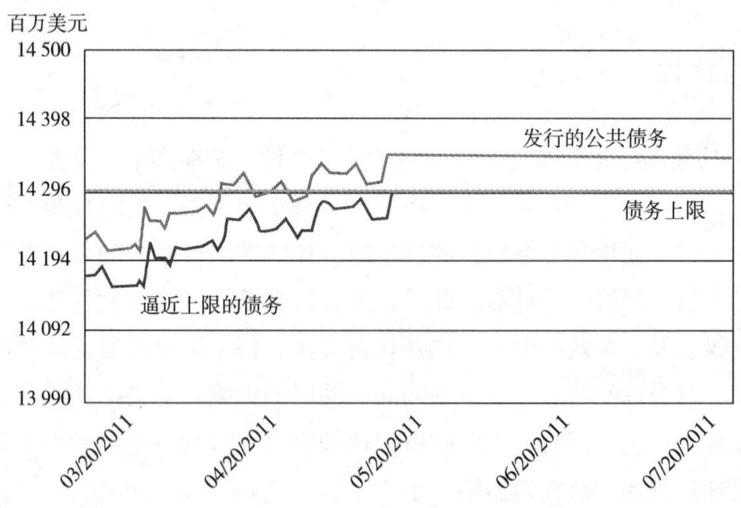

资料来源：美国公共债务局。

图 1 美国债务上限突破情况

金融危机之前，美国政府的财政赤字情况尚在可控范围内，2007 年财政赤字为 1 607 亿美元，占 GDP 的 1.16%，但利息支出占 GDP 的比例却为 1.71%。2008 年经济衰退使得美国的财政状况迅速恶化，2009 年财政赤字占 GDP 的比例跃升至

10.02%，2010年仍维持在8.92%，绝对数额是2007年的8倍多。在最新通过的提高债务上限方案中决定，在提高债务上限和削减预算赤字上都分两步走。在今年年底之前，将债务上限提高9 000亿美元，同时削减支出9 170亿美元；2012年，将

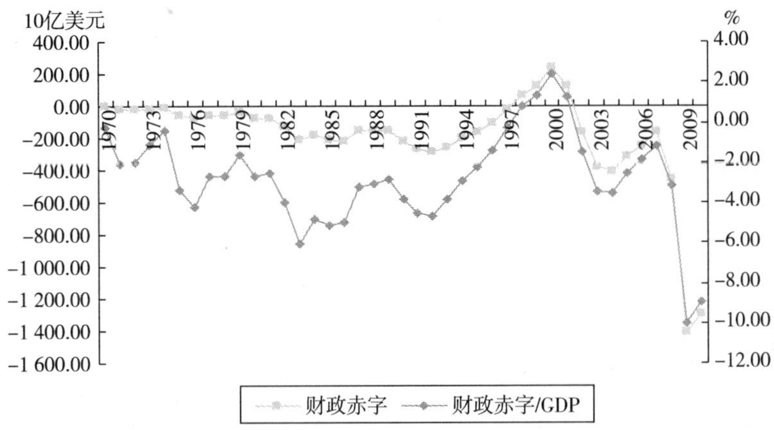

资料来源：Wind，工行投行研究中心。

图2 美国财政赤字年度变化

债务上限至少提高1.2万亿美元，同时削减支出1.5万亿美元。有一点是可以肯定的，美国的公共债务规模仍将继续扩大，而财政赤字的缩减计划在未来也是一项极其艰巨的任务。美国今后的财政压力将主要来源于人口老龄化带来的医疗支出和社会保障支出的膨胀。据美国国会预算办公室估计，25年后，这部分支出占GDP的比例将由目前的10%增加至15%。

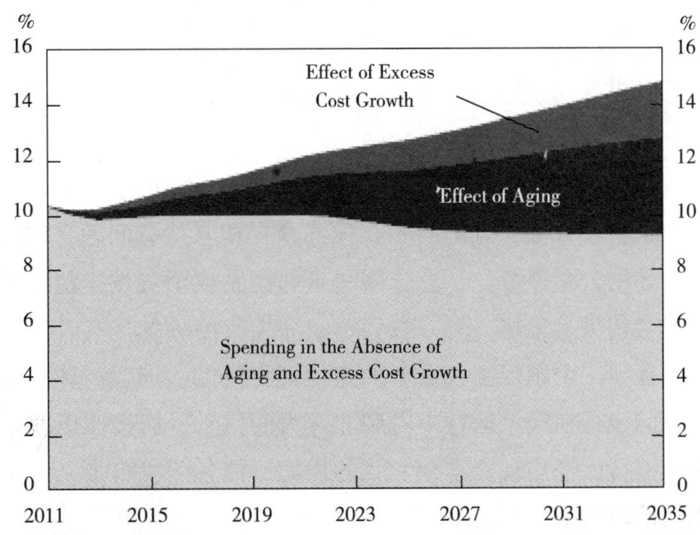

资料来源：美国国会预算办公室。

图3 美国医疗和社保支出/GDP比例变化

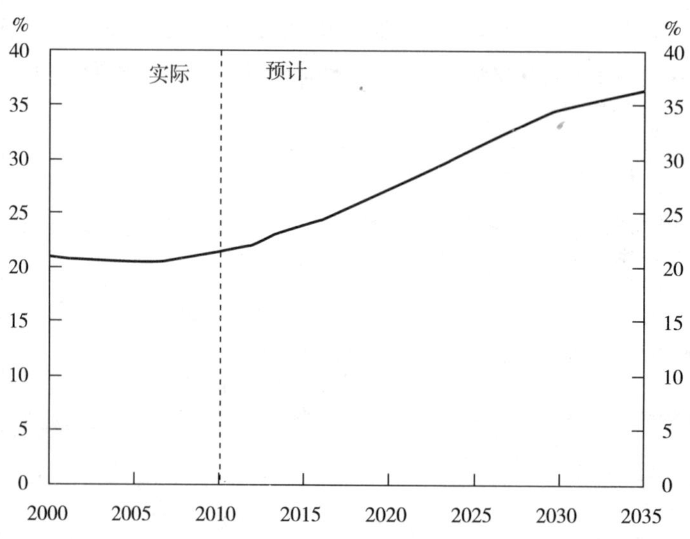

图4 美国65岁以上人群/20~64岁人群比例变化

2. “欧猪五国”的主权债务危机

20世纪70年代，欧洲基本建立了以高福利为特色的社会保障制度。与此同时，政府开支不断增加，到90年代初，公共债务占GDP的比重已超过60%，并一直居高不下。2008年次贷危机爆发后，欧洲各国出台了规模空前的财政刺激计划，从而使得政府的财政状况迅速恶化。由希腊点燃的主权债务危机正考验着欧洲的经济和政治。欧洲的主权债务危机主要集中于葡萄牙、意大利、爱尔兰、希腊和西班牙5个国家，即市场通称的“欧猪五国”。“欧猪五国”都背负着巨大的债务包袱，负债最多的希腊，其公共债务占GDP的比重高达142.8%，负债最少的西班牙也占到GDP的60.1%。

五国的主权债务风险并不仅仅反映在其外债的绝对规模上，而且还反映在其相互间的协同效应上。一方面，五国的主权债务存在相互持有问题，例如，西班牙持有三分之一葡萄牙的公共债务，这意味着一旦邻国主权债务发生清偿困难，其他国家的经济也很快会传染上危机。另一方面，欧洲主权债务的持有者主要是欧洲的银行，也就是说，任何一个国家主权债务的违约都将侵蚀欧洲银行体系的资本金。不同于美国，欧洲的银行在经济运行中占到非常大的比重，而按照巴塞尔资本协议Ⅲ的要求，欧洲的银行已经出现资本金紧张的局面，债务危机将带来更多的再融资需求和不可避免的信贷紧缩。

表 1　　2010 年底“欧猪五国”公共债务占 GDP 的比重　　单位:%

国家	葡萄牙	意大利	爱尔兰	希腊	西班牙
债务/GDP	93	119	96.2	142.8	60.1

资料来源：Eurostat。

再审视一下“欧猪五国”的财政状况，除了意大利的财政赤字占 GDP 的比重为 4.6% 外，其余四国的财政赤字均超过 GDP 的 9%。这意味着，这些国家的政府光是应付经济增长就已经捉襟见肘了，根本不可能有处理债务危机的能力。

表 2　　2010 年底“欧猪五国”财政赤字占 GDP 的比重　　单位:%

国家	葡萄牙	意大利	爱尔兰	希腊	西班牙
赤字/GDP	9.1	4.6	12	10.5	9.2

资料来源：Eurostat。

随着欧洲主权债务危机的恶化，世界三大评级机构标准普尔公司（Standard & Poor's）、穆迪投资者服务公司（Moody's Investors Service）和惠誉国际信用评级有限公司（Fitch Ratings）都纷纷调降欧洲一些国家的主权信用评级和评级展望。目前，希腊主权债务已被三大评级机构划至垃圾级，爱尔兰和葡萄牙的主权债务也被穆迪归入了垃圾级。

表 3　　“欧猪五国”信用评级情况

国家	葡萄牙	意大利	爱尔兰	希腊	西班牙
标普	BBB -	A +（负面）	BBB +	CCC	AA（负面）
穆迪	Ba2（负面）	Aa2	Ba1（负面）	Ca	Aa2（负面）
惠誉	BBB -	AA -	BBB +	CCC	AA +（负面）

资料来源：工行投行研究中心。

3. 日本震后财政重负

近期美国和欧洲的主权债务问题几乎吸引了全球市场所有的注意力，而实际上，面临灾后重建重任的日本，主权债务也正濒临极限。和美国类似，日本首相菅直人与反对党之间的权力斗争正让债务融资议案陷入僵局。目前，日本财务省已通过推延非必要支出以及发行短债来满足部分支出的方式，成功将预计会在 6 月末出现的政府停摆延后了一个季度。日本财务大臣野田佳彦表示，10 月或 11 月资金就会开始枯竭，除非议会在 9 月前通过债券议案。

日本的主权债务历来是发达国家中最高的，占 GDP 的比重已经超过 200%。截至 2010 年 12 月底，日本的公共债务余额为 919.1511 万亿日元，创下历史新高，预计2011年底将逼近1 000万亿日元大关。据IMF预测，2012年，日本的主权债务占GDP的比重将达236.7%。唯一和欧美不同的是，日本的主权债务多为内债，对海外市场的影响较小。

背负如此巨大的债务包袱，日本的财政状况自然也不乐观。除了灾后重建，日本社会老龄化给社保支出带去的长期负面影响，也使其财务状况不断恶化。2009年，日本财政赤字占GDP的比重从上一年的4.2%飙升至10.3%，2010年略有下降，但仍高达9.6%。据IMF预测，2011年日本的财政赤字将飙升至GDP的10.5%。

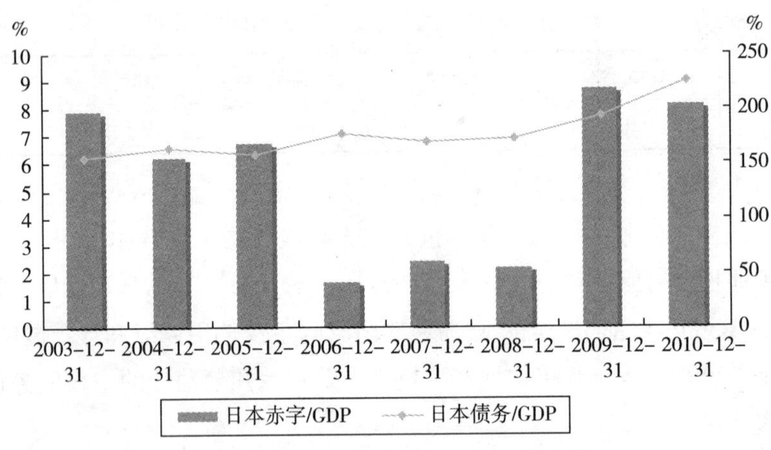

资料来源：Bloomberg，工行投行研究中心。

图5 日本历年财政状况

鉴于日本目前的财政负担，三大评级机构已纷纷对日本的信用评级作了调整：标普将日本的信用评级从AA下调至AA-，展望为负面；惠誉将日本的信用评级展望下调至负面；穆迪将日本的信用评级列入可能下调的观察名单。

（二）新兴经济体的财政隐忧

新兴经济体国家的财政状况目前看来明显好于发达经济体国家，但一些国家的潜在风险也不容忽视。

例如，一些拉美国家2011年的总体财政余额比2010年改善，但从历史水平看，财政状况并不算太好。根据IMF预测，2011年拉丁美洲总体赤字平均降至GDP的2.5%，债务水平约降至GDP的50%。然而，这一债务比率与1980年至2010年的平均水平差别不大，仍高于20世纪90年代中期的水平，债务水平高于新兴亚洲和新兴欧洲。截至2010年底，巴西、阿根廷和墨西哥的财政赤字占GDP的比重虽然仅有2.56%、0.15%和4.42%，但他们的债务占GDP的比重却分别占到了60.8%、

50.3%和41.5%。

相比发达经济体国家，新兴经济体国家的财政风险还有其特殊的地方，即赤字和债务数据并不能完全反映其财政状况，经济运行中有很多政府隐性担保的债务。这一方面是由于新兴经济体国家的金融市场尤其是固定收益产品市场，无论从品种还是法规上，发展尚未成熟，很多债务融资需要绕道而行；另一方面，确实也是由于这些国家私人投资力量仍偏弱，国家经济发展的很多方面还要靠政府力量推动。

中国的地方政府投融资平台问题就是一个很典型的例子。地方的基础设施建设、保障房建设等项目，都需要依靠政府力量支持，但中国法律上并不允许地方政府发债融资，因此，地方投融资平台应运而生，成为银行贷款、债券融资的主体。虽然这些主体是以公司形式存在，其债务不计入政府债务，但实际上却是政府隐性担保的。

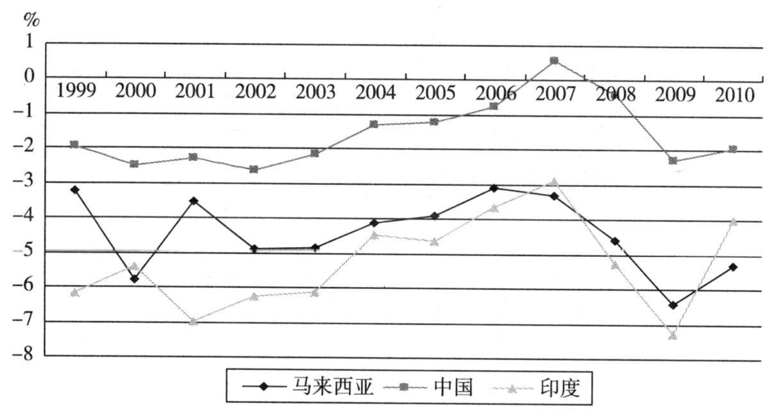

图6 亚洲国家财政赤字/GDP历年变化

新兴经济体国家的这些隐性政府债务，通常都面临着道德风险。因为，无论是地方政府还是和政府相关的一些机构，他们的管理者常常会认为其亏损最终会由国家买单，也就是说，运作资金的人只承担收益（包括政绩收益）不承担风险，加上新兴经济体国家在财政纪律上缺乏完善的制度约束，监督管理上的缺位会造成巨大的隐性财政风险。同样以中国目前的地方政府债务问题为例，虽然我们并不认为现时的债务情况会影响中国经济的稳定，但如果中央政府没有更好的制度出台来遏制道德风险的进一步积聚，确保资金运用的效率，地方的道德风险迟早会演变成主权债务风险。

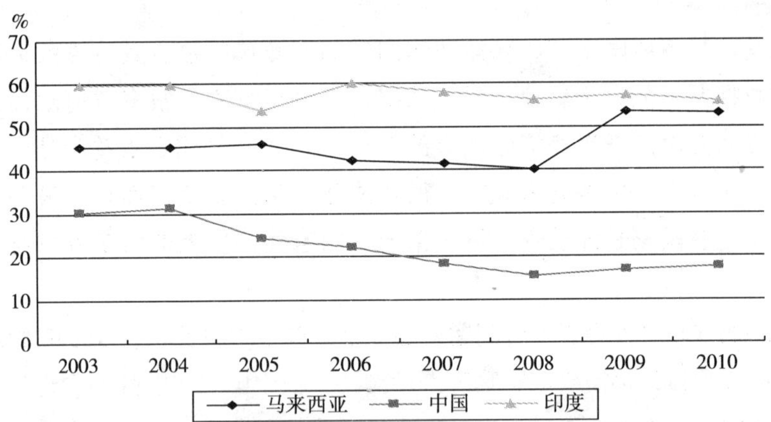

图7 亚洲国家主权债务/GDP 历年变化

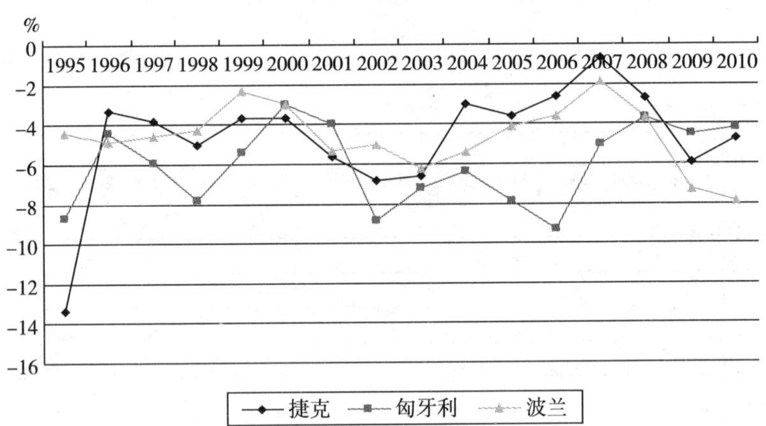

图8 东欧国家财政赤字/GDP 历年变化

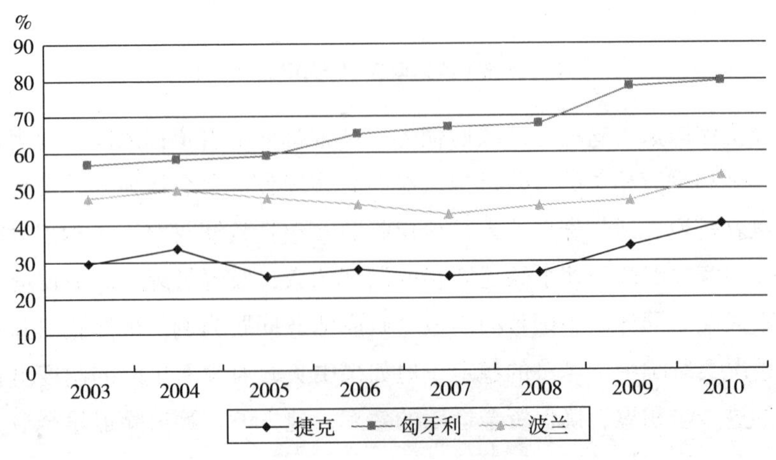

图9 东欧国家主权债务/GDP 历年变化

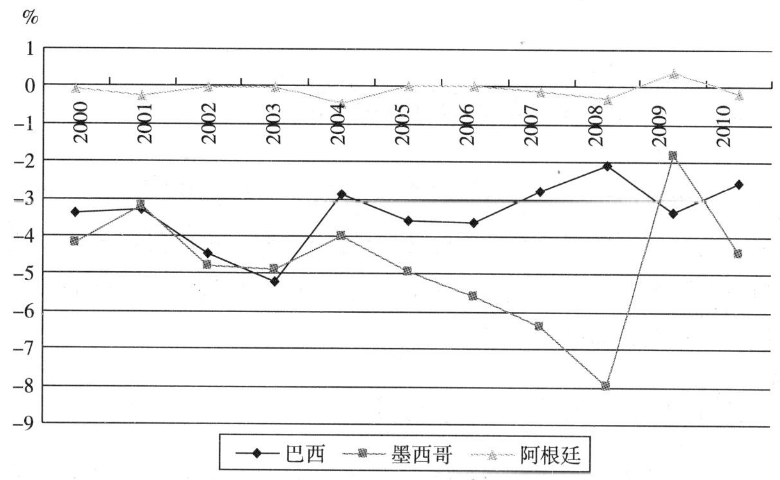

资料来源：Bloomberg，工行投行研究中心。

图 10　拉美国家财政赤字/GDP 历年变化

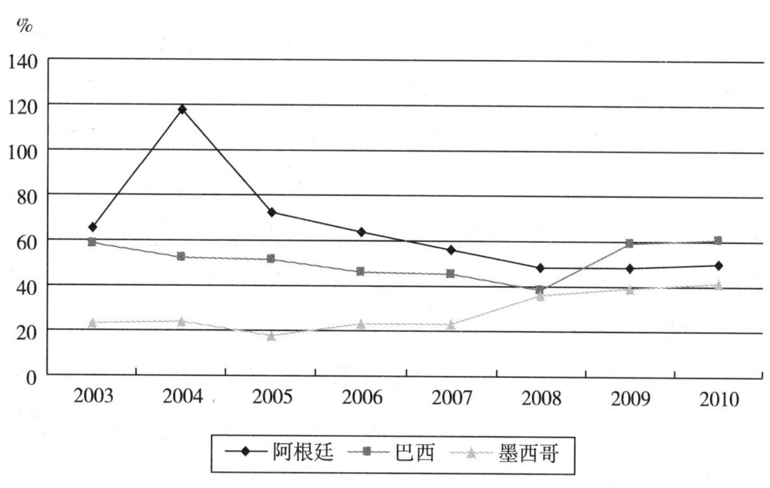

图 11　拉美国家主权债务/GDP 历年变化

新兴经济体国家发展的不成熟，决定了其政府力量在国家建设中的重要作用，却也意味着一旦哪个环节出现问题，这些国家的隐性财政风险将显性化，从而带来经济风暴。

三、主权债务重负带来的后果

正如我们经历过的企业和家庭资产负债表的“去杠杆化”一样，政府的财政失衡必然最终也会经历“去杠杆化”的过程。这一过程，可能是以债务危机的形式爆发出来，也可能随着经济的发展由政府逐步改善其资产负债表。然而，不管以哪种方式，错误的修正总是需要一定代价的。

（一）历史上的两大主权债务危机

我们不妨先来观察一下历史上有名的两大主权债务危机，这是主权债务重负下的极端例子，也是“欧猪五国”的主权债务危机演绎下去可能出现的场景。

1. 阿根廷主权债务危机

（1）债务危机概况。高达1 400多亿美元的外债是2001年阿根廷经济危机的根源。20世纪一系列经济改革措施使阿根廷国民经济的开放度不断扩大，大量外国直接投资进入阿根廷，1991年至2000年共吸引了800亿美元的外国直接投资，外国银行也很愿意向阿根廷提供信贷。而同时，“重消费、轻积累”的发展模式和高福利也让阿根廷政府背上了沉重的债务负担。20世纪末的全球金融危机改变了阿根廷的外部资金环境，而僵硬的“货币局制度”让阿根廷无法利用货币政策及时作出反应，加上阿根廷国内的政局动荡，国内外投资者信心急速下滑，最终引爆了阿根廷的主权债务危机。在这场危机过程中，阿根廷前后换了5位总统，其中一位萨阿总统上台后立即表示，阿根廷暂停支付中央政府1 320亿美元的债务，这使得阿根廷成了世界上最大的“倒账国”。

（2）债务重组概况。阿根廷的主权债务重组原则是尽量给债务人恢复偿债能力足够的时间和空间，主要分了两个阶段提出了债务自愿互换计划，分别针对国内债权人和国际债权人。这种内外债权人区别对待的目的是使债务重组计划将优先保护国内金融机构和养老金基金的利益。第一阶段的债务重组由于国内债权人损失较小，因而比较顺利，而第二阶段由于减免幅度高达70%以上，谈判难度大和国内政局动荡使得国际债务重组拖延到2005年才取得了重大进展。

表 4　　2001 年阿根廷主权债务重组方案

第一阶段

国内债权人持有的政府债券兑换成由阿根廷政府担保的贷款，贷款的担保抵押物是联邦政府的金融交易税，如果担保贷款合同发生任何变更，债券持有人都有权按债券原始面值要求偿付，但是，担保贷款的利率将下调至2%到7%不等，期限也将延长。

可供债权人选择的担保贷款有 3 种类型：（1）针对短期债务的固定利率贷款，贷款利率比原始债券利率低 30%，每年为 7%，担保贷款期限延长 3 年，利息支付与金融交易税的征收时间一致，按月支付。（2）针对浮动利息债券的浮动利率贷款，贷款利息相应下调，为伦敦同业拆借利率减去 300 个基点。（3）证券化贷款，期限至 2011 年，但这种担保贷款的互换范围较小。

在第一阶段的债务重组中，债务比索化也是债务安排的重要内容。2002 年 2 月，政府决定对第一阶段债务自愿互换计划中美元面值担保贷款实行重新比索化，其他大约 580 亿美元债务也都转换成比索债务，兑换汇率为 1.4 比索兑换 1 美元，低于市场汇率水平，并且比索化后的大部分债务利息相应下调，这在一定程度上降低了政府的债务负担。

第二阶段

<table>
<tr><td colspan="2" rowspan="2"></td><td colspan="3">新债券（白万美元）</td></tr>
<tr><td>折扣债券</td><td>平价债券</td><td colspan="3">准平价债券</td></tr>
<tr><td rowspan="2">新债券
发行额</td><td>登记比重 <70%</td><td>20 170</td><td>10 000</td><td colspan="3">8 330</td></tr>
<tr><td>登记比重 >70%</td><td>18 470</td><td>15 000</td><td colspan="3">8 330</td></tr>
<tr><td colspan="2">名义折扣比重</td><td>66.3%</td><td>0</td><td colspan="3">30.1%</td></tr>
<tr><td colspan="2">债券发行货币</td><td>美元、欧元、日元、CPI 指数化比索等</td><td>美元、欧元、日元、CPI 指数化比索等</td><td colspan="3">指数化比索</td></tr>
<tr><td colspan="2">期限</td><td>30 年</td><td>35 年</td><td colspan="3">42 年</td></tr>
<tr><td colspan="2">本金宽限偿还期</td><td>20 年</td><td>25 年</td><td colspan="3">32 年</td></tr>
<tr><td colspan="2">本息偿还期限</td><td>25.25 年</td><td>30.25 年</td><td colspan="3">37.25 年</td></tr>
<tr><td colspan="2">分期偿还方式</td><td>最后 10 年每半年等额偿还（每年 6 月 30 日和 12 月 30 日）</td><td>最后 10 年每半年等额偿还（每年 3 月 31 日和 9 月 30 日）</td><td colspan="3">最后 10 年每半年等额偿还（每年 6 月 30 日和 12 月 30 日）</td></tr>
<tr><td colspan="2">利息率</td><td>8.28%（美元固定）
5.83%（比索平均）</td><td>3.46%（平均）</td><td colspan="3">5.96%（美元固定）
3.31%（比索利率）</td></tr>
<tr><td colspan="2" rowspan="3">利息支付</td><td rowspan="3">美元债券
1～5 年：3.97%
6～10 年：5.77%
11～30 年：8.28%</td><td rowspan="3">美元债券
1～5 年：1.33%
6～15 年：2.50%
16～25 年：3.75%
26～35 年：5.25%</td><td></td><td>美元债券</td><td>比索债券</td></tr>
<tr><td>1～10 年</td><td>0%</td><td>0%</td></tr>
<tr><td>11～42 年</td><td>5.96%</td><td>3.31%</td></tr>
<tr><td colspan="2">利息支付时间</td><td>每年两次（6 月 30 日和 12 月 31 日）</td><td>每年两次（3 月 31 日和 9 月 30 日）</td><td colspan="3">每年两次（6 月 30 日和 12 月 31 日）</td></tr>
<tr><td colspan="2">重组债权人</td><td>机构债权人</td><td>个人债权人</td><td colspan="3">养老金</td></tr>
</table>

资料来源：Mario Damill，Roberto Frenkel，Martín Rapetti，The Argentinean Debt：History，Default and Restructuring，CEDES，Buenos Aires，April 2005。

2. 迪拜主权债务危机

（1）债务危机概况。迪拜的主权债务危机出现在2008年全球金融危机之后，当时全球金融市场仍相当脆弱。2009年11月25日，迪拜酋长国宣布将重组其最大的企业实体迪拜世界，这是一家业务横跨房地产和港口的企业集团。迪拜还宣布，将把迪拜世界的债务偿还期延迟6个月。迪拜世界的债权人主要分布在海湾地区，但也有不少欧美金融机构涉足。作为主权投资公司，迪拜世界还是一些境外上市公司的主要股东。

由于全球金融市场刚刚受过惊吓，而有关数据又显示，不包括迪拜债务，2009年6月底全球各银行对阿拉伯联合酋长国的债权总计约1 230亿美元，欧洲的银行占72%，其中英国占41%，美国和日本的银行分别占9%和7%。市场开始担心，迪拜的债务违约会在海湾地区甚至新兴市场产生多米诺骨牌效应。因此，金融市场产生了巨大的波动。一方面，迪拜世界的CDS价格急升至破纪录的522个基点，迪拜市场的重头股伊阿马尔房地产公司、阿拉伯建筑公司、迪拜金融市场公司、迪拜伊斯兰银行等以及阿布扎比的达尔和苏鲁赫两大房地产公司股票跌幅均超过9.5%；另一方面，欧美股市中作为迪拜债权人的各大银行股纷纷重挫，带动综合指数大幅下跌。

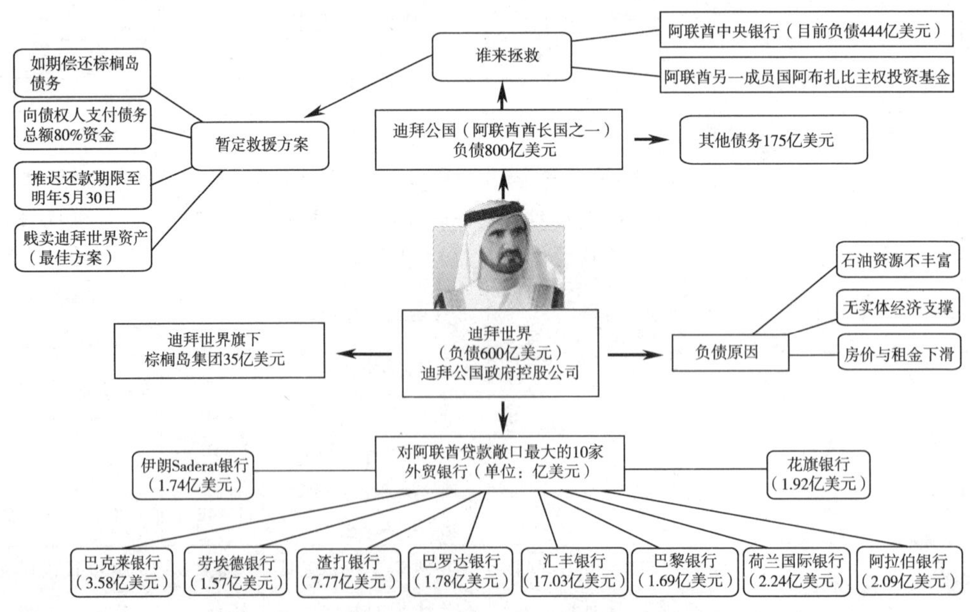

图12 迪拜债务危机关系图

（2）债务重组概况。迪拜的主权债务危机最终由于阿布扎比政府和阿联酋中央银行的介入而顺利完成了债务重组，并没有引发投资者担心的连锁效应，最后几乎仅成为整个大的金融危机中的一段小插曲。然而，有一点我们可以肯定，全球金融市场上的机构投资者对新兴经济体国家的主权债务风险将采取更为谨慎的态度。

表5　　迪拜债务危机救助过程

日期	救助过程
2009-11-29	阿联酋中央银行宣布向当地和国际银行提供紧急流动性安排，利率高于3个月银行同业拆借利率50个基点。
2009-11-30	阿联酋迪拜酋长国政府公开表示，政府对“迪拜世界”的债务不负有责任，因此不对其提供担保。
2009-12-14	迪拜政府关于救助迪拜世界举措声明： ◆ 阿布扎比政府将向迪拜金融扶持基金（Dubai Financial Support Fund）资助100亿美元，将用于偿还迪拜世界一系列即将到期的债务； ◆ 阿联酋中央银行也准备向阿联酋当地银行提供必要的支持； ◆ 迪拜政府将宣布一项全面的基于国际公认的透明度及债权人保护标准的重组法律框架，一旦迪拜世界及其子公司不能就剩余债务实现可接受的重组，该法律将可供使用。
2010-02-07	迪拜政府发言人向外界表示，迪拜政府已通过“迪拜金融支持基金”向迪拜世界集团注资62亿美元，并且此后还将视情况继续注资，同时尽力保障政府注资的收益。
2010-02-25	阿拉伯联合酋长国迪拜政府宣布，计划为深陷债务危机的迪拜世界集团及旗下纳希勒公司注资95亿美元，帮助它们渡过难关。
2010-05-20	迪拜世界（Dubai World）表示，该公司已同代表公司主要银行债权人的协调委员会及迪拜政府就公司235亿美元债务重组事宜达成原则协议，该协调委员会约占迪拜世界所欠银行债务的60%。迪拜世界在电邮声明中表示：“重组后，公司财务负债约为144亿美元，且分A、B两档，其中A档为44亿美元，期限5年；B档为100亿美元，期限8年。”

资料来源：工行投行研究中心。

3. 小结

严格来说，阿根廷和迪拜的主权债务危机的影响并没有蔓延到全世界。从阿根廷的危机来看，一方面，在这之前全球发生的一系列经济危机让各金融机构的危机处理实力和能力都得以加强；另一方面，国际金融机构的协调和帮助也起到了一定的作用。从迪拜的危机来看，来自阿拉伯世界的救助是让危机得以顺利解决的主要原因，然而，不是所有的危机都有财力雄厚的“兄弟”可以帮忙化解。

阿根廷和迪拜的债务重组方法概括来讲主要包括两个方面，一是债务本息的减免；二是债务期限的延长，也就是让债务人有更多喘息的时间，以重新发展经济，增强还债能力，尽可能地减少债权人的损失。但是，无论是金额的减免还是期限的延长，都意味着债权人要重新调整自身的资产负债配置和现金管理，在这个过程中，损失将不仅仅局限于债务对资本金的侵蚀。

同时，从两个债务危机的解决中，我们可以看到，国家利益是凌驾于“欠债当还”的道德规范之上的。因此，虽然来自国际社会的压力是巨大的，但当这种压力遭遇债务国的国内压力时，聪明的政客们一定会选择首先维护国内的社会稳定以巩固自己的政权，再加上大部分主权债务的主要债权人还是在债务国内，这意味着一定程度上海外债权人处于相对弱势。

因此，当主权债务风险激化到以危机形式强迫政府去杠杆化的时候，这意味着债权人不得不接受帮债务人分担一部分痛苦的结局，而究竟会对本土国家和海外市场产生多大的影响，取决于债务国海外负债的比重和分布，以及债务国在国际经济中的地位。例如，美国经济在全球经济中占比较重，美国国债也是全球各国政府和投资者的避险首选，因此，一旦美国发生债务违约，将点燃又一轮全球经济危机；欧洲的国债在欧洲国家间互持较多，因此，一国的债务违约会引发这个地区的经济动荡，而欧洲地区也是全球经济的重要区域，因此全球经济必然受创；日本国债虽然多为内债，可是日本在全球经济和金融市场中也有着举足轻重的地位，因此其主权债务问题必然会波及全球经济；新兴经济体国家对全球经济的影响虽然不如发达国家，但很多国家的负债有很大一部分是海外资金，因此，至少会引发区域性的经济动荡。总之，随着全球经济联系的日益紧密，主权债务危机的出现必然引发一定程度的经济甚至政治危机。

（二）当前主权债务重负可能产生的中长期影响

即便真如市场预料的，美国和日本不会因为政治斗争而让债务违约真的发生；即便欧盟和IMF最终能将“欧猪五国”的主权债务危机控制在一定程度之内，即便新兴经济体开始完善其财政纪律……即便所有的主权债务问题都有乐观的发展，但也必须认识到，这么庞大的债务规模，就算去杠杆化过程相对温和，也必然会对经济和市场产生深远的影响。

1. 财政紧缩减缓经济增长

为了改善政府资产负债表质量，拥有较大债务负担的国家政府都会采取相应的财政紧缩政策，如增加税收、压缩开支等。不管这类政策最终是否能达到目的，有一点是肯定的，就是一旦开始财政紧缩，就意味着压制了财政政策对经济的调控空间。

首先，对此刻的发达经济体来说，财政紧缩意味着经济复苏可能需要经历更长的时间。美国2011年上半年经济增长放缓，低迷的就业市场意味着民众需要更多的政府援助，谨慎的投资心态意味着企业需要更多的政策激励；欧洲经济的好转主要集中在法德两国，其他国家的经济增长并不乐观，爆发的主权债务危机对本来就脆弱的外围欧元区国家更是雪上加霜；日本经济本来就长期处于低增长和通缩状态，好不容易从金融危机中有所修复，一场地震加核危机又将经济打入低谷，震后重建必须有政府的参与。

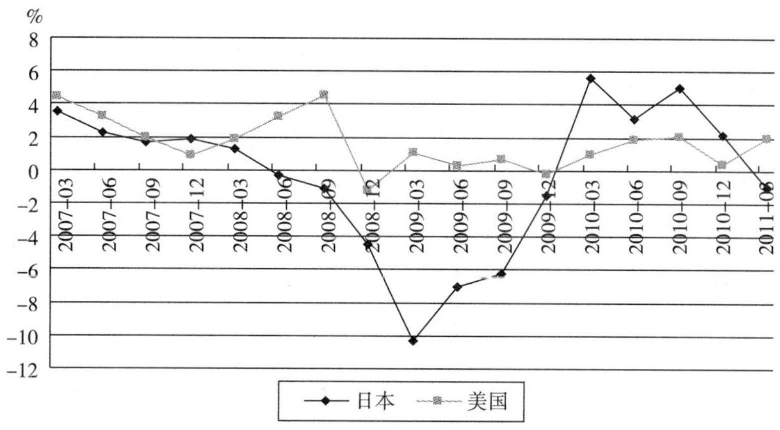

资料来源：Bloomberg，工行投行研究中心。

图13 美日经济增长变化

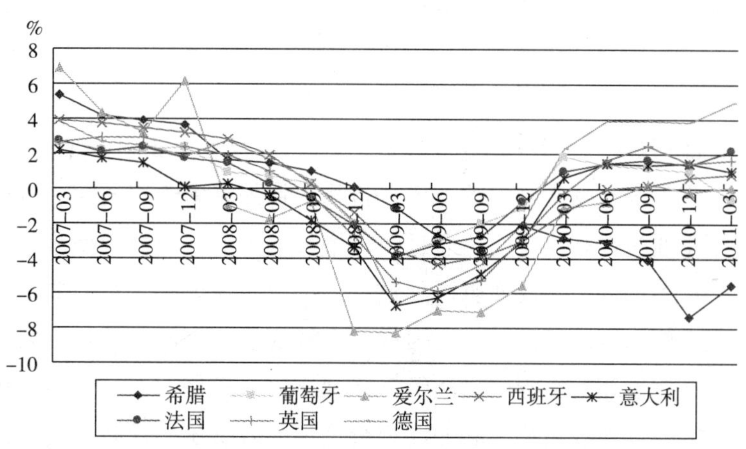

图14 欧洲各国经济增长变化

当然，历史的经验告诉我们，国家经济稳定的重要性一定高于财政平衡，但考虑到财政失衡会对经济产生长久的负面影响，一旦这些国家的经济开始稳定，即便增长速度缓慢，政府还是会选择兼顾财政平衡目标。而且，对于一些国家信用等级较低的国家，如“欧猪五国”，没有财政紧缩政策就意味着无法得到国际社会的援助和金融市场的认可，就无法为培养还债能力赢得时间。

其次，对新兴经济体来说，财政紧缩很有可能意味着国内投资额的大幅下滑。一方面，新兴经济体国家经济增长所需要的很多基础设施建设和社会制度完善都需要政府力量的投入；另一方面，新兴经济体国家的经济增长中，私人投资的力量相对薄弱，政府往往是投资的重要拉动力量。因此，如果这些国家的政府打算通过财政紧缩来纠正或者避免财政失衡，则很可能拖慢本国的经济增长速度。

最后，财政紧缩政策很可能引发一些国家的社会动荡。例如，在一些高福利国家，财政紧缩必然意味着民众福利的折扣，在经济疲软的时候很容易引发民众的逆反情绪。希腊就是一个很典型的例子。从今年年初开始，希腊就不断上演大规模游行示威活动，反对政府大幅削减开支和国有资产私有化。6 月 28 日，这种抗议活动甚至演变成流血冲突。再例如，在一些国家，政府需要依靠财政力量来促进社会稳定。如中东北非各国的政府就相应采取了一些措施，如扩大补贴、提高公务员工资和养老金、增加现金转移，以及削减税收等，来平抑社会不稳定因素。沙特阿拉伯所采取的措施规模最大，估计其 2011 年 2 月至 3 月的一揽子财政措施，如果得到充分实施，总额将为 GDP 的 19%。

因此，一旦大规模的政府去杠杆化进程在全球范围内展开，经济增速一定会受到影响，如果经济自身缺乏强劲的增长点，则各国很有可能轮番出现财政紧缩引发的经济放缓。

2. 通胀税降低民众财富购买力

政府如果能通过财政紧缩、提高行政效率等手段来达到财政平衡，当然最好，但是，很多因素都会让财政紧缩政策大打折扣。首先是客观因素，一方面税收收入的增加最终不是通过提高税率而是通过经济增长取得的，而财政困难的同时往往经济表现也不佳；另一方面，前面也提到过，经济增长需要、政治需要等因素都会影响政府财政紧缩的力度。其次是主观因素，也就是说一个国家政府的财政纪律是否严格。这一点在制度相对完善的发达经济体国家表现较好，在新兴经济体国家则略有欠缺。政府的官僚化和机构膨胀冲动都会增加财政支出。而且，有些国家的财政纪律并不能约束所有层级的政府部门，在制度不完善的情况下，地方政府更容易盲目扩张，最终将债务风险转移到中央财政体系。

因此，作为一个理性的经济个体，政府天然具备通过通胀税来转移社会财富的倾向。所谓通胀税，就是政府通过增发货币，降低人们手中纸币的购买力，从而弥补财政赤字的一种手段。而且，在某些情况下，人们名义收入的增加会让其进入更

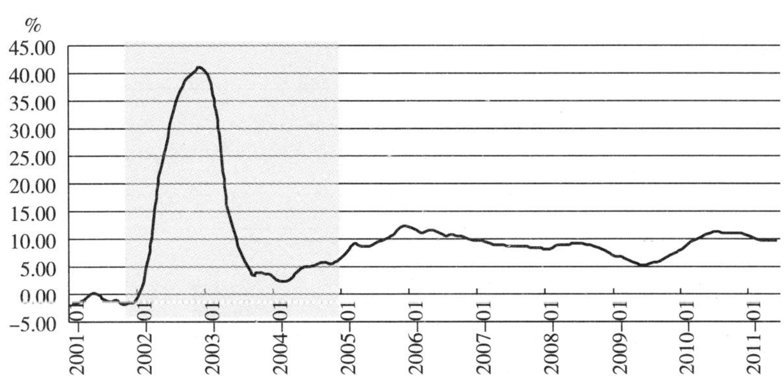

资料来源：Wind，工行投行研究中心。

图 15 阿根廷通胀率走势

高的纳税档次，适用更高的所得税率。简而言之，政府会通过通货膨胀来隐蔽性地减轻其债务负担。就以美国为例，虽然宽松货币政策是经济衰退时的需要，但不可否认，两次定量宽松政策确实通过美元在全球范围内的贬值向世界经济输出了通胀，从而实际上减轻了美国的债务负担。

因此，通胀很可能会伴随着整个全球政府去杠杆化的过程，至于不同地区通胀的程度，则取决于该国制度和民众对通胀的容忍度。

3. 全球资产管理风格将发生转变

财政去杠杆化对经济的影响必将会在金融市场上得以反映，最终影响全球市场投资者的资产管理行为。

首先，固定收益产品市场的整体收益率会提高。一方面，主权债务风险的增加会让投资者要求更高的风险补偿；另一方面，政府借新还旧的融资需求和由主权债务问题引发的其他金融机构的再融资需求，都会提高资金市场的收益率；同时，由于主权债务往往是作为各国债券市场的基准利率，因此，其他类型企业或机构的债务融资利率也会有一个相应的全面提高。

其次，抗通胀的投资产品会受到更多投资者的青睐。如前面提到的，政府的去杠杆化过程将会导致各国的通胀倾向，只是程度不同而已，因此，大宗商品、商品类货币等抗通胀性较好的金融品种会成为资产配置的优选。另外，当经济基本面较好时，投资者也会倾向于配置更多抗通胀性较好的权益类资产。

再次，全球投资者的风险偏好可能会下降。更准确地说，投资者将更关注资产配置的风险管理。这表现在三个方面：

（1）主权债务配置的国别分散化。一般情况下，一国的主权债务都是该国安全性最高的投资品种，发达经济体国家的主权债务更常常被当做避险选择，但目前主

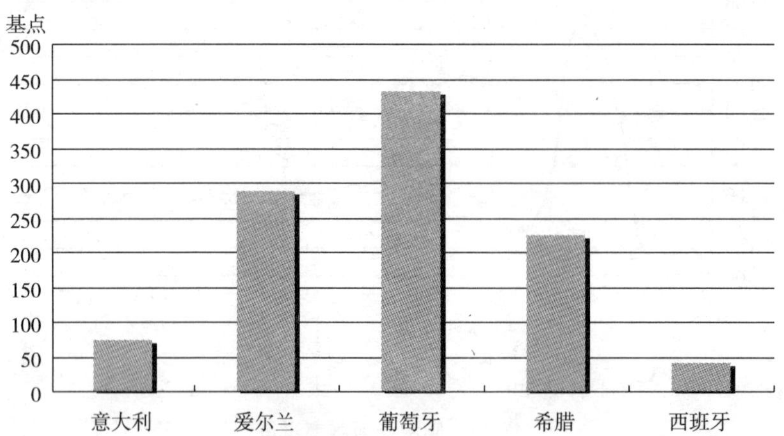

资料来源：Bloomberg，工行投行研究中心。

图 16 "欧猪五国"2011 年年初至今 10 年期国债利率增加额

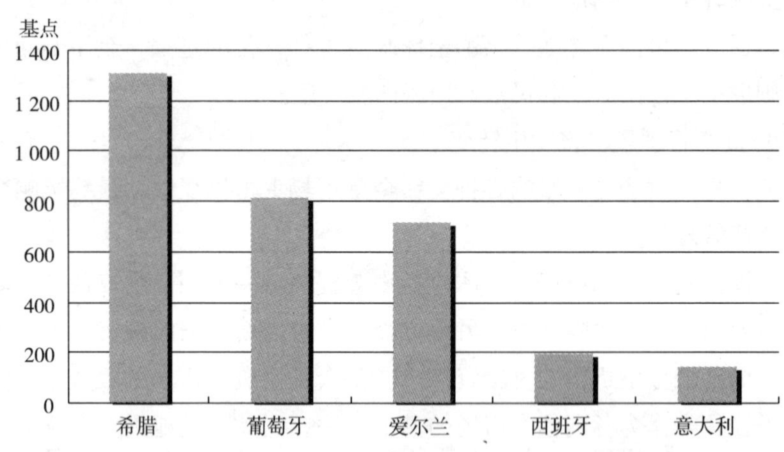

图 17 "欧猪五国"2010 年年初至今 5 年期 CDS 增幅

权债务风险最大的区域恰恰是发达经济体。因此，投资者在配置主权债务资产时会更谨慎，不会把所有的配置都集中于一个国家的国债，而是会分散于几个他认为目前相对安全的国家债券上。

（2）投资者会配置更多目前看来安全性更高的替代资产。我们认为，近期黄金、瑞士法郎等避险资产价格的飙升正是这种投资者情绪的反应。因此，即便以后该类资产价格回落，其平均价格线会上移。

（3）投资者对投资组合的调整会更为频繁。由于近期的主权债务危机，投资者

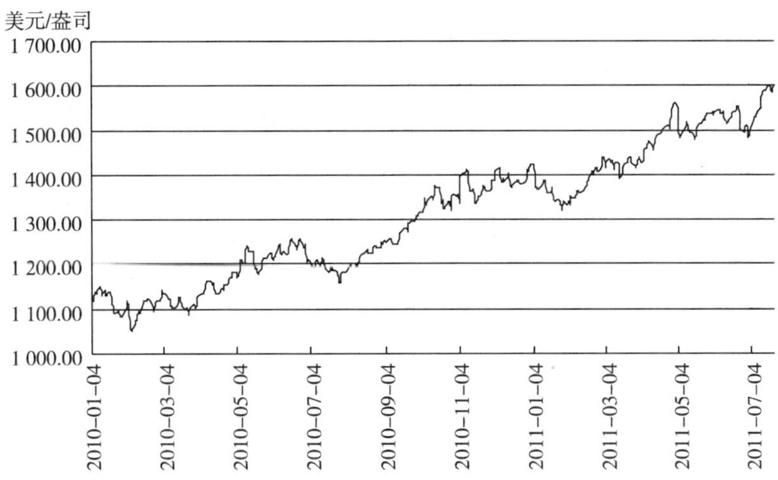

资料来源：Wind，Bloomberg，工行投行研究中心。

图 18 2011 年 COMEX 黄金期货结算价走势

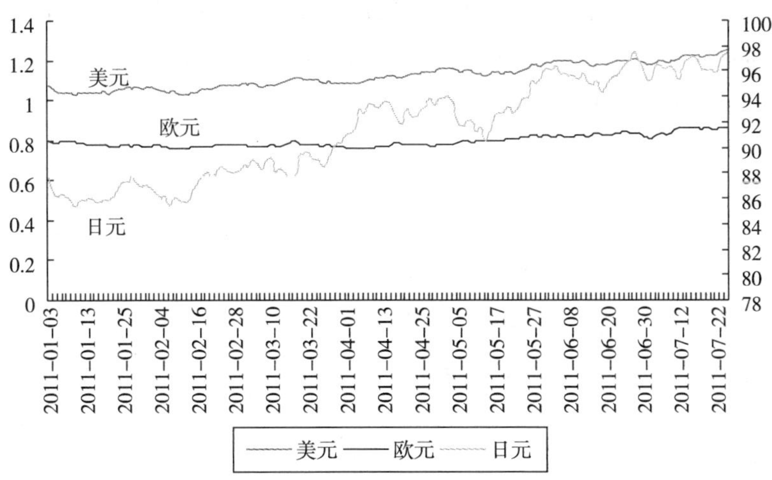

注：JPY/CHF 右轴。

图 19 瑞士法郎相对于三大主要货币币值走势

必然认识到原来的安全资产并没有其原先认为的那么安全，因此，其评估投资组合的频率会增加。为了兼顾收益性和安全性的目标，投资者必然会更多地调整其投资组合。例如，投资者可能会将部分资金从美国国债上撤出，押注一些目前来看相对稳定而且收益率较高的国家的国债和货币，同时，对这些投资保持高度关注。投资者这种调整的一个影响就是，金融市场的波动性会增加。随着这种波动性的增加，一些以市场波动性为基准的金融产品可能会受到青睐，如期权类产品。

（三）总结

总之，政府去杠杆化的过程，经济会以不同的方式付出相应的成本，且一定会由私人投资者和政府共同承担。当然，我们也期待看到更好的发展，即经济出现新的强劲增长点，如技术或者制度的革新。但目前，作为纳税人的我们，恐怕不得不跟政府一起承担过度借债的恶果，而聪明的投资者，会借助金融市场让自己的损失最小化。

参考文献

[1] 国际货币基金组织：《继续实施财政调整》，2011 -06。

[2] 黄志龙：《阿根廷债务互换及其影响》（2005 年：拉丁美洲和加勒比发展报告，No. 5），社会科学文献出版社，2006。

[3] Congressional Budget Office, Congress of The United States. "CBO's 2011 Long - Term Budget Outlook", June 2011.

[4] Mario Damill, Roberto Frenkel, Martín Rapetti. "The Argentinean Debt: History, Default and Restructuring", CEDES, Buenos Aires, April 2005.

利益集团与中国贸易政策选择①

周　一　谷　鸣　何兴容②

摘要： 本文讨论中国利益集团影响下的贸易政策选择。使用1999—2006年中国28个省的面板数据进行分析，根据经典文献对计量模型进行拟合，发现政府目标函数中的消费者福利权重逐年提高而国企权重呈下降趋势，这与我国加入世界贸易组织前后的关税减让造成的影响相符，但这不是由于政府更关心消费者利益，而是由于中国加入世界贸易组织进行关税减让和中央与地方政府的利益博弈造成，并且这种博弈在我国加入世界贸易组织后愈演愈烈。因此，建立一套完善的贸易政策制定模式，综合权衡各方福利应是未来贸易政策制定的目标。

关键词： 贸易政策　利益集团　计量经济方法

一、引言

改革开放以来，中国对外贸易飞速发展，进出口商品结构不断优化，对外贸易竞争力不断提高，逐步确立了世界贸易大国的地位。我国对外贸易取得的骄人成绩与我国对外贸易政策的合理引导是分不开的。

纵观我国贸易政策改革实践，我国贸易政策实施在相当长时期内仅仅满足宏观经济、社会福利和经济安全目标，因而具有鲜明的外生性，形成较长时期的外生贸易政策实践（谷克鉴，2003）。微观企业因素对于我国贸易政策的影响更多的是体现于特定宏观经济目标下，出于不同企业的作用及其在国民经济中的地位的间接考虑。因此，我国贸易政策制定的实践倾向于以政府主导为特征，是一种自上而下的、

① 基金项目：本文由中国人民大学研究生科学研究基金“动态博弈视角下的贸易摩擦形成机制研究”资助（项目编号：11XNH089）。

② 作者简介：周一，研究方向：外贸与国际产业；谷鸣，研究方向：国际贸易政策；何兴容，研究方向：外贸与国际产业。3名作者均为中国人民大学商学院博士研究生。

行政裁决型政策制定过程（谷克鉴，2003；盛斌，2002）。这种自上而下的政策制定过程更多考虑的是上层阶级的利益却忽视了下层阶级的利益诉求。实践中，各共同利益主体构成的利益集团因追求自身福利，将不可避免地参与到贸易政策的决策中去，贸易政策的制定成为利益集团之间的协调。

二、文献回顾

目前涉及贸易政策制定问题的文献所使用的研究方法主要有单纯最优解法和博弈论法两种。Stigler（1971）、Hillman（1982）分别构建了政府目标函数，政府目标在于寻求政治支持最大化，通过求解政府目标函数得到贸易政策的最优解。Eaton和 Grossman（1985）考虑到企业对竞争对手策略反应的推测变量，提出“推测变量”模型对关税和补贴政策进行比较，认为当企业对竞争对手反应的推测值小于实际值时，补贴为最优的政策选择，否则关税政策为最优。Pant（1997）关注了非合作博弈所导致的高额成本损失，构建合作博弈一般均衡模型，指出政策的利益相关者可以通过沟通的方式达成约束性协议，在节约游说成本的同时提高决策的效率，实现参与各方利益均改善的目标，政府在约束性协议达成的过程中扮演着重要的角色。

Grossman 和 Helpman（1994）提出了贸易政策制定的“保护待售”模型，通过构建权重内生化的捐献和福利线性政府目标函数，通过透析政府和利益集团两阶段非合作博弈过程，求解出政府和利益集团联合福利最大化的关税水平。Branstetter 和 Feenstra（1999）在 Grossman 和 Helpman（1994）“保护待售”模型的基础上分析了中国贸易和对外直接投资的政治经济过程，认为中国的政治决策是在贸易和 FDI 带来的社会收益与贸易自由化状态下国有企业的亏损这两者之间权衡的过程，利用中国 1984—1995 年各省的外商直接投资和贸易流量数据对政府目标函数中的结构参数进行了有效估计，结果显示：相对于全民福利而言，中国政府赋予国有企业利益集团相对较高的权重。Branstetter 和 Feenstra 模型的构建既有理论基础又不乏现实依据，实证研究对模型也有较好的拟合效果，具有十分重要的借鉴意义。但不可否认，其研究也存在一些缺陷：首先，分析是建立在中国市场完全割裂的假设前提之上，地方政府在行政权力上高度自治，这导致模型中的目标函数是地方政府而非中央政府。显然这与事实不符，中国外贸决策权并非是地方政府所拥有的权力职责，而且由于中国的经济分权伴随着政治集权同时出现，晋升激励诱使地方官员采用各种手段提高政绩，而外商直接投资（FDI）的引进在其中起到了重要的作用。因此，中央和地方政府的利益有时并非一致，更不能简单地用地方政府目标函数取代中央政府目标函数。其次，该文章将中国国内的企业均视为国有企业，没有做企业性质的区分，这也与现实情况不符。中国改革开放是在保持体制内不变的情况下，实现体制外增长，也就是说，增量改革。中国在企业层次的增量来自跨国企业在中国的外商直接投资（FDI）和民营企业。民营企业的成长是中国经济改革的重要特征之一（陈勇兵，2009），并且改革开放30年来我国企业参与的国际分工已呈现出网络化状态，进口和进口竞争部门、出口和内销部门对于同一贸易政策措施引致的利益矛盾和冲突已初步显现（谷克鉴，2003）。因此，将国内企业统一视为国有企业不能够对中国经济改革进行深入的剖析，对国内企业性质进行区分研究十分具有必要性。本文首先建立各利益集团的目标函数，对政府目标函数进行推导，继而使用1999—2006年间的省际面板数据通过两阶段最小二乘法对数据进行拟合并得出结论。

三、理论模型

假定母国生产单位产品 X_0 和多种差异化产品同时进口国外产品。生产一单位 X_0 仅需要一单位非熟练劳动力；差异化产品主要来源于国内企业和FDI的国外企业，其中，国有企业生产 n_h 种差异化产品，FDI的国外企业生产 m 种差异化产品，如果国外企业生产差异化产品总数用 n_f 表示，那么，国外进口的差异化产品为 $(n_f - m)$。政府一方面关注全体公民的福利，另一方面也会对不同的企业赋予不同的关注权重。

消费者个人效用函数为：

$$U = x_0 + \left(\frac{\theta}{\theta - 1}\right)x^{(\theta-1)/\theta}, \quad \theta > 1 \tag{1}$$

其中，x_0 为单位产品消费，x 为差异化产品消费指数，采用CES加总形式：

$$x = n_h x_h^{(\varepsilon-1)/\varepsilon} + [(n_f - m)x_f^{(\varepsilon-1)/\varepsilon} + m x_m^{(\varepsilon-1)/\varepsilon}]^{\varepsilon/(\varepsilon-1)}, \quad \varepsilon > 1 \tag{2}$$

X_j 表示差异化产品的消费，其中 $j = h, f, m$。h, f, m 分别表示国有企业、国外企业和FDI的国外企业，ε 表示需求弹性。

如果消费者面对 I 的预算约束，差异化产品价格由 $P_j(j = h, f, m)$ 表示，那么有

$$x_0 + n_h p_h x_h + (n_f - m)p_f x_f + m p_m x_m = I$$

求解预算约束条件下的效用函数最大化，可得马歇尔需求函数：

$$x_j = p_j^{-\varepsilon} q^{\varepsilon-\theta}, j = h, f, m \quad \text{并且 } x = q^{-\theta} \tag{3}$$

其中，q 为差异化产品价格指数

$$q = [n_h p_h^{1-\varepsilon} + (n_f - m)p_f^{1-\varepsilon} + mp_m^{1-\varepsilon}]^{1/(1-\varepsilon)} \quad (4)$$

θ 为 CES 加总需求弹性，假定 $\varepsilon > \theta$，以确保每种差异化商品的需求交叉弹性为正。

在本国生产的厂商生产成本为 c_j，$j = h$，m。国外厂商生产成本为 c_f，进口关税为 τ，那么从外国进口产品的边际成本为 $c_f + \tau$。

在国内外生产的厂商的利润分别为：

$$\pi_j = (p_j - c_j)x_j, j = h, m \quad (5)$$

$$\pi_f = [p_f - (c_f + \tau)]x_f \quad (6)$$

假定差异产品的生产者均为理性经济人，会通过使边际收益等于边际成本最大化其利润，将（3）式分别代入（5）式、（6）式中，求解最大化利润得：

$$p_j = (\frac{\varepsilon}{\varepsilon - 1})c_j, j = h, p, m \quad (7)$$

$$p_f = (\frac{\varepsilon}{\varepsilon - 1})(c_f + \tau) \quad (8)$$

将（7）式、（8）式分别代入（5）式、（6）式得到各企业利润函数：

$$\pi_j = \frac{p_j x_j}{\varepsilon}, j = h, m, f \quad (9)$$

外商投资企业是一种新的经济成分，外商投资的增长改变了中国微观主体的构成，对形成以公有制经济为主体、多种所有制经济共同发展的格局起到积极的推动作用，而这样的所有制结构正是社会主义市场经济的微观基础（陈勇兵，2009）。对于跨国企业而言，产品进入本国市场存在两种途径：外商直接投资（FDI）和进口。如果选择直接投资的方式，跨国企业需要支付固定成本 F 用于新建厂房或改进设施，且 $F > 0$。同时，政府会对跨国公司征税，税率为 λ。① 为了确保跨国公司选择外商直接投资（FDI）的模式是有利可图的，我们假定：$c_m < c_f + \tau$。

对于直接投资的跨国企业的净利润可以表示为 $(1 - \lambda)\pi_m - F$，因此，跨国公司选择外商直接投资（FDI）的前提是其所获得利润至少不小于直接产品出口模式所获得的利润，即 $(1 - \lambda)\pi_m - F \geqslant \pi_f$。代入（9）式，可得跨国公司外商直接投资（FDI）的条件：

$$(1 - \lambda)\frac{p_m x_m}{\varepsilon} - F \geqslant \frac{p_f x_f}{\varepsilon} \quad (10)$$

中央政府是最高国家行政机关，一国中央政府制定经济政策的目标主要着眼于提

① 地方政府出于经济发展或政绩的考虑，为吸引外商直接投资（FDI），实际征税税率要小于名义税率，同时，也可将差异化的 λ 理解为寻租行为的表现之一。

高就业、稳定物价、保证经济增长和维持国际收支平衡四个方面。因此，中央政府制定贸易政策的初衷是从国家和社会的利益出发提高全民的福利水平。但不可否认的是，在实际政策的制定过程中出于促进经济快速发展等方面的考虑，政府的决策不可避免地要受到各种利益集团的影响，其中比较有代表性的是国有企业、民营企业和外资企业。因此，中央政府目标函数按不同利益集团分类由五部分构成：全体公民（消费者）的福利、国有企业收益、直接投资企业租金和进口产品关税收入。

国有企业：利润为 $n_h\pi_h$，政府赋予其权重为 β。

直接投资企业：利润为 $m\pi_m$，政府对其征收比率为 λ 的租金（税收），赋予其权重为1。除此之外，跨国企业的直接投资还伴随着工资升水效应和就业促进效应。若跨国公司每单位产出需要投入的劳动力为 a_m，那么总工资升水为 $(w-\varpi)ma_mx_m$，其中 ϖ 为初始均衡工资水平。由（7）式可知：$p_m=\left(\frac{\varepsilon}{\varepsilon-1}\right)c_m=\left(\frac{\varepsilon}{\varepsilon-1}\right)wa_m$，则总工资升水可以表示为 $\left[\frac{(\varepsilon-1)(w-\varpi)}{\varepsilon w}\right]mp_mx_m$。由于跨国公司的直接投资所导致的就业增加为 mx_ma_m，将 $p_m=\left(\frac{\varepsilon}{\varepsilon-1}\right)wa_m$ 代入得 $\frac{(\varepsilon-1)}{\varepsilon w}mx_mp_m$。

进口产品：关税收入为 $\tau(n_f-m)x_f$。

消费者福利：由（1）式、（3）式并令 $[n_hp_hx_h+(n_f-m)p_fx_f+mp_mx_m]=q^{1-\theta}$，消费者福利 $U=I+q^{1-\theta}/(\theta-1)$，其中 I 为劳动收入。将工资升水效应和就业增加效用纳入到消费者福利函数当中，得到（11）式：

$$\begin{aligned}U&=L_0\varpi+\left(\frac{\varepsilon-1}{\varepsilon}\right)\left(\frac{w-\varpi}{w}\right)mp_mx_m+\frac{(\varepsilon-1)}{\varepsilon w}mp_mx_m+\frac{1}{(\theta-1)}q^{1-\theta}\\&=L_0\varpi+\left(\frac{\varepsilon-1}{\varepsilon}\right)\left(\frac{w-\varpi}{w}\right)mp_mx_m+\frac{(\varepsilon-1)}{\varepsilon w}mp_mx_m+\frac{1}{(\theta-1)}\\&\quad[n_hp_hx_h+(n_f-m)p_fx_f+mp_mx_m]\end{aligned} \tag{11}$$

其中，L_0 为不考虑FDI就业效应情况下的就业水平。

中央政府目标函数 G 是上述四部分利益博弈的过程：

$$\begin{aligned}G&=\alpha U+\beta n_h\pi_h+\gamma n_p\pi_p+m\lambda\pi_m+\tau(n_f-m)x_f\\&=\alpha L_0\varpi+\left[\frac{\alpha}{\theta-1}+\frac{\beta}{\varepsilon}\right]n_hp_hx_h+\left[\frac{\alpha}{\theta-1}+\frac{\tau}{p_f}\right](n_f-m)p_fx_f\\&\quad+\left[\frac{\alpha}{\theta-1}+\alpha\left(\frac{\varepsilon-1}{\varepsilon}\right)\left(\frac{w-\varpi}{w}\right)+\frac{\alpha(\varepsilon-1)}{\varepsilon w}+\frac{\lambda}{\varepsilon}\right]mp_mx_m\end{aligned} \tag{12}$$

中央政府通过选择保护率 τ 以最大化其政治目标函数。由（12）式可将均衡关税表示为

$$\tau^* = \arg\max\left\{\left[\frac{\alpha}{\theta-1}+\frac{\beta}{\varepsilon}\right]n_h p_h x_h + \left[\frac{\alpha}{\theta-1}+\frac{\tau}{p_f}\right](n_f - m)p_f x_f + \left[\frac{\alpha}{\theta-1}+\alpha\left(\frac{\varepsilon-1}{\varepsilon}\right)\left(\frac{w-\bar{\omega}}{w}\right)+\frac{\alpha(\varepsilon-1)}{\varepsilon w}+\frac{\lambda}{\varepsilon}\right]mp_m x_m\right\} \tag{13}$$

另由（3）式、（4）式和（8）式可得：

$$\frac{d(p_f x_f)}{d_\tau} = \frac{\varepsilon x_f}{(\varepsilon-1)}[1-\varepsilon(1-s_f)-\theta s_f] \tag{14}$$

$$\frac{d(p_j x_j)}{d_\tau} = \varepsilon\left(\frac{p_j x_j}{p_f}\right)\left(\frac{\varepsilon-\theta}{\varepsilon-1}\right)s_f \quad j = h,\ m \tag{15}$$

$$\text{其中}, s_j = \left[\frac{n_j p_j x_j}{n_h p_h x_h + (n_f - m)p_f x_f + mp_m x_m}\right] \tag{16}$$

推论：

$$\begin{aligned}\frac{\tau^*}{p_f} &= \left(\frac{1}{\varepsilon}-\frac{\alpha}{\theta-1}\right)+\frac{1}{I}\frac{\varepsilon-\theta}{\varepsilon-1}(G-\alpha L_0\bar{\omega}) \\ &= \left[1-\left(\frac{\varepsilon-\theta}{\varepsilon-1}\right)s_f\right]^{-1}\left(\frac{1}{\varepsilon}-\frac{\varepsilon\alpha}{\varepsilon-1}\right)+\left[1-\left(\frac{\varepsilon-\theta}{\varepsilon-1}\right)s_f\right]^{-1}\left(\frac{\varepsilon-\theta}{\varepsilon-1}\right) \\ &\quad \left\{\frac{\beta}{\varepsilon}s_h+\left[\alpha\left(\frac{\varepsilon-1}{\varepsilon}\right)\left(\frac{w-\bar{\omega}}{w}\right)+\frac{\alpha(\varepsilon-1)}{\varepsilon w}+\frac{\lambda}{\varepsilon}\right]s_m\right\}\end{aligned} \tag{17}$$

均衡的关税水平由两组因素决定，其一反映政府对于消费者福利的关注程度，另一组则反映政府所赋予各类企业的权重。伴随着消费者效用占权重 α 的增加，均衡关税水平 τ^* 呈递减趋势，证明了较低的关税水平和贸易自由化程度的加深有利于提高国内市场的竞争程度，在产品均衡价格下降的同时提高产品的质量会导致消费者福利的增加，因此，偏向于仁慈政府的假设，政府目标函数会赋予消费者福利较大的权重，即政府在决策的过程中更多考虑消费者因素，此时政府目标函数最大化条件下均衡的关税水平较低。

相反，对于本国企业而言，如果政府目标函数中国有企业的权重较高，即 β 较大，那么证明政府在决策的过程中更多考虑到本国企业的收益，此时均衡的关税水平较高，以提高进口产品的价格，增加国内产品的竞争力。同时，本国生产的产品消费额在产品总消费额中所占的比重也与均衡的关税水平成正相关关系。

对于跨国公司而言，其采用直接投资的经营方式的前提条件是比出口的经营模式赚取更多的利润，即 $c_m < c_f + \tau$，因此，对外投资跨国企业倾向于游说政府提高关税水平以保持其竞争力。中央政府对于 FDI 的鼓励根源于其带来了工资升水效应和就业增加效应，这是进口产品所不能达到的。因此，为了提高国民福利、增加就业，出于保护 FDI 既得利益的考虑，中央政府倾向于制定较高的关税水平。由（17）式得下式即为我们要估计的主模型：

$$s_m = -\beta s_h + \eta(\frac{w-\overline{\omega}}{w}) + \alpha(\varepsilon-1)(\frac{w-\overline{\omega}}{w})(s_h+s_f)$$

$$-\varepsilon\frac{\tau}{p_f}s_f + (\frac{m}{n_f-m})s_f + \gamma_i + \delta_t + u_{it} \quad (18)$$

四、实证分析

1. 数据来源

本文所使用的数据包括中国28个地区（省、市、自治区）的数据。由于缺乏相应数据，西藏、内蒙古、重庆以及港澳台没有包括在分析中。我们使用1999—2006年28个省的面板数据来进行计量分析，各类产出、进口、消费、外商直接投资（FDI），各类别企业工资均来自各年的中国统计年鉴。加权关税计算的相关数据来自海关统计年鉴。缺失的数据从各省统计年鉴和海关统计年鉴中补全。

2. 变量设定与估计方法

根据前文模型推导，将（18）式改写为如下面板计量模型：

$$s_m = -\beta s_h + \eta WP + \phi WSS - \varepsilon TS + \phi FS + \sum D_i + u_{it}$$

其中，s_h 为国企产出占工业总产出的比重。由于国有企业产品消费占总消费的比重数据难以获得，故采用国有企业产出比重数据予以替代①。$s_h = Output_h/(TotalOutput + Imports)$。

s_m 为跨国企业产出占工业总产出的比重，$s_m = Output_m/(TotalOutput + Imports)$。

s_f 为进口产品占总产出的比重，$s_f = Imports/(TotalOutput + Imports)$。

WP 为跨国公司 *FDI* 导致的工资升水，用外企工资与集体企业工资之差与外企工资的比值来衡量，$WP = (w - \overline{\omega})/w$。

WSS 为工资升水乘以国企产出份额和进口份额之和，$WSS = WP \times (s_h + s_f)$。

TS 为各省加权关税与进口份额之积，$TS = s_f\tau/p_f$。

FS 为 *FDI* 存量和进口份额之积，*FDI* 存量是外企数量的代理变量，我们假定 n_f 足够大，可以简化为 $1/n_f$。

接下来，利用虚拟变量表达各省之间的固定效应。年份虚拟变量在此不引入，因为各省加权关税现只获得1995年数据代入模型，时序上没有变化，而时序变化主

① 在国内市场上，国有企业生产产品占总消费的比重数据除了受到国有企业产出、进口量影响，同样受到国有企业出口量的影响。故若要准确地核算 s_h 值，还应在公式的分子中减去国有企业的出口量。但由于数据获取来源的局限性再加上准确核算 s_h 后模型拟合效果不十分理想，本文在核算 s_h 时忽略国有企业出口的影响。同样的计算方法应用于跨国公司和进口数据。

要用来解释政府政策的变化，关税又是政府政策的主要变量。

由于模型存在内生性问题（因为我们理论假定 $s_h + s_m + s_f = 1$），故使用工具变量两阶段最小二乘法（TSLS）。工具变量为国企产出、进口额、滞后 *FDI* 存量，总产出，工资升水以及工资升水和前四个变量的交叉变量，另外，还包括集体企业产出和私企产出①两个控制变量作为工具变量。文献中没有提供 *FDI* 存量的具体计算方法，本文将有数据记录以来所有年份的 *FDI* 流量相加作为当期的存量。

3. 实证结果

使用 Stata10.0 做面板数据估计，表 1 中给出了 1999—2006 年各系数的含义、计算方法及估计结果②。估计结果具有较好的拟合优度，各系数符号与模型假设相符，均通过了 5% 的显著性检验。按照 1999—2006 年数据的估计方式，分别将 2000—2006 年、2001—2006 年和 2002—2006 年数据代入计量模型进行估计，并按照系数计算公式核算 α、β 和 ε 值，结果见表 2。

表 1　　1999—2006 年政府目标函数系数估计值

解释变量	系数	系数计算公式	系数估计值	T 值
C	—	—	1.06**	2.08
s_h	$-\beta$	$-\beta$	-1.38**	-2.32
WP	η	$\alpha(\varepsilon-1)(\theta-1)/(\varepsilon-\theta)$	-2.54***	-2.62
WSS	ϕ	$\alpha(\varepsilon-1)$	3.84***	2.67
TS	$-\varepsilon$	$-\varepsilon$	-22.46**	-2.04
FS	ϕ	$1/nf$	0.01	0.12
R^2 (N=224)	0.19245	F-statistic		9.02718
Adjusted R^2	0.21281	Prob (F-statistic)		0.00000

注：***代表通过 1% 的显著性检验，**代表通过 5% 的显著性检验。

在政府目标函数中，系数 α 表示政府政策决策过程中赋予消费者福利的权重，1999—2006 年 α 仅为 0.179，2000—2006 年升高到 0.195，到 2002—2006 年提高到 0.916。可见，消费者福利因素在政府目标函数中的比重呈逐年上升趋势，消费者权重得到明显提高。原因可能是因为中国在 2001 年加入世界贸易组织前后，关税水平

① 由于私企的数据统计在 1997 年之后就从统计年鉴中消失了，取而代之的是按企业规模分类的各类企业产值，因此，这里使用小型企业产值作为代理。

② 文章最后采用的估计结果并未包含民营企业变量，因为包含民营企业变量的估计结果拟合优度较低，同时系数不具有显著性，而剔除掉民营企业变量后的拟合结果具有较好的解释性。造成这一结果的原因可能是：（1）各省份民营企业产出的数据较难获得，出现个别年份的数据缺失，影响了估计结果；（2）关于民营企业的界定存在着广义和狭义的区别，造成统计口径不一致，影响了估计结果；（3）由于民营企业相对经营规模较小、地域分布分散、缺乏便捷有效地接近政府主管部门的途径，这可能导致民营企业在政府目标函数中的显著性较低。综合以上各种原因，本文最后的估计结果剔除了民营企业变量，这也成为以后研究有待改进的问题之一。

大幅减让导致进口产品数量增加提高了消费者福利。虽然数据中缺乏各省加权关税的时序变化，但是现采用的各省加权关税水平又被进口份额加权了，而进口份额是在增长的，因此，α 值的增量非常大。实际上，由于各省加权关税时序上是下降的（但本文数据是不变的），其与进口份额的乘积不如本文中计算的大，这可以部分解释 α 值偏大的原因。

系数 β 反映政府决策过程中赋予国有企业的权重，四组结果中 β 值介于 1.086 和 1.38 之间，具有较强的稳定性，证明国有企业在我国政府决策中一直占据特殊的位置。Branstetter 和 Feenstra（2002）核算了 1984—1995 年数据，β 值为 1.43。从我们的跨时期比较结果来看，国有企业在我国政府决策中的比重呈现下降趋势，但依旧占据重要地位。这一方面是改革开放以来我国国有企业改革的必然结果，另一方面，也是由国有企业在我国国民经济中的特殊地位决定的。可见，中国政府的决策过程是追求国家利益最大化的过程，消费者福利对于政策选择的影响正在逐步扩大，而保障战略产业发展、维护产业安全等宏观经济目标依旧是影响我国贸易政策制定的主要因素。

另外，考虑到进口产品的增加和关税的实际下降影响了外企的进入策略，当进口关税与产品成本之和小于本地生产的成本和利润税之和时，外企不会选择外商直接投资（FDI）模式。此时，由于地方政府存在外商直接投资（FDI）偏好，其利益是受损的，因此又采取多种优惠政策吸引外资进入。因此，政府目标函数中，国企权重相对变小了。可见，中央政府与地方政府的博弈是确实存在的，而且在加入世界贸易组织之后愈演愈烈。

表 2　　跨时期政府目标函数系数估计值

时期	系数	估计值	时期	系数	估计值
1999—2006（N = 224）	α	0.179	2001—2006（N = 168）	α	0.201
	β	1.38		β	1.086
	ε	22.465		ε	16.036
2000—2006（N = 196）	α	0.195	2002—2006（N = 140）	α	0.916
	β	1.215		β	1.375
	ε	18.206		ε	5.066

根据参数的回归结果（见表 2），消费者权重 α 得到明显提高。原因可能是因为中国在 2001 年加入世界贸易组织前后，关税水平大幅减让导致进口产品增加提高了消费者福利。虽然数据中缺乏各省加权关税的时序变化，但是现采用的各省加权关税水平又被进口份额加权了，而进口份额是在增长的，因此，α 的值非常大。实际上，由于各省加权关税时序上是下降的（但本文数据是不变的），其与进口份额的

乘积不如本文中计算的大，这可以部分解释 α 值偏大的原因。国企权重数值很小与中国实际情况不符。但考虑到进口产品的增加和关税实际的下降影响了外企的进入策略，当进口关税与产品成本之和小于本地生产的成本和利润税之和时，外企不会选择外商直接投资（FDI）模式。此时，由于地方政府存在外商直接投资（FDI）偏好，其利益是受损的，故又采取多种优惠政策吸引外资进入。因此，政府目标函数中，国企权重相对变小了。可见，中央政府与地方政府的博弈是确实存在的，而且在加入世界贸易组织之后将会愈演愈烈。

总之，考虑到数据问题之后，政府目标函数中的消费者权重应是有所增加，但增加幅度不如本文估计的 α 那么大。政府目标函数中消费者福利权重逐年提高而国企权重呈下降趋势，并非是由于政府更关心民众，而是由于中国加入世界贸易组织进行关税减让和中央与地方政府的利益博弈造成。

五、小结与政策建议

在部分数据缺失情形下对政府目标函数中对消费者和国企权重的分析可以得到基本合理的解释。我国贸易政策制定过程具有典型的促进战略产业发展的国家利益最大化特征。从政府目标函数看，消费者权重在显著上升，而国有企业的权重稳中有降。表明中国在加入世界贸易组织的过程中为了在国际市场中的长期利益暂时放弃了部分短期利益。从贸易政策的角度看，我国利益集团的影响明显存在，中央与地方政府之间对关税政策与吸引外资政策之间的博弈不但一直存在，而且在加入世界贸易组织之后愈演愈烈。

综上，我们应该建立一套完善的贸易政策制定模式，使得不同的经济主体能够有效地表达自身诉求，政府能够获取较为完善的信息，并在此基础上制定贸易政策以实现社会福利的均衡和公平。

首先，积极利用行业协会，向政府传达企业诉求的同时为政府决策提供参考信息。中国行业协会和西方国家的院外活动集团有本质的区别，中国几乎所有的行业协会都是在政府促使和允许的前提下组建起来的，并接受政府的管理。目前，中国行业协会的主要职能还是提供非集体性服务，比如市场预测、举办参与展会、行业统计、技术咨询等，而行业协会的沟通和代表职能并未完全发挥作用。作为企业和政府之间沟通的桥梁，行业协会有义务向政府传达企业的共同要求，同时协助政府制定和实施产业政策与发展规划，即行业协会是企业向政府传递诉求的有效途径。然而在我国，行业协会的沟通职能被弱化，大部分企业缺乏有效接近政府部门的途径。

其次，贸易政策制定过程可以尝试性纳入集体选择机制。政府是集体选择的组织者，建立专家咨询机构和委员会制。专家组包括无关者和偏好者两类，其中无关者是同贸易政策制定不存在利益相关的群体，能够对贸易政策做出比较中立的分析，偏好者则是行业代表或是能够较为全面地掌握行业信息的专家学者。政府扮演组织者、协调者和裁决者的角色。作为组织者，政府的责任是保证企业和专家学者的知情权；作为协调者，政府负责协调各相关者的利益；作为仲裁者，当协调出现困难时，政府做出最终的裁定。可见，通过引入集体选择机制，政府在贸易政策制定过程中能够充分平衡各方面的利益关系，解决由于贸易政策福利效应异质性所引发的冲突，实现各方福利的均衡。

参考文献

[1] 谷克鉴：《应用于中国贸易政策内生化的模型综合》，载《经济研究》，2003（9）。

[2] 陈勇兵：《FDI偏好、国内储蓄与中国经济增长——基于内生金融控制视角的一个解释》，载《改革与战略》，2009（6）。

[3] 盛斌：《中国对外贸易政策的政治经济分析》，上海人民出版社，2002。

[4] Hillman, A. L. (1982), "Declining Industries and Political - Support Protectionist Motives", *American Economic Review* 72, No. 5 (Dec.), 1180 ~ 1187.

[5] Eaton, J. and Grossman, G. M., Tariffs as Insurance: Optimal Commercial Policy When Domestic Markets Are Incomplete, NBER Working Papers 0797, 1985.

[6] George J. Stigler The Theory of Economic Regulation *The Bell Journal of Economics and Management Science*, Vol. 2, No. 1 (Spring, 1971), 3 ~ 21.

[7] Grossman, Gene M. and Elhanan Helpman, 1994, "Protection for Sale," *American Economic Review*, 84, 833 ~ 850.

[8] Branstetter and Feenstra, 1999, Trade and Foreign Direct Investment in China: A Political Economy Approch, NBER Working Paper 7100.

消费信贷对我国居民消费需求的影响及政策研究

赵晓英　施玲华[①]

摘要：消费、投资和出口是拉动一国经济增长的“三驾马车”。近年来，投资和出口已经成为拉动我国经济增长的强劲力量，但最终需求——消费却相对薄弱，尤其是居民消费需求占 GDP 的比重过低。2009 年，我国最终消费占 GDP 的比重为 48.6% 左右，其中居民消费率仅为 35.6%，分别比世界平均水平低 30 个百分点和 26 个百分点。同时，居民的消费倾向也在不断下降。2008 年，我国城镇居民平均消费倾向为 71.2%，比 1990 年的 84.7% 下降了 13.5 个百分点，年均下降 0.75 个百分点。农村居民平均消费倾向为 76.9%，比 1990 年的 85.2% 下降了 8.3 个百分点，年均下降 0.46 个百分点[②]。扩大消费需求，尤其是居民消费，对于加快我国经济发展方式转变，改善民生具有十分重要的意义。

关键词：消费信贷　居民消费　政策研究

一、引言

消费信贷作为启动居民消费的一项重要金融措施，一直以来备受社会各界的关注和讨论，相关研究也很多。但从文献看，国内大多学者的研究主要集中在如何促进消费信贷发展方面，侧重于对策研究和政策探讨，而从实证角度去分析消费信贷与消费需求之间关系的研究相对较少，少量的实证研究在模型的选取上也缺乏理论依据。本文在对消费信贷对居民消费行为影响的基础上，运用数学公式，推导出消费及其影响因素之间的函数模型，并利用我国历史数据，实证研究了我国居民面临

---

① 作者简介：赵晓英，博士，供职于中国人民银行营业管理部，主要研究方向：宏观经济学；施玲华，硕士，供职于中国人民银行营业管理部，主要研究方向：国际贸易学。

② 城镇居民平均消费倾向数据是根据 1991—2009 年统计年鉴中各年城镇居民人均年消费支出与人均可支配收入的比计算所得，农村居民平均消费倾向数据是根据统计年鉴中各年农村居民人均年生活消费支出与人均纯收入的比计算所得。

的流动性约束以及消费信贷对居民消费需求的影响，并根据实证结果，提出相关的政策建议。

二、消费信贷对居民消费需求的影响机制

消费信贷理论是随着消费函数理论的发展而不断发展的。理性预期——持久收入假说认为，存在一个完美的资本市场，消费者可以按一个既定的利率水平在资本市场上自由地借贷以平滑一生的消费，那么消费者的消费决策与当期收入无关，只受一生预期收入总和的影响。但 Flavin（1981）实证研究却发现，现实中的消费支出与滞后的收入水平之间存在显著的正相关关系，消费对当期收入表现出过度敏感的特征。此后，Daly、Hall、Campbell 和 Mankiw 等人的实证分析也均发现消费对收入"过度敏感"。经济学家们认为，之所以消费与即期收入呈现出一定相关性是因为信贷约束的存在，当消费者的收入暂时不足以满足自身消费需求时，他们不能或只能较少地从信贷市场借钱平滑消费，其消费支出只能由当前收入决定。消费信贷可以通过减弱消费者的流动性约束，实现消费跨期优化，从而提高居民的消费倾向，扩大居民的消费需求。

国外许多学者分析了消费信贷与消费需求之间的关系。Japelli 和 Pagario（1989）的研究发现，信用约束是使消费偏离生命周期模型的重要决定因素。Bacchetta 和 Gerlach（1997）通过利用包括美国在内的五个经济合作与发展组织（OECD）国家的早期可预期的消费信贷增长的数据，预测消费总额未来增长趋势，表明个人信贷增长与消费增长有很密切的关系。Ludvigson（1999）通过构建模型解释了 20 世纪 80 年代美国放松对消费信贷市场管制之后的 10 年里消费大幅增长的原因。Maki（2000）对消费信贷和未来消费的关系进行了深入探讨，研究表明，消费信贷的增长和未来消费是正相关的。Kimberly Beaton（2009）利用美国数据分析了信贷供给和消费需求的关系，实证分析结果表明，消费支出的增减伴随着信贷供给的增减，尤其是当信贷供给发生较大变化时，对消费者消费支出的影响尤为明显。

国内也有少量学者研究了消费信贷与消费的关系。林晓南（2006）通过选取中国和美国 1990—2004 年消费信贷与居民消费的数据，对消费信贷对消费需求的影响效应进行比较发现，在美国，消费信贷对消费的影响很大，而在我国的影响很小。胡春燕、岳中刚（2007）采用 Granger 因果关系检验和误差修正模型对银行卡消费与社会消费品零售总额之间的关系进行了实证检验，认为消费信贷有助于放松消费者的流动性约束，帮助其实现跨期平滑，从而实现消费的更新换代，但由于大量预

防性储蓄的存在使得消费信贷的作用十分有限。张奎、金江、王红霞、胡迎春（2010）基于美国1959—2009年近50年的消费信贷和个人消费支出的月度样本数据，实证研究了消费信贷对消费的影响作用，结论显示，消费信贷对消费具有显著的拉动作用。

三、我国居民面临的流动性约束分析

消费信贷对消费需求的影响主要是通过减弱消费者的流动性约束，从而提高居民的现期消费。因此，居民是否面临强的流动性约束是决定消费信贷能否扩大居民消费需求的一个主要因素。下面，我们通过数学推导，建立我国居民的消费函数模型，并利用中国实际数据来实证分析我国居民的流动性约束状况。

（一）理论模型

假设个体的行为目标是使预期消费效用最大化。我们假设效用函数满足CRRA形式，采用无限期离散模型，个体跨期最优问题写成：

$$\max^{E_t} \sum_{t=0}^{\infty} d^t \frac{C_t^{1-g}}{1-g} \tag{1}$$

其中：E_t 表示期望，C_t 表示 t 期消费；d 表示个体的主观贴现率，体现消费的时间价值，$0<d<1$，g 表示相对风险回避系数，$g>0$。

个体每期服从预算约束：

$$W_{t+1} = (W_t + Y_t - C_t)(1 + R_{t+1}) \tag{2}$$

其中，W_t 表示 t 期持有的金融资产价值；Y_t 表示 t 期的劳动收入；R_{t+1} 表示 $t+1$ 期的利率。

采用动态规划的方法求解，可以得到欧拉方程：

$$dE_t(1 + R_{t+1})\left(\frac{C_{t+1}}{C_t}\right)^{-g} = 1 \tag{3}$$

接着进行对数线性化并变形得：

$$E_t(DC_{t+1}) = \frac{\log d}{g} + \frac{r}{g} + \frac{g}{2}\mathrm{var}(DC_{t+1}) \tag{4}$$

其中：Δ是一阶差分算子，而 $C_{t+1} = \log(C_{t+1})$，于是 $E_t(DC_{t+1})$ 表示个体在 t 期的预期消费增长率；var（DC_{t+1}）表示消费的不确定性。

借鉴Campbell和Mankiw构建的流动性约束模型，把消费者群体分为两类，一部分消费者面临流动性约束，则该部分消费者的消费仅仅等于其收入，即 $C_t = Y_t$，两边进行自然对数的变换，并求一阶差分，可得：

$$Vc_t = Vy_t \tag{5}$$

设流动性约束的消费者的比例是 k，全社会总量的对数消费可以近似地确定为：

$$c_t = kc_t^c + (1-k)c_t^i \tag{6}$$

其中，c_t^c 表示受流动性约束的消费者 t 期的对数消费；c_t^i 表示不受流动性约束的消费者 t 期的对数消费。

将（6）式滞后一期，得到：

$$c_{t-1} = kc_{t-1}^c + (1-k)c_{t-1}^i \tag{7}$$

两式相减得：

$$Vc_t = kVc_t^c + (1-k)Vc_t^i \tag{8}$$

结合（4）式、（5）式、（8）式，可以得到计量模型：

$$Vc_t = b_0 + b_1 r + b_2 s_{c,t}^2 + kVy_t$$

其中：

$$b_i = (1-k)a_i \tag{9}$$

（二）数据选择及说明

本文运用时间序列数据检验流动性约束在我国城镇居民消费行为中的重要性。考虑到我国城乡二元经济结构，我们将分别对城镇居民和农村居民消费行为进行分析。我们收集到我国城镇居民（农村居民）1978—2008 年的人均年消费额，对其取对数并一阶差分，计算出 $Vc_{ut}(Vc_{rt})$，表示城镇居民（农村居民）人均年消费增长率；将城镇居民（农村居民）1978—2008 年的人均年可支配收入对其取对数并一阶差分，计算出 $Vy_{ut}(Vy_{rt})$，表示城镇居民人均年收入增长率；用一年期官方银行储蓄存款利率代表利率 R 并对其取对数 $r = \log(1+R)$（如年内有调整利率，就用加权平均利率作为当年利率）；以我国城镇居民（农村居民）人均对数消费的一阶差分偏离其平均值的平方作为反映消费波动的不确定性变量 $s_{uc,t}^2(s_{rc,t}^2)$。

表 1　　1978—2008 年我国城镇居民、农村居民人均消费支出

年份	城镇居民人均消费支出（元）	城镇居民人均可支配收入（元）	农村居民人均生活消费支出（元）	农村居民人均纯收入（元）	银行一年期储蓄存款利率（%）
1978	333	343. 4	116. 1	133. 6	3. 24
1979	371. 2	387	134. 5	160. 2	3. 96
1980	446. 7	477. 6	162. 2	191. 3	5. 4
1981	456. 84	491. 9	190. 8	223. 4	5. 4
1982	471	526. 6	220. 2	270. 1	5. 4

续表

年份	城镇居民人均消费支出（元）	城镇居民人均可支配收入（元）	农村居民人均生活消费支出（元）	农村居民人均纯收入（元）	银行一年期储蓄存款利率（%）
1983	505.9	564	248.3	309.8	5.41
1984	559.4	651.2	273.8	355.3	5.76
1985	732.2	739.1	317.4	397.6	6.72
1986	799	899.6	357.0	423.8	7.2
1987	884.4	1 002.2	395.3	462.6	7.2
1988	1 104	1 180.2	476.7	544.9	7.68
1989	1 211	1 373.9	535.4	601.5	11.115
1990	1 278.9	1 510.2	584.6	686.3	9.9315
1991	1 453.8	1 700.6	619.8	708.6	7.893
1992	1 671.7	2 026.6	659.0	784.0	7.56
1993	2 110.8	2 577.4	769.0	921.6	9.4175
1994	2 851.3	3 496.2	1 016.8	1 221.0	10.98
1995	3 537.6	4 283	1 310.4	1 577.7	10.98
1996	3 919.5	4 838.9	1 572.1	1 926.1	9.17675
1997	4 185.6	5 160.3	1 617.2	2 090.1	7.135
1998	4 331.6	5 425.1	1 590.3	2 162.0	5.03775
1999	4 615.9	5 854	1 577.4	2 210.3	3.015
2000	4 998	6 280	1 670.1	2 253.4	2.25
2001	5 309	6 859.6	1 741.1	2 366.4	2.25
2002	6 029.9	7 702.8	1 834.3	2 475.6	2.19
2003	6 510.9	8 472.2	1 943.3	2 622.2	1.98
2004	7 182.1	9 421.6	2 184.7	2 936.4	2.034
2005	7 943	10 493	2 555.4	3 254.9	2.25
2006	8 696.6	11 759.5	2 829.0	3 587.0	2.349
2007	9 997	13 785.8	3 223.9	4 140.4	3.20194
2008	11 242.9	15 780.8	3 660.7	4 760.6	3.91

（三）计量分析

用时间序列进行回归分析时，很多情况下会出现由于时间序列的非平稳性而导致的伪回归，为了避免伪回归，我们在回归之前首先对各个时间序列进行平稳性检验。本文采用ADF模型对数据进行单位根检验，结果如下：

表2 **单位根检验结果**

变量	检验形式（C，T，K）	ADF检验统计量	5%临界值	10%临界值
Vc_{ut}	$(C,0,1)$	−3.270328	−2.9705	−2.6242
Vc_{rt}	$(C,0,1)$	−3.667501	−2.9705	−2.6242
Vy_{ut}	$(C,0,2)$	−3.594032	−2.9750	−2.6265
Vy_{rt}	$(C,0,2)$	−3.384638	−2.9750	−2.6265
$s^2_{uc,t}$	$(C,0,0)$	−4.280812	−2.9665	−2.6220
$s^2_{rc,t}$	$(C,0,0)$	−3.046203	−2.9665	−2.6220
r_f	(0，0，1)	−3.299653	−1.9535	−1.6221

注：检验形式（C，T，K）分别表示单位根检验方程中的常数项、时间趋势和滞后阶数。D表示差分算子。

从表2可知，方程中各变量的数据都在5%检验水平下平稳，因此，我们可以根据（9）式直接建立回归模型：

$$Vc_{u,t} = 0.010234 + 0.017771r_f + 3.606831s^2_{uc,t} + 0.705168Vy_{ut} \qquad (10)$$

(0.574837)　(0.381616)　(3.733683)　(4.889395)

(0.5703)　(0.7058)　(0.0009)　(0.0000)

$R^2 = 0.785752$　$\overline{R^2} = 0.761031$　$DW = 2.616028$

$$Vc_{r,t} = 0.018902 + 0.102655r_f + 0.527088s^2_{rc,t} + 0.783164Vy_{rt} \qquad (11)$$

(1.580491)　(2.424374)　(0.549903)　(7.444353)

(0.1261)　(0.0226)　(0.5871)　(0.0000)

$R^2 = 0.850780$　$\overline{R^2} = 0.833562$　$DW = 1.847873$

由回归结果可以看出，两个方程的拟合优度都达到0.78以上，模型整体回归比较好。从各方程系数的估计值看，可以得到以下结论：

第一，无论是城镇居民还是农村居民，都面临很强的流动性约束，（10）式和（11）式中，Vy_{ut}与Vy_{rt}的系数估计值十分显著，t检验值在1%的水平下通过，分别为0.7和0.78，说明高达70%和78%的城镇居民和农村居民的当期消费受到当期收入的限制，因此，从理论上说，大力发展消费信贷，降低居民的流动性约束，应该可以有效扩大居民的消费需求。

第二，城镇居民和农村居民的消费行为存在较大的差异，未来消费的不确定性对城镇居民的影响显著，且影响系数很大，$s^2_{uc,t}$项系数估计值十分显著，t检验值在1%的水平下通过，说明当未来消费的不确定性每增加1%将导致预期消费增长率增加3.6%。而$s^2_{rc,t}$项的估计值不显著，说明未来消费不确定性对农村居民的影响不大。

第三，利率对我国居民的消费行为影响不大，相对农村居民的影响要高于对城镇居民的影响。从方程回归系数看，（11）式中 r_f 项系数估计值十分显著，t 检验值在5%的水平下通过，说明利率下调1%，预期消费增长率降低即现期消费仅仅增加0.1%，而（10）式中 r_f 项系数不显著。我国居民消费的利率敏感性很低的可能解释是我国居民的相对风险回避系数很高。

四、消费信贷对消费需求影响的实证分析

（一）模型选择及数据描述

本文在Hall（1978）的消费理性预期假说基础上，放松消费者可以自由借贷的假设条件，将居民可获得的消费信贷作为消费需求的解释变量，得到消费与上期消费以及消费信贷之间的函数关系，即：

$$C_t = a + bC_{t-1} + cCR_t + \varepsilon_t \qquad (12)$$

其中：C_t 表示 t 期消费，CR_t 表示 t 期可获得的消费信贷。

受数据可获得性的限制，本文运用我国2007年10月至2010年10月的消费品零售额月度数据来代表居民消费需求，运用商业银行按部门分消费性信贷表示居民可获得的消费信贷。

（二）计量分析

首先，依然采用ADF模型对两个时间序列进行平稳性检验，结果显示，居民消费需求和消费信贷的检验 t 统计量在10%的显著水平下都未能通过平稳性检验，即它们是非平稳的序列，但经过一阶差分后，所有变量的 t 统计量小于显著性水平为5%的临界值，即变量的一阶差分序列平稳，均为一阶单整序列。检验结果如下：

表3　　单位根检验结果

变量	检验形式（C，T，K）	ADF检验统计量	5%临界值	10%临界值
C_t	（C，1，1）	-2.992350	-3.5426	-3.2032
dC_t	（C，0，1）	-5.073544	-2.9499	-2.6133
CR_t	（C，0，1）	-1.589475	-2.9527	-2.6148
dCR_t	（C，0，1）	-6.204993	-2.9558	-2.9558

根据（12）式建立回归模型得到：

$$C_t = 1\,027.688 + 0.886290C_{t-1} + 0.249172CR_t \quad (13)$$

$$(1.383964) \quad (10.96655) \quad (0.249172)$$

$$(0.1759) \quad (0.0000) \quad (0.0984)$$

$R^2 = 0.876814$ $\overline{R^2} = 0.869115$ $DW = 1.903654$

方程的拟合优度在0.87以上，模型整体回归比较好。由回归结果可以看出，我国居民的消费信贷对消费需求具有一定的拉动作用，但刺激作用不是非常明显，消费信贷每增加1元，仅增加居民消费支出0.24元。消费信贷对居民消费需求影响不大的主要原因可能是因为当前我国正处在经济体制转轨时期，居民对未来收入和支出的预期存在较大的不确定性，存在较强的预防性心理。同时，强流动性约束的存在又进一步强化了居民的预防性动机。因此，即使居民能够通过消费信贷来提高当期消费，居民由于较强的预防性动机，也从主观上不愿意增加其消费。

五、相关政策建议

通过对消费及其影响因素的理论和实证分析，本文认为在我国，消费信贷能够在一定程度上，通过缓解居民强的流动性约束，促进居民的消费需求，但其影响力度受到居民对未来不确定性的预防性行为的制约。因此，要提高居民消费需求，一方面，要大力发展消费信贷市场，将居民的一部分未来购买力转变为现期的有效需求，同时，要尽快完成社会保障制度，完善收入分配制度，缩小收入差距，减少居民对未来的不确定性感受，缓解居民消费的后顾之忧，从而增强居民消费的主动性。

参考文献

[1] 周俊：《西方消费信贷与消费需求述评及其引申》，载《改革》，2010 (1)。

[2] 林晓楠：《消费信贷对消费需求的影响效应分析》，载《财贸经济》，2006 (11)。

[3] 张奎、金江、王红霞、胡迎春：《消费信贷对消费影响作用的实证研究》，载《技术经济》，2010 (2)。

[4] 胡春燕、岳中刚：《中国银行卡消费与经济增长的经验分析》，载《经济经纬》，2007 (5)。

[5] 赵晓英、曾令华、徐国梁：《经济转轨期不确定性对我国城镇居民消费行为的影响》，载《消费经济》，2006 (1)。

[6] 赵晓英、禹娜：《经济转轨时期我国城镇居民的预防性储蓄行为研究》，载

《金融理论与实践》，2006（11）。

［7］臧旭恒、裴春霞：《预防性储蓄、流动性约束与中国居民消费计量分析》，载《经济学动态》，2004（4）。

［8］袁志刚、宋铮：《高级宏观经济学》，复旦大学出版社，2004。

集群经济与对外贸易互动关系研究

——以辽宁省为例

侯海英　王愫彤①

摘要：本文以辽宁省为例考察集群经济与对外贸易的互动关系：首先运用区位熵指数测度辽宁省的集群经济，发现除原有的资源类产业外，该省形成了新的产业集群——机械设备制造业；进而考察该产业集群与对外贸易之间的关系，通过协整检验、误差修正模型和格兰杰因果检验发现，从长期来看产业集群得益于出口规模的扩大，两者之间存在协整关系；短期来看，两者互成格兰杰因果关系。因此，辽宁省应该重视对外贸易，把对外贸易作为促进本地产业发展的手段。

关键词：集群经济　对外贸易　协整　误差修正模型

一、引言

改革开放后，由于体制性和结构性矛盾突出，企业技术和设备老化，资源性城市主导产业衰竭等原因，较之于东部沿海省份经济的迅速崛起，东北地区的经济发展呈现出“相对落后”和“相对封闭”的特点。1978 年东北三省占全国 GDP 的比重为 13.9%，2008 年这一比例下降为 8.6%；1978 年东北三省人均 GDP 是东部地区的 1.19 倍，2008 年仅是东部地区的 0.69 倍；同时，东北地区发展过程中相对封闭的特点更为明显，2008 年东北地区出口额占全国的比重为 4.4%，进口额仅占 4%。

近年来，国家提出了振兴东北老工业基地的计划，实现区域经济协调发展。响应这一开发战略，我们不得不思考如下问题：新中国成立初期我国在东北地区建设的产业群是否还在发挥作用，是否形成了新的产业集群？与以代工驱动经济增长的省份相比，国际贸易对东北三省经济的发展是否有显著影响？

---

① 作者简介：侯海英，供职于北京工商大学经济学院，副教授；王愫彤，大连理工大学经济系，硕士研究生。

本文以辽宁省为例来回答以上问题，之所以选择辽宁作为东北地区的代表，是因为该省份的典型性。辽宁省地处我国东部沿海，拥有2 200多公里的海岸线，但大多数统计资料却不将该省作为“东部沿海省份”；该省与朝鲜、韩国、日本等国毗邻，具有发展对外贸易的先天优势，但对外贸易份额却较低；2005年国家提出的《关于促进东北老工业基地进一步扩大对外开放的实施意见》也将辽宁省作为振兴东北老工业基地的前沿，东北和环渤海两大区域经济体的连接点，因此，探讨辽宁省产业集群与对外贸易的关系，对于研究东北地区经济发展的特征和国家经济发展规划都有重要意义。

二、理论背景

产业集聚是特定产业中互有联系的公司或机构聚集在特定地理位置的一种现象，是经济发展在空间分布上的显著特征。

马歇尔（Marshall，1890）最早分析了产业集聚发生的原因，他认为厂商集中有利于中间投入品和劳动力的共享以及知识外溢，使得该地区的中间商和劳动力更加专业化，企业拥有较强的竞争力。Hoover（1959）则认为是规模经济、地方化和城市化经济造成了集群经济的出现。Krugman（1991）成功地建立了分析产业集聚现象的中心——外围模型的分析框架，认为产业中心的形成取决于以下三个方面的因素：运输成本、规模经济和制造业的发展程度，相关产业聚集在一起，可以减少上下游厂商投入产出的运输成本，使得该地区的产品种类和实际工资高于非产业集聚区，从而引发劳动力和相关产业进一步向产业集聚区集中。藤田昌久、克鲁格曼和维纳布尔斯（1999）合作出版的《空间经济学：城市、区域与国际贸易》一书则进一步将产业集聚和国际贸易之间的关系连接在一起，从全球角度考察集群经济。Kim（1999）、Paluzie（2001）等学者分别研究了欧洲和北美的产业地理集中，对集群经济做了实证分析。

贺灿飞、谢秀珍（2006）利用1980—2003年中国各省区两位数制造业数据，发现中国大多数制造业在20世纪90年代逐渐集中化，大多数省区的产业结构逐渐专业化，内陆省区的专业化趋势尤为明显。白重恩等（2004）利用Hoover系数测度了我国32个工业行业的产业地理集中程度，发现总体上中国产业在80年代中期以前趋于分散，1985年之后趋于集中，研究还发现税后利润大和国有企业比重高的产业地理上的集中度较低，这说明地方保护主义不利于产业集中。马国霞、石敏俊、李娜（2007）发现我国制造业产业间集聚呈现上升趋势，在空间上进一步向沿海集聚。范剑勇（2004）利用基尼系数测算了我国制造业集中度的变化，发现改革开放以来中国地区间的专业化水平已经有所提高，产业布局发生了改变，绝大部分行业已经或正在进入东部沿海地区。

同时我们注意到，对外贸易是我国经济增长的重要引擎，也是企业和行业竞争力的重要的源泉。那么产业参与国际贸易的深度与该种产业的地理集聚有什么关系？在当前众多研究产业集聚的文献中，各学者从不同角度出发对产业集聚进行了研究，但多数文献研究的重点是集群的形成与演进、集群与产业升级、集群与技术创新等方面，对产业集群与国际贸易之间的关系研究很少。而产业集聚和对外贸易模式恰恰同是规模经济条件下的经济表现（Krugman，1979），经济全球化与一体化将全球价值链植入各个区域，这就使国际贸易因素对产业集群的形成与发展起着越来越重要的作用，因此，应当把对外贸易与产业集聚综合起来加以研究。

此外，当前相关研究多数是从国家宏观层面展开讨论，很少考察具体省份的情况。而研究省内的产业分工与集聚，对于各省确定自己的经济定位，发展自己的优势产业，指定贸易政策等方面具有重要意义。本文力争通过对辽宁省这样一个国有企业比重高、装备制造业发达，而且拥有漫长海岸具备外贸地理优势的省份进行考察，来研究产业集群经济与对外贸易之间的互动关系。

三、辽宁省产业集群的测度

对于产业地理集中程度的定量分析可以采用赫芬代尔系数、胡佛系数、熵指数、锡尔系数和基尼系数等多种方法。由于区位熵指数计算简单，经济学意义明显，因此，在区域经济学研究中得到了广泛应用，本文拟用该指数来测度辽宁省的集群经济状况，其具体公式为：

$$\beta_{ij} = \frac{q_{ij}/q_j}{q_i/q}$$

其中，q_{ij}表示地区j的产业i的产值，$q_j = \sum_{i=1}^{n} q_{ij}$是地区$j$的全部工业产值，$q_i = \sum_{j=1}^{n} q_{ij}$是产业$i$的全国总产值，$q = \sum_{i}\sum_{j} q_{ij}$是全国工业总产值。总体来看，区位熵指数的分子是产业i占该地区全部工业产值的份额，分母是产业i占全国工业的份额，两者之间的比率能够测度该地区的生产结构与全国水平之间的差异，因此可以评价一个地区的产业集群程度。如果某地区某产业的区位熵指数大于1，则表明该地区该产业形成了产业集群；反之，如果区位熵指数小于1，则未形成集群；如果区位熵指数等于1，则表明该地区该产业的分布水平与全国水平相当。

另外，区位熵指数的测算也可以使用就业数据，这也是国外学者的通常做法，如 Krugman（1991）、Ellision 和 Glaeser（1997）等，但考虑到国有企业存在冗员，以及统计年鉴就业口径统计不一致可能带来的系统性偏差，本文采用产值数据。数据来源于《中国统计年鉴》和《辽宁统计年鉴》，行业分类标准按《国民经济行业分类与代码》（GB/T 4754—2002）两位编码，共 39 个行业，经测算，发现了辽宁省区位熵指数在 1.2 以上的行业，见表 1。

表 1　　辽宁省区位熵指数测算

年份	黑色金属矿采选业	石油加工、炼焦及核燃料加工业	黑色金属冶炼及压延加工业	非金属矿物制品业	通用设备制造业	专用设备制造业
2008	2.916	2.640	1.552	1.239	1.682	1.340
2007	2.847	2.771	1.625	1.165	1.725	1.339
2006	2.261	3.642	1.741	1.051	1.587	1.170
2005	2.103	3.875	2.137	0.772	1.312	1.063
2004	2.288	3.437	2.193	0.814	1.299	1.092
2003	2.651	3.616	2.175	0.931	1.548	0.954
2002	1.436	3.534	2.273	0.856	1.382	0.793
2001	1.443	3.258	2.064	0.970	1.390	0.803
2000	1.129	2.999	2.137	0.942	1.315	0.786
1999	1.341	3.307	2.294	0.869	1.396	0.799
1998	4.126	3.151	2.004	1.037	1.701	1.050
1997	1.702	3.449	1.987	0.904	1.485	0.896
1996	2.068	3.056	2.055	0.752	1.445	0.892

从表 1 中可以看出，辽宁省经济发展以铁矿的开采和冶炼加工、石油加工业为主，黑色金属矿采选业（C08）、黑色金属冶炼及压延加工业（C32）、石油加工、炼焦及核燃料加工业（C25）是该省份集群经济较为明显的行业，这主要与辽宁省拥有鞍钢、本钢、辽油等大型企业有关。由于这些行业受自然资源约束较强，所以这些产业的竞争优势虽然有所下降，但整体上还是保持了较高的产业集聚度。

同时我们发现，辽宁省非金属矿物制品业（主要包括水泥、砖瓦、玻璃等行业）正在形成辽宁省新的产业集群，这可能与该省份较为丰富的矿土资源有关。辽宁省最近发展起来的还有通用设备制造业（C35）和专用设备制造业（C36）产业集群，说明该省份已经利用原有雄厚的工业基础，在设备制造业上凸显自己的优势。由于这两个行业对资源的要求较少，辐射力强，因此，本文着重考察这两个行业与对外贸易之间的关系。

根据《中国统计年鉴》对应的项目，本文将通用设备制造业（C35）和专用设备制造业（C36）合并命名为机械设备制造业。对于该产业集群规模的测度，杨丹萍（2009）采用了如下计算方法：

$$S_i = (q_{ij}/q_j - q_i/q) \times q_{ij}$$

其中，S_i 表示地区 j 的行业 i 的产业集群规模大小，其余变量与前述含义相同。这种将全国平均水平刨除的做法，固然可以衡量本地区集群规模的纯量，但不能衡量本产业实际规模，当考虑到国际贸易问题时尤其如此，因此，本文用辽宁省机械设备制造业的原始数据作为产业集群规模的依据。

四、辽宁省集群经济与对外贸易互动发展的实证分析

为了进一步研究辽宁省产业集群与对外贸易之间的互动关系，本文选取辽宁省机械设备制造业产业集群规模（用 SCALE 表示）以及出口额（用 EX 表示）为研究对象。出口数据来自《辽宁省统计年鉴》和辽宁省对外贸易经济合作厅，并依照国家统计局公布的人民币兑美元平均汇率将单位换算为人民币。同时，为了消除变量可能存在的异方差性，对二者的原始数据取对数，得到 LNSCALE 和 LNEX。

（一）变量的平稳性检验

通常情况下，时间序列数据都有非平稳的特征，如果直接对统计数据进行回归，则很容易造成虚假回归。所以，为了保证回归效果，首先应对变量的平稳性进行检验。本文采用最为常用的 ADF 检验，检验结果见表 2。

表 2　　ADF 检验结果

变量	ADF 检验值	5% 临界值	检验形式（c，t，k）	是否平稳
LNEX	-3.2041	-3.3883	(c, t, 1)	否
LNSCALE	-1.9061	-3.4203	(c, t, 1)	否
ΔLNEX	-2.8750	-2.7298	(c,0,1)	是
ΔLNSCALE	-4.7429	-4.2971	(c,0,1)	是

注：（1）LNEX 表示辽宁省机械设备制造业出口额的对数；LNSCALE 表示辽宁省机械设备制造业产业集群规模的对数；Δ 表示对其进行一阶差分。（2）检验形式（c，t，k）括号中的 c 表示单位根检验带常数项（$c=0$表示不含常数项），t 表示趋势项（$t=0$ 表示不含趋势项），k 表示自回归的滞后项。

ADF 检验结果表明，在 5% 的置信区间下，辽宁省机械设备制造业出口额 LNEX 和集群规模 LNSCALE 的原始值都是非平稳序列，直接进行回归则会造成虚假回归。而经过一阶差分后，两个变量在 5% 的置信区间下通过检验，成为平稳序列，因此，可以在此基础上继续对二者进行分析。

（二）协整检验

变量之间协整关系的检验方法大多采用 JJ 法和 EG 方法，前者主要用于多变量之间协整关系的检验，后者多用于两变量之间协整关系的检验。所以，这里我们运用 EG 两步法对 1996—2008 年辽宁省机械设备制造业出口额 LNEX 和产业集群规模 LNSCALE 进行协整检验来分析这两个变量之间的长期均衡关系。可以得到如下结果：

$$LNEX = -2.1128 + 0.6297^{*} LNSCLAE$$
$$(3.5719) \qquad (6.7783)$$
$$R^2 = 80.68\% \qquad F = 31.78690$$

两个变量回归的残差序列值（U_t = LNEX + 2.1128 − 0.6297* LNSCLAE)，见表 3。

通过表 3，我们可以大概看出其残差是平稳的。为了更精确地表示，我们仍然通过 ADF 检验来进一步确定其平稳性，见表 4。

表 3　　回归残差值

年份	数值	年份	数值	年份	数值
1996	-0.1541	2001	0.1932	2006	0.1527
1997	-0.4119	2002	0.2265	2007	-0.0928
1998	0.3854	2003	0.2133	2008	-0.2763
1999	0.0912	2004	0.2938		
2000	0.1554	2005	0.1766		

表 4　　残差序列 ADF 检验

变量	ADF 检验值	置信水平	临界值
U_t	-2.8756	1%	-2.7921
		5%	-1.9777
		10%	-1.6021

对残差的 ADF 检验值为 -2.8756，在 1% 的置信水平下临界值为 -2.7921，证明其是平稳的，即两个变量之间存在着协整关系。回归方程的拟合优度较高。其经济学含义是辽宁省机械设备出口增长 1%，产业集群规模将增长 0.6%，两者具有长期稳定的关系。

（三）误差修正模型

通过对变量的 ADF 检验，我们可以确定 LNEX 和 LNSCALE 这两个变量都是

I (1)序列并且二者之间存在着协整关系。以此为基础我们建立辽宁省机械设备制造业出口 LNEX 和辽宁省机械设备制造业产业集群规模 LNSCALE 的误差修正模型来弥补静态模型的不足。所得方程如下：

$$\Delta \mathrm{LNEX}_t = -0.1308ECM_{t-1} + 0.1534\Delta LNSCALE_t + 0.264519$$

$$其中, ECM_{t-1} = LNEX_{t-1} + 2.1128 - 0.6297 * LNSCALE_{t-1}$$

在上面的误差修正模型中，差分项反映了短期波动的影响，ΔLNSCALE 之前的符号为正，说明辽宁省机械设备制造业与出口规模之间也存在短期的正向变动关系。短期调整系数 EMC 是显著的，且为负值，这符合反向修正机制，表明当短期波动偏离长期均衡时，将以 -0.1308 的力度将非均衡状态拉回到均衡状态，这保证了出口与产业规模能够在长期内保持协调稳定的发展关系。

（四）Granger 因果检验

建立了误差修正模型之后，采用 Granger 因果检验对辽宁省机械设备制造业出口额和产业集群规模二者之间的关系进行进一步的检验。检验结果见表 5。

表 5 格兰杰因果关系检验结果

原假设	F 检验值	P 检验值	结论
LNSCALE 不是 LNEX 的格兰杰原因	0.45562	0.52482	接受
LNEX 不是 LNSCALE 的格兰杰原因	10.0344	0.01937	拒绝
ΔLNSCALE 不是 ΔLNEX 的格兰杰原因	0.77827	0.64332	接受
ΔLNEX 不是 ΔLNSCALE 的格兰杰原因	1.76434	0.28719	接受

观察以上结果，从长期来看，辽宁省机械设备制造业出口是集群规模的格兰杰原因，说明出口促进了产业集聚；反过来看，集群规模并不是出口的格兰杰原因，这说明辽宁省机械设备制造业的出口还有其他原因，如临海优势、产业政策等。从短期来看，出口规模与产业规模互为格兰杰因果关系，这说明出口可以短期内促进本地企业加大生产力度，同时如果本地生产力度加大，也会促使企业采取各种方式扩大海外市场的销售额。

五、结论和政策建议

本文运用区位熵指数，检验了辽宁省产业集群的规模，发现该省原有的资源类产业仍然保持一定优势，同时形成了新的产业集群——机械设备制造业。从长期来看产业集群得益于出口规模的扩大，两者之间存在协整关系；短期来看，两者相互促进，互为格兰杰因果关系。基于上述实证分析，可以得到如下结论和建议：

（一）在原有重工业基础上发展机械设备制造业，培育新的经济增长点

辽宁省作为东北地区的第一大省，人口规模和GDP规模都接近其余两省的总和，重工业基础也最为雄厚。而重工业是进入门槛高、竞争优势易于保持、利润相对丰厚的行业；在重工业的基础上，不仅可以发展通用机械设备制造业，还可以发展专用设备制造业，如石油开采专用设备、冶金专用设备等。从表1可以看出，辽宁省专用机械设备制造业的发展非常迅速，集群经济规模从2006年的0.892迅速提到2008年的1.34。因此，可以考虑利用原有的重工业基础发展本省的经济。

（二）以对外贸易作为促进本地产业发展的手段

辽宁省拥有2 200多公里的海岸线，又邻近韩国、日本、俄罗斯等庞大的市场，具有发展对外贸易得天独厚的优势。而就现实来看，通过对外贸易发展本国的产业，不仅是亚洲四小龙国家发展本地经济的策略，也是我国广东、浙江等省份经济快速发展的原因。因此，辽宁可以在自己雄厚工业基础上，通过出口扩大自己在机械制造业中的优势。当前辽宁省以及其他东北省份对外贸易规模相对狭小，不仅不能与沿海经济省份的规模相比，而且与自身的经济规模也不相称。

（三）加大政策扶植力度，促进东北老工业基地的振兴

综观辽宁省拥有优势的产业集群，主要是冶金、石油化工、机械设备制造等行业，这些行业具有较强的外部性，处于产业链条的上游，对其他行业的发展具有显著的影响力。尤其是机械设备制造业，如发动机、机床等直接制约着其他行业的发展，是整个产业链条的工作母机。同时，这些行业对我国的产业安全乃至政治、军事安全都有重要意义，因此应当加大政策扶植力度，促进东北老工业基地的振兴。

参考文献

［1］范剑勇：《市场一体化、地区专业化与产业集聚趋势》，载《中国社会科学》，2004（6）。

［2］贺灿飞、谢秀珍：《中国制造业地理集中于省区专业化》，载《地理学报》，2006（2）。

［3］路江涌、陶志刚：《中国制造业区域聚集及国际比较》，载《经济研究》，2006（3）。

［4］罗勇、曹丽莉：《中国制造业集聚程度变动趋势的实证研究》，载《经济研

究》，2005（8）。

［5］马国霞、石敏俊、李娜：《中国制造业产业间集聚度及产业间集聚机制》，载《管理世界》，2007（8）。

［6］藤田昌久、克鲁格曼、维纳布尔斯：《空间经济学：城市区域与国际贸易》，中国人民大学出版社，2005。

［7］王子龙、谭清美、许萧迪：《产业集聚水平测度的实证研究》，载《中国软科学》，2006（3）。

［8］吴三忙、李善同：《中国制造业集聚程度演变态势的实证研究》，载《山西财经大学学报》，2009（12）。

［9］袁欣、李深远：《产业集聚与对外贸易：广东电子产业的实证分析》，载《经济理论与经济管理》，2007（1）。

［10］杨丹萍：《产业集聚与出口贸易互动关系之研究》，载《国际贸易问题》，2009（6）。

［11］Bai C, Du Y, Tao Z. Local protectionism and regional specialization: evidence from China's industries［J］. Journal of International Economics, 2004, 63: 397 ~417.

［12］Deverux. The Geographic Distribution of Production Activity in the U. K.［J］. Regional Science and Urban Economics, 2004, 34（5）: 533 ~564.

［13］Ellison Glenn, Edward Glaeser. Geographic Concentration in U. S. Manufacturing Industries: A Darboard Approach［J］. Journal of Political Economy, 1997, 105（5）: 889 ~927.

［14］Hoover Edgar M., Raymond Vernon. Anatomy of a Metropolis: The Changing Distribution of People and Jobs within the New York Metropolitan Area［M］. Cambridge, MA: Harvard University Press, 1959.

［15］Krugman P. Increasing Returns and Economic Geography［J］. Journal of Political Economy, 1996, Vo. 199, Issue3: 48 ~59.

［16］Marshall Alfred. Principles of Economics［M］. London: The Macmillan Press, 1961. 32 ~39.

理论纵横

关联交易利益流向与中国上市公司盈余质量①

佟　岩　程小可②

摘要：在考虑关联交易利益流动方向的基础上，本文将全部样本划分为仅发生掏空性的关联交易、仅发生支持性的关联交易、同时发生掏空性和支持性的关联交易、无法识别利益流向四组。当控股股东持股比例较低时，偏好使用关联交易获取私有收益，此时掏空性的关联交易显著降低了盈余质量，“支持”和同时发生两种流向的关联交易虽然也有降低盈余质量的倾向但统计上并不显著。当控股股东持股比例较高时，偏好使用关联交易获取共享收益，此时“支持”和同时进行两种利益流向的关联交易提高了盈余质量，“掏空”在这种情况下依然体现出降低盈余质量的可能。

关键词：关联交易　利益流向　盈余质量　控股股东

一、引言

控股股东不管如何控制关联交易，其所带来的利益流动都会涉及资源的重新配置，所以都会对盈余的数量产生影响，较常见的论述是盈余管理（Jian and Wong，2003；Gordon and Henry，2003），已经达成比较一致的意见。同时控股股东的关联交易对盈余质量也有一定影响（洪剑峭、方军雄，2005），但在这一过程中的深入分析并不多见。

“掏空”（Tunneling）是在发达国家和发展中国家都大量存在的经济现象，控股股东从自身利益出发进行非正常的关联交易是“掏空”经常采用的手段之一（Johnson et al.，2000）。与此同时，在投资者保护较弱的国家，“支持”（Propping）也是控股股东经常采用的一种方式，他们通过向上市公司注入资源来获得未来可能的

① 本研究是由王化成教授主持的国家自然科学基金资助项目（70372065：“上市公司盈余质量研究”和70572096：“中国上市公司控制权转移的利益流动”）的阶段性成果。

② 作者简介：佟岩，北京理工大学管理与经济学院；程小可，北京化工大学经济管理学院。

"掏空"机会或者可能的盈利（Friedman et al.，2003），不可否认，这些"支持"行为从本质上看都属于关联交易。可见，关联交易所带来的利益流动会有截然相反的两种方向。

这样不同利益流向的关联交易在控股股东的掌握下各自对我国上市公司的盈余质量产生的影响还没有得到充分的理论和数据验证。这很大程度上是由于关联交易带来的交叉利益流动带有极大的复杂性和隐蔽性，作为外部信息使用者只能掌握有限的公开信息，这给揭开利益变化的本质带来很大困难。在已有研究基础上，本文将通过对不同利益流向关联交易的深入分析，发现它们在控股股东的不同控制阶段如何发挥作用，形成了怎样的最终盈余，从而建立控股股东、关联交易利益流向、盈余质量三者间的关系传导链条。这样，可以为资本市场的参与者分析上市公司的盈余质量提供一些参考。

本文认为在我国"掏空"与"支持"对称存在的资本市场上（江伟，2005），两种不同利益流向的关联交易都是控股股东出于特定目的的行为，都会对盈余质量产生影响。但是，由于控股股东的控制能力不同，其利益诉求也不完全一样，由此他们会通过不同利益流向的关联交易实现各自的经济目的，这些行为最终会对盈余质量产生差异化的影响。

二、文献回顾

对控股股东来说，关联交易产生的利益流动有两个方向，既可以从上市公司获得利润，也可以向上市公司输入利润，为了行文简便，以下部分将用"掏空"和"支持"来指代这两种流向的关联交易①。虽然两种情况都常常发生，但在实务界和理论研究中，更多的批评集中在"掏空"带来的中小股东利益损失上，对"支持"却鲜有微词。

（一）"掏空"的有关研究

"掏空"一词借用到经济及管理领域中，最初用来形容发生在捷克体制变革中的大量腐败现象（Altshueler，2001），Johnson 等（2000）用它来描述控制者出于自身利益将资产和利润转移出企业的行为。Johnson 等（2000）发现"掏空"行为往往具有合法形式且手段多样，并在发达国家切实存在，但不同法系国家间存在区别。"掏空"的主要手段有控股股东侵占企业的投资机会、利用对控股股东有利的转移价

① 本文只是用"掏空"和"支持"来指代不同利益流向的关联交易，这里面可能包括正常的关联业务往来也可能包括不符合规定的关联交易。因此"掏空"和"支持"在文中并无贬义。

格、使用企业资产为控股股东贷款担保等。此后大量研究集中在亚洲国家，主要研究“掏空”的具体形式和程度。Bertrand 等（2002）使用印度企业集团的数据说明“掏空”行为大量存在并主要表现在非营业利润的组成部分中。Bae 等（2002）认为，当集团内部企业进行并购，其股票价格通常会下跌，从而使中小股东受损。与此同时，该企业的控股股东却往往得到收益，因为韩国企业普遍交叉持股，并购能够提高集团中其他企业的价值。Jian 和 Wong（2004）利用我国上市公司数据进行了分析，认为当上市公司有自由现金流时，会通过贷款或其他形式向控股股东回馈资源，托宾 Q 等指标显示市场对这些公司的股价有下降反映，也就是说，市场认为这些关联交易是在“掏空”上市公司。尽管已有以上大量文献说明了有关“掏空”的问题，但对控股股东利用“掏空”活动牟利并最终影响盈余质量的程度并无明确分析。

（二）“支持”的有关研究

控股股东并不是一味“掏空”上市公司，否则不会有其他股东愿意为企业投资，控股股东也就失去了很多的获利机会。控股股东对公司的“掏空”和“支持”是对称的，即控制性股东既有把资源从公司转移出去的动机，也有向公司提供私人资源的动机，这一点在发展中国家尤为突出（Friedman et al.，2003）。发展中国家普遍的负债软约束，使得控股股东在公司出现困难时不仅不逃避债务，还会追加投资来保持今后剥削小股东和得到合法分享收益的选择权。这样，负债成为控股股东“支持”公司的一种承诺，外部投资者也因此更愿意向公司提供资金。而且，控股股东的存在使陷入财务困境的公司能够尽快得到援助以避免公司破产，从而有利于保护小股东的利益。控股股东对公司的“支持”实际上为中小股东提供了一种保险机制，因此，中小股东才愿意向公司投资，此时控股股东对中小股东利益的侵害可视为中小股东所支付的保险溢价（Riyanto and Toolsema，2003①）。Cheung 等（2004）检验了“支持”和企业负债、经营业绩及市场回报间的关系，他们将“支持”分为现金支援和资产注入两种形式，发现受到现金支援的企业有更多负债，但得到资产注入的企业负债水平相当于行业平均水平，无法判断“支持”与负债情况之间的关系。在其他关系的检验中，他们也得到了一些相反的证据，不能给出一个普遍性的结论。

（三）“掏空”和“支持”的综合研究

当“掏空”和“支持”同时发生时，应该如何考虑其影响结果呢？目前此类研

---

① 转引自江伟：《我国上市公司控制性股东“掏空”与“支持”行为的实证分析》，载《经济科学》，2005（2）。

究较少。Friedman 等（2003）发现在投资者保护较弱的国家，大股东有强烈的“掏空”动机和行为；同时，在某些特定情况下同一股东也会利用自有资源“支持”企业。但他们的模型没有直接研究“支持”的规模和性质。Cheung 等（2004）在文章中将关联交易分为“掏空”、“支持”、战略驱动三种类型，认为“掏空”可能包括资产购销、现金支付等，“支持”可能包括现金流入等，战略驱动可能包括并购等①。“掏空”类的关联交易发生时，以股价体现的股东财富在关联交易初次宣告时以及在 12 个月期间都明显受到损害，并且这种影响与大股东的控制程度显著负相关，即大股东持股比例越高，市场对上市公司宣告关联交易的负向反应越大。他们对“支持”的研究着墨不多，主要关注“支持”与企业负债、经营收益和市场回报的关系，发现受到“支持”的上市公司都在交易之前处于财务困境。刘峰等（2004）以五粮液为案例研究了我国较为特殊的资本市场中的“掏空”与“支持”行为，他们给出了有关大股东控制、上市公司业绩与大股东利益输送的基本关系：大股东通过各种努力提高上市公司业绩；上市公司业绩高可以提高再融资的效率，同时也不会成为监管部门及社会舆论关注的焦点；大股东再利用其控制权将上市公司的现金或其他有效资源转移到大股东手中，从而形成所谓“上市公司有业绩、大股东有现金”的“双赢”局面。但他们在文中也提到，这样的基本关系通过案例说明后如何将结论一般化是一个难题。在目前的条件下几乎不可能取得类似的大样本数据提供经验证据。

可见，现有文献虽然大量研究了“掏空”的有关问题，但对“支持”行为涉及很少，对两种行为的对比研究以及两种行为同时发生的研究更是难得一见。而且，“掏空”和“支持”问题虽然总是与控股股东联系在一起，带有盈余管理的性质，但也较少见到确认这些行为对盈余质量具体影响的实证。所以，本文所要解决的主要问题就是研究“掏空”和“支持”这两种不同利益流向的关联交易及其交互作用在控股股东追求控制权收益的过程中对盈余质量的影响。

三、关联交易不同利益流向的影响效应分析

关联交易从性质上说本无特殊含义，只是当交易双方带有特定目的进行交易的时候才给关联交易涂上了别样色彩。由于控股股东控制程度不同，又会对盈余质量产生不同影响。

① 他们对所谓战略驱动型的关联交易并没有进行理论分析和数据检验。

控股股东进行关联交易的主要目的还是获取控制权收益，主要包括私有收益[①]和共享收益[②]两部分。控股股东由于持股比例不同，私有收益和共享收益所起的作用也在发生变化，与这种控制权比例的两面性对应，产生了“利益侵占效应”（Entrenchment Effect）和“利益趋同效应”（Alignment Effect）（Morck et al.，1988；Claessens et al.，2002）。在持股比例较低时，控股股东更偏好获取私有收益；而当持股比例达到一定程度后，共享收益开始起主导作用，控股股东更倾向于创造共享收益。在追求私有收益或共享收益的过程中，控股股东偏好使用关联交易，因为这种交易方式比较容易控制和实现，而交易的结果无疑会影响盈余质量。

我们在研究中已经发现（佟岩、王化成，2007），控股股东的持股比例不同，关联交易对盈余质量产生的影响也不相同：（1）当控股股东持股比例较低时，利益侵占效应占上风，控股股东通过关联交易获得控制权私有收益，结果降低了盈余质量。关联交易在控股股东可支配的范围内能够迅速完成，使控股股东的利益配置更容易实现。这些基于私有收益的关联交易更多地表现出了调整利润、盈余管理等特征，会降低企业的盈余质量。（2）当控股股东持股比例较高时，共享收益的主导地位比较明显，控股股东通过关联交易追求共享收益，结果提高了盈余质量。当控股股东持股超过一定比例时，由于在企业中所占股份较多，控股股东更倾向于提高企业整体价值来实现自己的利益。而提高企业价值的主要手段在本文中就体现为关联交易。这些基于共享收益的关联交易更多地表现出了关联交易高效、便捷的优点，能够提高企业的盈余质量。

不过，这一结论是在对关联交易一概而论的基础上得出的，它对细分后的不同利益流向的关联交易是否也能够成立呢？我国上市公司中不仅存在大规模的“掏空”，同时还存在大范围的“支持”。大多数上市公司由国有企业改制而来，上市公司与作为大股东的企业集团有着千丝万缕的联系，很多业务往来无法用理性的经济人行为来解释。当上市公司出现经营和财务困难时，股东不但不能“用脚投票”，还要想方设法追加各种资源投入，帮助上市公司符合某些既定的要求。这些不同的行为在控股股东的不同控制阶段，究竟会产生同样的影响还是会生成差异性的结果？这正是本文的研究目的所在。

基于上述分析，我们在检验关联交易利益流向的影响效应时，将控股股东分成

① Dyck 和 Zingales（2004）认为，控制权的私有收益意味着控股股东由于控制权带来的排他性价值或享有的独占利益。

② 控制权的共享收益来自于大股东拥有控制权和决策权之后更有利的管理和监督，大股东的股权比例超过一定程度之后，股份的增加使其更有动机增加企业价值（Holderness，2003）。而此时，企业整体价值的增加也可以被小股东分享。

持股比例较低和持股比例较高两种情况分别阐述，收益偏好的分界点确定为50%①（佟岩、王化成，2007）。

（一）控股股东偏好私有收益时的情况

当控股股东持股比例不足50%时，更有动机和能力通过关联交易追求私有收益，其结果会恶化盈余质量。但是是不是所有流向的关联交易都具备这样的传导性质呢？或者说，是不是不同利益流向的关联交易都在降低盈余质量呢？

1. “掏空”

“掏空”行为的主要实现方式之一，就是通过各种关联交易将上市公司的资源转移到更能实现控股股东私人收益的经济主体中（Cheung et al.，2004；Jian and Wong，2004；李增泉等，2004）。在“掏空”过程中，上市公司可能出现大量应收控股股东项目或者支付给控股股东巨额现金换取不等值有形、无形资产，以及其他不影响上市公司资产账面价值和表面利润数字的情况。这些控股股东意图影响下的关联交易虽然具有双赢的表象，但实际却并不能使上市公司具有足够的现金保障以及可持续的盈利能力等体现高质量盈余信息的特征。由此我们得到：

假设1：当控股股东持股比例较低时，掏空性的关联交易对盈余质量有负面影响。

2. “支持”

控股股东在追求私有收益时，在某些特定情况下也会“支持”上市公司。“支持”过程中可能会产生一些共享收益使其他股东有所获利，但在追求私有收益的根本目的之下，这也只是控股股东实现私有收益的副产品，控股股东“支持”上市公司的根本目的只是为了帮助上市公司达到管制要求的“会计利润”（李增泉等，2005），“支持”之后将是控股股东更大规模的“掏空”（Liu and Lu，2003）。即便是出现控股股东“支持”上市公司行为的当期，在还没有发生进一步“掏空”之前，这些私有收益主导下的“支持”行为所产生的盈余也不可能具有高质量。由此我们得到：

假设2：当控股股东持股比例较低时，支持性的关联交易对盈余质量有负面影响。

3. “掏空”和“支持”同时发生

控股股东根据不同情况作出或“支持”或“掏空”的决策时，往往并不是孤立的，大部分股东会兼顾两种利益流向：一方面，控股股东要获得足够的控制权私有收益，所以利用各种交易剥削中小股东；另一方面，又要保持这种收益的长期存在，

① 已有论文得到过第一大股东持股比例与某些经济结果和行为之间先上升后下降的关系，一般这种转折点也都出现在50%左右（如李增泉等，2004）。另外，本文作了第一大股东持股比例变动对基本盈余反应系数影响的单变量及多变量分析，结果充分“支持”了以50%作为分界点的可靠性。由于篇幅限制，具体情况未在文中报告。

防止上市公司出现严重危机。基于这样的考虑，面对上市公司时而出现充足的自由现金流，时而遇到财务困境时，控股股东不断进行着“掏空”与“支持”交叉更替的繁忙操作，“掏空”与“支持”往往是对称的（Friedman et al.，2003；江伟，2005）。它们虽然在短期内对企业利益的影响不同，但基于假设1和假设2，带有特定目的的操作行为对要求具有持续、可预测等特质的盈余指标来说，不会具有正面影响。由此我们得到：

假设3：当控股股东持股比例较低时，同时进行“掏空”和“支持”对盈余质量有负面影响。

（二）控股股东偏好共享收益时的情况

我们发现控股股东也可以通过关联交易追求共享收益，并最终提高了盈余质量。如果将关联交易按照利益流动方向进行区分之后，会有怎样的结果呢？不同流向的关联交易都会提高盈余质量吗？

1. “掏空”

当控股股东持股比例较高时，共享收益起主导作用，此时控股股东“掏空”上市公司的动机减弱（李增泉，2004），同时股份的增加使其更有动机增加企业价值（Holderness，2003），这些价值为中小股东所分享，就形成了共享收益（Shleifer and Vishny，1986）。当然，在这一区间依然会发生表现为利益从上市公司向控股股东流动的关联交易，但此时这些关联交易更多体现为正常的经营活动，因此我们预期：

假设4：当控股股东持股比例较高时，掏空性的关联交易对盈余质量有正面影响。

2. “支持”

控股股东追求共享收益必然要提高企业价值。在这一过程中，除了调整资本结构（Fan and Wong，2002）、投资以扩大企业规模（Fama and French，1992）等措施外，控股股东也需要对企业进行一些必要的“支持”（Friedman et al.，2003）。这些支持性的关联交易在正常交易的范畴内有利于减少交易费用和提高效率（Coase，1937），而且稳定性也更好（黄本尧，2003）。此时，控股股东通过“支持”上市公司，能够改善盈余的稳定性和贡献水平，进而提高企业价值（洪剑峭、方军雄，2005）。由此我们得到：

假设5：当控股股东持股比例较高时，支持性的关联交易对盈余质量有正面影响。

3. “掏空”和“支持”同时发生

“掏空”与“支持”往往是对称的（Friedman et al.，2003；江伟，2005），正

常的业务往来也是如此，不同利益流动方向的关联交易都会发生。在追求共享收益的过程中，控股股东同时进行这两种利益流向的关联交易最终还是为了增加企业价值。因此，在假设4和假设5的基础上，我们得到假设6。

假设6：当控股股东持股比例较高时，同时进行“掏空”和“支持”对盈余质量有正面影响。

四、研究设计

（一）概念界定

1. 关联交易

本文要研究的是关联交易在控股股东与盈余质量之间的传导机制，故而关联交易首先要有一个可操作的界定。上市公司每一年度发生的关联交易都有许多不同的交易对象，我们在文中将关联交易限定为能够为控股股东直接控制并直接涉及控股股东利益的关联交易，即上市公司与控股股东（单位或个人）以及控股股东控制的其他实体的关联交易。

具体到度量标准，本文主要考察上市公司关联交易的利益流动方向对盈余质量的影响，所以将关联交易按照利益流动方向分组并使用虚拟变量度量。如果某公司当年度发生的全部为掏空性的关联交易，该公司归为“掏空”组，且当年关联交易利益流向变量取值为1，未发生关联交易的取0，其他流向依此类推。此时不考虑关联交易发生的次数、具体金额、操作方式等。

2. 控股股东

控股股东，从理论上讲应该是对上市公司拥有实际控制权的股东，可分为直接控股股东和间接控股股东。直接控股股东较易识别，并具有可靠的研究基础。间接控股股东在现实经济生活中的实际控制程度很难界定，适合做个案研究，在大样本研究中可能出现结论偏差。而且在我国的资本市场上，绝大多数情况下第一大股东也代表了控股股东的意思，其他现象毕竟较为少见，所以我们还是选择使用上市公司第一大股东的持股比例作为对控股股东控制程度的度量，即主要考察直接控股股东。以下行文中如未特别说明，控股股东均用第一大股东替代，其控制程度用第一大股东持股比例替代。

3. 盈余质量

盈余质量是一个内涵抽象而外延宽泛的概念，很大程度上取决于主观判断（Siegel，1982）。正因为这个概念中包含的信息太多，研究者往往根据需要给出自己的定义，从某一个或几个侧面描述对盈余质量的认识，进而为不同侧面选择相应的衡量方法，主要有会计调整法和市场计量法（Ball and Brown，1968；Hayn，1995；Velury，1999；Dechow and Dichev，2002；Schipper and Vincent，2003）。

会计调整法源于盈余质量的原始定义，通过对可能存在的盈余管理进行会计调整反映盈余质量。市场计量法源于经典的盈余——回报关系，在市场有效的前提下，通过盈余与市场回报的回归系数来衡量盈余质量。从基本原理来看，这两种计量方法都有一定的假设基础。盈余管理模型假定总应计项与总资产、主营业务收入、固定资产等因素相关，并认为同行业企业具有相同的参数，在计算各企业的非操控性应计项后得到操控性应计项，来反映上市公司的盈余管理程度。价值相关性模型的假设前提是资本市场有效性，以会计盈余和市场回报的相关程度反映盈余质量的高低。从适用性来说，盈余管理模型基于对企业非操控性应计项的估计，其估计的准确程度对研究结论具有很大影响，带有更大的主观色彩。市场计量法虽然也受到市场效率的限制，并受到各种批评（Lee and Cao，2002），但在信息使用者本身即源于市场，对信息的使用又要针对市场的情况下，更能够做到决策有用。而且我国的资本市场从 1997 年起已经达到弱式有效（张兵、李晓明，2003），所以在本文中我们选择使用基于市场回报的价值相关性来度量盈余质量，将盈余质量定义为会计盈余解释和预测市场回报的能力。

盈余的价值相关性研究中使用的基本方法是计算市场对盈余信息的反应程度，即盈余反应系数（Hayn，1995）。本文参考 Fan 和 Wong（2002）、Yeo 等（2002）的处理方法，将需要考察的控股股东、关联交易等相关变量与盈余相乘，代入基本盈余反应系数模型，使各待研究变量的系数反应对基本盈余反应系数的影响，即对盈余质量的影响效果。

4. 传导机制

传导机制在本文中指关联交易的利益流动方向在控股股东影响盈余质量过程中发挥作用的情况。这种传导性的影响关系通常使用中介变量方法①进行验证（Baron and Kenny，1986；Shaver，2005）。该方法是三个层次关系的统一体，因变量的发生不仅受到自变量的影响而且受到中介变量的影响，同时，中介变量也受到自变量影响。在这种情况下，要想说明自变量对因变量的影响是通过中介变量实现的，必须经过三个步骤：

① 这一方法并非完美，也有一些批评（Shaver，2005）。一般情况下，联立方程、二阶段最小二乘法等方法能够解决该方法存在的一些问题。但本文的检验中，需要用到虚拟因变量，其他变量对盈余质量的影响需要用到两变量相乘作为自变量，这些具体情况对其他方法的使用都造成一定限制。所以，中介变量检验方法的使用广泛性、普遍承认性和对本文的适用性促使我们依然选择了这种方法，为我们的理论分析提供数据佐证。

一是自变量 X 对因变量 Y 的影响成立。这是进行进一步检验的基础。如果自变量和因变量之间不具有关联关系，那么也就无所谓中介变量的存在。

二是自变量 X 对中介变量 M 的影响成立。如果自变量对中介变量没有影响，那么即使该中介变量显著影响因变量，也无法说明它在自变量和因变量之间起了中介作用。

三是自变量 X 和中介变量 M 同时影响因变量 Y 时，即纳入同一方程时，自变量对因变量的影响不再存在。这时可以证明自变量对因变量的影响全部由中介变量传递实现。当然，在人文与社会科学中，这种绝对的中介变量很少存在，大部分结果都受多个因素的影响，所以这一步骤中经常出现的情况是自变量对因变量的影响依然显著，但对因变量的作用显著弱于第一个步骤，那么就可以认为它对因变量的影响有一部分通过中介变量实现，三者之间的传导关系成立。判断自变量对因变量的影响是否变小不能通过比较两个步骤自变量的系数直接得到，而要用到严格的统计检验方法。此类方法有很多，具有不同的优缺点（MacKinnon et al.，2002），可根据需要选择。

这一方法要求文中大量用到三个模型同时检验时，三个模型必须同时成立才能保证我们预期的控股股东、关联交易和盈余质量之间的传导关系成立。

（二）划分关联交易利益流向的标准

利益流动本无褒义贬义之分，只是当主导者有了操纵意图的时候才产生了所谓“掏空”或者“支持”这样的描述。一般来说，某一项关联交易究竟是在“掏空”还是在“支持”，需要结合双方或者多方企业的具体时段、具体处境进行综合判断。而作为企业外部人的众多投资者、债权人、监管机构等，往往只能根据报告的披露情况进行分析。在资本市场上，上市公司和外部投资者、监管机构等，对现金和利润的重视远远超过其他财务指标。在已有文献中，较少有对关联交易利益流动方向的直接研究。能够做到准确细致描述关联交易利益流动方向及其影响的往往是针对具体企业的具体交易所作的案例研究（Johnson et al.，2000；刘峰等，2004），这些研究结论的推广面临一定难度（刘峰等，2004）。对关联交易利益流动方向的大样本研究更不多见，有限的文献往往集中考察某种关联交易，以现金、资产的转移情况（Jian and Wong，2004；Cheung et al.，2004）作为判断“掏空”和“支持”的标准。当将所有关联交易都纳入研究范畴时，并没有可供直接借鉴的权威界定。这样，根据现实经济状况和已有文献，本文以现金流向、利润增减和责任权利关系为标准划分关联交易利益流向。这三个标准可能无法穷尽所有的关联交易现象，在具体到某一笔关联交易时可能也有交叉，但在现有条件下，具有较高的可行性和可靠性。

1. 以现金流向为标准

现金是企业经营中最为重要的资源之一，在大量关联交易中，有一部分涉及实在的现金周转，得到现金的一方可以视为有所收益。所以我们认为在控股股东（及其控制的其他企业）与上市公司的关联交易中，如果现金从上市公司流向控股股东，则为“掏空”，反之则为“支持”。比如，朝华集团（000688）不但为其控股股东提供资金，还要为公司一些董事控制的公司提供资金。2004 年，朝华集团向控股股东四川立信投资及其子公司提供资金 52 658 万元，向公司董事李众江担任法定代表人的公司提供资金 10 479 万元，向公司原董事谭启担任法定代表人的公司提供资金103 577万元[①]。这些关联交易都可以视为“掏空”。

2. 以利润增减为标准

利润是企业存在的基本目标之一，并且直接与上市公司的很多重大事件有关，比如再融资权利、保住上市资格等，都有对净资产收益率等指标的具体要求。在关联交易中，有一部分能够给上市公司增加利润，可视为控股股东对上市公司的“支持”，反之则视为“掏空”。四川长虹（600839）在 2001 年勉强以8 854万元的净利润维持了不亏损的局面，净资产收益率只有 0.7%。这是不是代表了长虹真正的盈利水平呢？其第一大股东长虹集团在当年为四川长虹贡献了包括资金占用费、资产受托管理损益等名目下的利润近 15 000 万元，所以实际上扣除非经常性损益后，当年四川长虹净利润已经为 -5 800 万元，控股股东大力“支持”的用心着实良苦（王化成、佟岩，2005）。

3. 以责任权利关系为标准

或有事项带来的影响可正可负，但对大部分企业来说更重视负债性质的或有事项，因为这些事项往往意味着潜在的风险。上市公司和控股股东之间的关联交易越来越多地体现出一种责任权利关系，而不发生即刻的现金收支或者利润变化，担保事项是典型代表。企业之间互相担保取得银行信用无可厚非，但加上利益集团之间的斗争就使得正常的商业行为变了味道。所以，我们认为上市公司为控股股东提供担保意味着“掏空”，反之则为“支持”。方向光电（000757）在 2004 年为控股股东的子公司北泰电子提供担保 13 526.5 万元。ST 一投（600515）违规为控股股东及其关联方提供保证担保 6 250 万元，为控股股东及其关联方提供抵押担保 14 600 万元。控股股东利用诸如此类的关联交易进行“掏空”已经屡见不鲜，甚至有很多已经转为了现实的债务。比如，新太科技（600728）为兄弟公司提供定期存单质押担保，导致新太科技被银行划扣本金及利息，形成了控股股东占用资金的事实，截至 2005 年中报，占用资金额已达 23 437.78 万元[②]。

① 具体数据引自 2006 年 1 月 18 日《第一财经日报》刊载的“2005 年度上市公司二十大“掏空”排行榜”。

② 同上。

（三）模型设计与变量定义

我们按照控股股东的控制程度以及关联交易的利益流向分组，首先使用基本盈余反应系数模型（Hayn，1995）加入有关控制变量形成模型（1）进行基本盈余反应系数的简单比较。然后运用模型（2）、（3）、（4）进行控股股东控制程度、不同利益流向的关联交易、盈余质量三者之间的关系检验。在具体操作中，将样本分为仅发生“掏空”（Tunneling，*T*）、仅发生“支持”（Propping，*P*）、同时发生“掏空”和“支持”（*B*）、无法判断流向（*U*）四组，分别代入模型进行统计检验。

1. 盈余系数比较

$$R_{i,t} = \alpha_1 + \beta_1 EPS_{i,t}/P_{i,t-1} + \delta_1 Lev_{i,t} + \delta_2 Size_{i,t} + \delta_3 Beta_{i,t} + \delta_4 Q_{i,t} + \varepsilon \quad (1)$$

2. 中介变量检验

$$\begin{aligned} R_{i,t} = {} & \alpha_1 + \beta_1 EPS_{i,t}/P_{i,t-1} + \lambda EPS_{i,t}/P_{i,t-1}{}^{*} CS_{i,t-1} + \delta_1 Lev_{i,t} \\ & + \delta_2 Size_{i,t} + \delta_3 Beta_{i,t} + \delta_4 Q_{i,t} + \delta_5 Year + \delta_6 IND + \varepsilon_1 \end{aligned} \quad (2)$$

$$\begin{aligned} RPTFlow_{i,t} = {} & \alpha_0 + aCS_{i,t-1} + a_1 Second_{i,t-1} \\ & + a_2 Third_{i,t-1} + a_3 Year + a_4 IND + \varepsilon_2 \end{aligned} \quad (3)$$

$$\begin{aligned} R_{i,t} = {} & \alpha_2 + \beta_2 EPS_{i,t}/P_{i,t-1} + \lambda' EPS_{i,t}/P_{i,t-1}{}^{*} CS_{i,t-1} \\ & + bEPS_{i,t}/P_{i,t-1}{}^{*} RPTFlow_{i,t} + \delta_7 Lev_{i,t} + \delta_8 Size_{i,t} \\ & + \delta_9 Beta_{i,t} + \delta_{10} Q_{i,t} + \delta_{11} Year + \delta_{12} IND + \varepsilon_3 \end{aligned} \quad (4)$$

与中介变量检验的基本步骤相比，待检验模型的特殊之处在于，模型（2）和模型（4）实质上脱胎于盈余——回报的基本模型，因此，形式上的因变量表现为市场回报，但本质上的因变量是作为我们研究主题的盈余质量。它实际上体现为基本盈余反应系数，即β_1和β_2，在模型的右侧。作为自变量的控股股东和关联交易对盈余质量的影响通过各自系数对基本盈余反应系数的增减表现出来。另外，模型（3）由于因变量定义为关联交易的利益流动方向，表现为虚拟变量，这使得模型（3）构成一个逻辑斯蒂克回归，区别于模型（2）和模型（4）的最小二乘回归。

具体来看，模型（2）体现了控股股东对盈余质量的影响，作为进一步检验的基础。其中β_1为基本盈余反应系数，λ则代表控股股东持股比例对基本盈余反应系数的影响，也就是对盈余质量的影响。

模型（3）体现了控股股东对关联交易利益流向的影响。第一大股东持股比例越高，进行各种关联交易的能力越强。

模型（4）体现了控股股东、关联交易和盈余质量的关系。其中β_2为基本盈余反应系数，λ'代表加入关联交易利益流向变量后第一大股东持股比例对基本盈余反应系数的影响，b 体现了关联交易利益流向对基本盈余反应系数的影响。

模型中各变量定义如表 1 所示：

表 1　　变量定义

$R_{i,t}$	公司 i 在 t 期间的市场回报，计算方法为 $t+1$ 年 4 月末除以 t 年 4 月末调整后的收盘价（考虑分红）
$EPS_{i,t}$	公司 i 在 t 期间的每股净利润
$P_{i,t-1}$	公司 i 在 t 年 4 月最后一个交易日考虑分红、配股等事件后的调整价格
$CS_{i,t-1}$	公司 i 在 $t-1$ 期末第一大股东持股比例
$Lev_{i,t}$	公司 i 在 t 期末资产负债率
$Size_{i,t}$	公司 i 在 t 期末总资产的自然对数
$Beta_{i,t}$	公司 i 在 t 期末的贝塔系数
$Q_{i,t}$	公司 i 在 t 期末考虑非流通因素的总市值除以总资产账面价值
$RPTFlow_{i,t}$	公司 i 在 t 期间发生关联交易的利益流向，分 4 组赋值，公司 i 在 t 期间仅发生“掏空”的样本取值为 1，未发生关联交易的取值为 0，其他流向依此类推
$Second_{i,t-1}$	公司 i 在 $t-1$ 期末第二大股东持股比例
$Third_{i,t-1}$	公司 i 在 $t-1$ 期末第三大股东持股比例
$Year$	数据年度，以 2002 年为基准组
IND	公司行业，以综合类上市公司为基准组

五、数据分析及实证检验

（一）样本选择与描述统计

由于数据限制，本文选择 2001 年、2002 年作为研究区间，深、沪两市 A 股上市公司为研究样本，数据均来自于北京色诺芬信息有限公司 CCER 数据库。在此基础上，我们使用 Excel 和 SPSS 软件首先剔除了金融行业上市公司、各年度新上市公司和数据不全的样本。然后我们将在一个会计年度内发生第一大股东变化的上市公司以及第一大股东持股比例发生变化的公司①予以剔除，以保证每个公司年度样本都能保持第一大股东身份和影响能力不变。最后，我们剔除了一个会计年度期末第一大股东与第二大股东持股比例相同的上市公司，以减弱共同控制所带来的影响。经过处理，公司年度样本为 1 634 个，各变量的描述统计量如表 2 所示。

① 当控制权发生转移时，由于利益关系发生了变化，会影响关联交易的原有进行规律。虽然有些上市公司可能出现控股股东变化但实际最终控制权人不变的情况，或者变化前后的控股股东之间存在关联关系，但这些情况很难明确且数量不多，对文章结论不会有本质影响，所以不单独考虑，凡是控股股东发生变化的均予以剔除。

表 2 各变量描述性统计

变量	样本数量	最小值	最大值	均值	标准差
$R_{i,t}$		0.1563	1.7817	0.8120	0.1766
$EPS_{i,t}/P_{i,t-1}$		-0.1757	0.0856	0.0048	0.0216
$CS_{i,t-1}$		0.0373	0.8500	0.4533	0.1734
$Second_{i,t-1}$		0.0001	0.3739	0.0804	0.0836
$Third_{i,t-1}$		0.0001	0.2475	0.0309	0.0367
$RPTFlow_{i,t}$					
$=T$	1 634	0.0000	1.0000	0.0813	0.2734
$=P$		0.0000	1.0000	0.0886	0.2843
$=U$		0.0000	1.0000	0.0104	0.1014
$=B$		0.0000	1.0000	0.2965	0.4568
$Lev_{i,t}$		0.0116	10.3751	0.4743	0.3861
$Size_{i,t}$		8.9337	26.6324	16.9107	4.7049
$Beta_{i,t}$		0.0844	1.8842	1.0735	0.2806
$Q_{i,t}$		0.1636	21.1341	1.1238	0.7466

从表 2 可以看到，各上市公司第一大股东的持股比例从最低的 3.73% 到最高的 85%，均值达 45.30%，说明我国上市公司第一大股东对企业有着较高的控制能力。第二大股东最高持股 37.39%，但均值只有 8.07%，制衡能力有限。关联交易变量则体现出仅发生“支持”行为和仅发生“掏空”行为的样本相差无几，另外，同时发生“掏空”和“支持”的上市公司均值接近 0.3，大大高于仅发生“掏空”或者仅发生“支持”的情况。我国上市公司关联交易的利益流动较为复杂且区别较大，非常值得深入和细化研究。

（二）盈余反应系数比较的检验结果

基于模型（1），我们把控股股东的控制权收益倾向分为两组，把关联交易的利益流动方向分为四组，进行交叉匹配后得到 8 组基本盈余反应系数①对比见表 3。

表 3 考虑控股股东控制程度后的基本盈余反应系数比较

	$CS_{i,t-1}\leqslant 50\%$				$CS_{i,t-1}>50\%$			
	ERC	样本数量	$AdjR^2$	F	ERC	样本数量	$AdjR^2$	F
未发生关联交易	2.711*** (7.058)	569	0.134	18.592***	2.349*** (4.345)	287	0.165	12.264***
$Flow=T$	0.333 (0.427)	69	0.111	2.700**	3.357*** (3.064)	64	0.201	4.161***

① 按控股股东持股比例再分组后，每一组中关联交易流向无法判断的样本过少，不符合统计要求，故而未对其进行验证，以下章节也不再对其进行统计分析。

续表

	$CS_{i,t-1}\leq 50\%$				$CS_{i,t-1}>50\%$			
	ERC	样本数量	$AdjR^2$	F	ERC	样本数量	$AdjR^2$	F
Flow = P	2.812* (1.713)	99	0.115	3.542***	5.110*** (3.859)	46	0.257	4.115***
Flow = U	—	9	—	—	—	8	—	—
Flow = B	1.818*** (3.167)	188	0.121	6.158***	3.056*** (5.575)	295	0.208	16.455***

注：***表示在0.01水平下显著(双尾)，**表示在0.05水平下显著(双尾)，*表示在0.1水平下显著(双尾)。

从表3中各系数分析来看，总体来说关联交易流向反映为“支持”都比“掏空”表现出了更高的盈余质量。没有发生关联交易时，第一大股东持股50%及以下的上市公司盈余反应系数略高于第一大股东持股50%以上的上市公司。这说明在不发生关联交易的情况下，企业外部人更偏好分散的股权结构。一旦发生各种流向的关联交易，谋取私有收益动机更强的控股股东显示出了强烈的影响，当关联交易流向为“掏空”时，盈余反应系数甚至没有达到统计显著。原本受到欢迎的“支持”也没有在第一大股东持股50%以下时表现出明显优势，并且在“掏空”和“支持”同时发生时，盈余反应系数明显降低。同时，利益趋同效应也显示出了一定程度的影响，各流向的关联交易在共享收益的驱动下都显示出了较高的盈余质量，市场的认可程度可见一斑。以上情况基本可以说明，当控股股东持股比例较低时，关联交易意味着更多的负面影响，当控股股东持股比例较高时，关联交易被认为对上市公司更有帮助。但是，在这种大小直观比较上得到的结论是否可靠呢？

（三）关联交易利益流向的传导机制检验结果

下面我们进一步分析控股股东通过关联交易这一方式获取私有收益或共享收益时给盈余质量带来的具体影响。我们使用模型（2）、（3）、（4），首先对控股股东与盈余质量之间的关系作基础验证，在此基础上，对关联交易的不同利益流向进行区分，观察控股股东对不同利益流向关联交易的影响程度以及该种利益流向的关联交易对盈余质量的影响。

1. 控股股东持股比例较低时的检验结果

一是仅发生“掏空”的情况。表4中Panel A显示，控股股东对盈余质量有显著负面影响，同时根据Panel B，控股股东持股比例与发生“掏空”显著正相关，第二大股东和第三大股东的制衡作用并不显著，Panel C则为三者关系提供了最终证据：控股股东通过“掏空”恶化了盈余质量。由于控股股东持股比例一项不再显著，可以说其对盈余质量的恶化完全通过“掏空”实现，究竟是否如此？我们对另外两种情况再进行验证。

二是仅发生“支持”的情况。在发生“支持”的一组，控股股东恶化盈余质量的基本关系已经不存在（表5，Panel A）。值得思考的是，根据表5的Panel B，此时第一大股东和第二大股东对此种利益流向的关联交易都持积极态度。将控股股东和支持性关联交易同时代入模型后，Panel C显示关联交易一项系数确实为负，但统计上不显著。我们认为，出现这种结果的原因可能是目前我国资本市场上的各类参与者对“支持”行为的辨识尚不成熟，特别是作为企业外部人的中小投资者。虽然大股东“支持”上市公司的目的非常复杂，而且为将来“掏空”作铺垫是其中的重要方面，但中小投资者的短期利益决定了他们往往更关注可观察到的经济结果。“支持”行为无疑在短期内对上市公司有利，所以中小投资者促成的市场反应也表现出了他们的偏好。

三是同时发生“掏空”和“支持”的情况。当“掏空”和“支持”同时发生时，控股股东对盈余质量的负面影响依然存在（表6，Panel A），且随着持股比例增加进行双向利益流动关联交易的积极性更高（表6，Panel B），但由于利益交叉流动情况过于复杂，因此表6中Panel C控股股东没有反映出是在通过这种方式恶化盈余质量。

表5和表6的结果说明，控股股东在持股比例较低时确实完全通过“掏空”恶化了盈余质量，其他两种流向的关联交易没有得到统计“支持”。这样，假设1得到了数据验证，但假设2和假设3尚需在以后的研究中深入分析。

2. 控股股东持股比例较高时的检验结果

一是仅发生“掏空”的情况。在这种情况下，根据表7，控股股东的持股比例与盈余质量显著正相关（Panel A），并且持股比例越高越容易进行该类关联交易（Panel B）。但是Panel C的结果说明，控股股东并不是在通过“掏空”提高盈余质量，且掏空性关联交易一项的系数为负，虽然并不显著，但也值得思考。这可能是市场对“掏空”行为的识别能力较强，并且中小投资者对控股股东利用这种利益流向的关联交易来创造共享收益的信心并不充分。

二是仅发生“支持”的情况。综合表8的结果，控股股东持股比例超过50%以后，明显通过支持性的关联交易提高盈余质量。Panel C中控股股东持股比例一项的系数比Panel A中的显著变小（Freedman and Schatzkin T值为3.283），这也从一个侧面证实了控股股东创造共享收益的情况切实存在。

三是同时发生“掏空”和“支持”的情况。综合表9的结果，控股股东持股比例超过50%以后，显著通过同时进行“掏空”和“支持”来提高盈余质量。Panel C中控股股东持股比例一项的系数比Panel A中的显著变小（Freedman and Schatzkin检验统计量为7.1645）。

这样，假设5和假设6得到了验证，假设4则有待在未来的研究中进一步考察。

表 4　控股股东偏好私有收益且仅“掏空”时中介变量检验结果

Panel A									
截距	$EPS_{i,t}/P_{i,t-1}$	$EPS_{i,t}/P_{i,t-1}*CS_{i,t-1}$		$Lev_{i,t}$	$Size_{i,t}$	$Beta_{i,t}$	$Q_{i,t}$	$AdjR^2$	F
0.853*** (24.177)	4.302*** (3.726)	−0.063* (−1.894)		−0.025 (−1.317)	0.003* (1.924)	−0.098*** (−4.569)	0.012 (1.467)	0.116	14.933***
Panel B									
截距	$CS_{i,t-1}$	$Second_{i,t-1}$	$Third_{i,t-1}$	Block 0	Block1	Cox & Snell R Square	Nagelkerke R Square	Chi − square	Sig.
−1.758*** (24.666)	0.037** (4.485)	−0.012 (0.963)	−0.044 (0.716)	55.5%	60.0%	0.063	0.085	5.657	0.686
Panel C									
截距	$EPS_{i,t}/P_{i,t-1}$	$EPS_{i,t}/P_{i,t-1}*CS_{i,t-1}$	$EPS_{i,t}/P_{i,t-1}*RPTFlow_{i,t}$	$Lev_{i,t}$	$Size_{i,t}$	$Beta_{i,t}$	$Q_{i,t}$	$AdjR^2$	F
0.847*** (24.177)	3.718*** (3.178)	−0.032 (−0.914)	−2.539*** (−2.656)	−0.024 (−1.239)	0.003** (2.021)	−0.096*** (−4.488)	0.012 (1.425)	0.093	10.367***

注：

1. Panel A 基于模型（2），Panel B 基于模型（3），Panel C 基于模型（4）。
2. Panel A 和 Panel C 中，***表示在 0.01 水平下显著（双尾），**表示在 0.05 水平下显著（双尾），*表示在 0.1 水平下显著（双尾）。
3. Panel B 中，括号内为 Wald 值，***表示在 0.01 水平下显著（双尾），**表示在 0.05 水平下显著（双尾），*表示在 0.1 水平下显著（双尾）。
4. Panel B 中，为了减少取 0 样本过多带来的偏差，我们随机抽取了部分取 0 样本与仅发生“掏空”的样本组合进行检验，故而样本数量少于 Panel A 和 Panel C。
5. 年度和行业控制变量的结果未报告。

表5 控股股东偏好私有收益且仅“支持”时中介变量检验结果

Panel A									
截距	$EPS_{i,t}/P_{i,t-1}$	$EPS_{i,t}/P_{i,t-1}*CS_{i,t-1}$		$Lev_{i,t}$	$Size_{i,t}$	$Beta_{i,t}$	$Q_{i,t}$	$AdjR^2$	F
0.852 *** (24.053)	3.721 *** (3.038)	-0.034 (-0.940)		-0.024 (-1.216)	0.003 ** (2.002)	-0.106 *** (-4.840)	0.012 (1.450)	0.126	12.976 ***
Panel B									
截距	$CS_{i,t-1}$	$Second_{i,t-1}$	$Third_{i,t-1}$	Block 0	Block1	Cox & Snell R Square	Nagelkerke R Square	Chi - square	Sig.
-1.638 ** (6.362)	0.049 *** (8.714)	0.033 * (3.296)	-0.085 ** (4.228)	52.2%	59.4%	0.095	0.127	13.993	0.082
Panel C									
截距	$EPS_{i,t}/P_{i,t-1}$	$EPS_{i,t}/P_{i,t-1}*CS_{i,t-1}$	$EPS_{i,t}/P_{i,t-1}*RPTFlow_{i,t}$	$Lev_{i,t}$	$Size_{i,t}$	$Beta_{i,t}$	$Q_{i,t}$	$AdjR^2$	F
0.853 *** (24.053)	3.745 *** (3.055)	-0.033 (-0.889)	-0.881 (-0.722)	-0.023 (-1.164)	0.003 ** (2.046)	-0.107 *** (-4.886)	0.012 (1.408)	0.125	14.615

注：

1. Panel A 基于模型（2），Panel B 基于模型（3），Panel C 基于模型（4）。
2. Panel A 和 Panel C 中，***表示在0.01 水平下显著（双尾），**表示在0.05 水平下显著（双尾），*表示在0.1 水平下显著（双尾）。
3. Panel B 中，括号内为 Wald 值，***表示在0.01 水平下显著（双尾），**表示在0.05 水平下显著（双尾），*表示在0.1 水平下显著（双尾）。
4. Panel B 中，为了减少取0 样本过多带来的偏差，我们随机抽取了部分取0 样本与仅发生“支持”的样本组合进行检验，故而样本数量少于 Panel A 和 Panel C。
5. 年度和行业控制变量的结果未报告。

表 6　控股股东偏好私有收益且同时“掏空”和“支持”时中介变量检验结果

Panel A									
截距	$EPS_{i,t}/P_{i,t-1}$	$EPS_{i,t}/P_{i,t-1} * CS_{i,t-1}$		$Lev_{i,t}$	$Size_{i,t}$	$Beta_{i,t}$	$Q_{i,t}$	$AdjR^2$	F
0.866 *** (25.720)	4.070 *** (3.853)	−0.052 * (−1.765)		−0.007 (−0.360)	0.003 ** (2.388)	−0.113 *** (−5.540)	0.003 (0.407)	0.131	19.951 ***
Panel B									
截距	$CS_{i,t-1}$	$Second_{i,t-1}$	$Third_{i,t-1}$	Block 0	Block1	Cox & Snell R Square	Nagelkerke R Square	Chi − square	Sig.
−3.161 *** (42.708)	0.077 *** (45.379)	−0.002 (0.027)	−0.031 (1.015)	67.1%	69.9%	0.124	0.172	7.378	0.496
Panel C									
截距	$EPS_{i,t}/P_{i,t-1}$	$EPS_{i,t}/P_{i,t-1} * CS_{i,t-1}$	$EPS_{i,t}/P_{i,t-1} * RPTFlow_{i,t}$	$Lev_{i,t}$	$Size_{i,t}$	$Beta_{i,t}$	$Q_{i,t}$	$AdjR^2$	F
0.864 *** (25.629)	3.932 *** (3.701)	−0.039 (−1.253)	−0.770 (−1.191)	−0.006 (−0.342)	0.003 ** (2.462)	−0.113 *** (−5.545)	0.003 (0.433)	0.131	17.313 ***

注：

1. Panel A 基于模型（2），Panel B 基于模型（3），Panel C 基于模型（4）。

2. Panel A 和 Panel C 中，***表示在 0.01 水平下显著（双尾），**表示在 0.05 水平下显著（双尾），*表示在 0.1 水平下显著（双尾）。

3. Panel B 中，括号内为 Wald 值，***表示在 0.01 水平下显著（双尾），**表示在 0.05 水平下显著（双尾），*表示在 0.1 水平下显著（双尾）。

4. Panel B 中，为了减少取 0 样本过多带来的偏差，我们随机抽取了部分取 0 样本与同时发生“掏空”和“支持”的样本组合进行检验，故而样本数量少于 Panel A 和Panel C。

5. 年度和行业控制变量的结果未报告。

表 7　控股股东偏好共享收益且仅“掏空”时中介变量检验结果

Panel A									
截距	$EPS_{i,t}/P_{i,t-1}$	$EPS_{i,t}/P_{i,t-1}*CS_{i,t-1}$		$Lev_{i,t}$	$Size_{i,t}$	$Beta_{i,t}$	$Q_{i,t}$	$AdjR^2$	F
0.920 *** (17.652)	1.385 *** (5.173)	0.009 ** (2.228)		0.032 (1.124)	0.001 (0.432)	−0.151 *** (−5.567)	0.009 (0.601)	0.147	11.057 ***
Panel B									
截距	$CS_{i,t-1}$	$Second_{i,t-1}$	$Third_{i,t-1}$	Block 0	Block1	Cox & Snell R Square	Nagelkerke R Square	Chi − square	Sig.
−4.031 ** (5.294)	0.066 ** (5.930)	−0.024 (0.476)	0.093 (0.391)	50.8%	59.5%	0.064	0.085	10.128	0.256
Panel C									
截距	$EPS_{i,t}/P_{i,t-1}$	$EPS_{i,t}/P_{i,t-1}*CS_{i,t-1}$	$EPS_{i,t}/P_{i,t-1}*RPTFlow_{i,t}$	$Lev_{i,t}$	$Size_{i,t}$	$Beta_{i,t}$	$Q_{i,t}$	$AdjR^2$	F
0.916 *** (17.610)	1.440 *** (5.199)	0.011 *** (2.552)	−0.730 (−0.953)	0.035 (1.236)	0.001 (0.509)	−0.153 *** (−5.612)	0.010 (0.696)	0.148	9.662 ***

注：

1. Panel A 基于模型（2），Panel B 基于模型（3），Panel C 基于模型（4），为了解决多重共线性，Pane A 和 Panel C 均使用岭回归①，岭参数为 0.12。
2. Panel A 和 Panel C 中，***表示在 0.01 水平下显著（双尾），**表示在 0.05 水平下显著（双尾），*表示在 0.1 水平下显著（双尾）。
3. Panel B 中，括号内为 Wald 值，***表示在 0.01 水平下显著（双尾），**表示在 0.05 水平下显著（双尾），*表示在 0.1 水平下显著（双尾）。
4. Panel B 中，为了减少取 0 样本过多带来的偏差，我们随机抽取了部分取 0 样本与仅发生“掏空”的样本组合进行检验，故而样本数量少于 Panel A 和 Panel C。
5. 年度和行业控制变量的结果未报告。

① 岭回归估计虽然具有有偏性，但往往比普通最小二乘估计量更稳定，是改进最小二乘法回归中多重共线性的有效方法。

表 8　控股股东偏好共享收益且仅“支持”时中介变量检验结果

Panel A									
截距	$EPS_{i,t}/P_{i,t-1}$	$EPS_{i,t}/P_{i,t-1}*CS_{i,t-1}$		$Lev_{i,t}$	$Size_{i,t}$	$Beta_{i,t}$	$Q_{i,t}$	$AdjR^2$	F
0.918*** (16.608)	1.163*** (3.010)	0.019*** (3.311)		0.020 (1.158)	0.000 (0.226)	−0.149*** (−5.065)	0.017 (1.095)	0.171	12.426***
Panel B									
截距	$CS_{i,t-1}$	$Second_{i,t-1}$	$Third_{i,t-1}$	Block 0	Block1	Cox & Snell R Square	Nagelkerke R Square	Chi-square	Sig.
−3.279* (3.116)	0.048* (2.852)	−0.055 (1.228)	0.195 (1.732)	57.8%	62.4%	0.053	0.071	3.983	0.859
Panel C									
截距	$EPS_{i,t}/P_{i,t-1}$	$EPS_{i,t}/P_{i,t-1}*CS_{i,t-1}$	$EPS_{i,t}/P_{i,t-1}*RPTFlow_{i,t}$	$Lev_{i,t}$	$Size_{i,t}$	$Beta_{i,t}$	$Q_{i,t}$	$AdjR^2$	F
0.906*** (16.342)	1.152*** (2.984)	0.018*** (3.165)	1.335* (1.580)	0.037* (1.870)	0.000 (0.201)	−0.148*** (−5.061)	0.021 (1.309)	0.175	11.069***

注：

1. Panel A 基于模型（2），Panel B 基于模型（3），Panel C 基于模型（4），为了解决多重共线性，Pane A 和 Panel C 均使用岭回归，岭参数为 0.06。
2. Panel A 和 Panel C 中，***表示在 0.01 水平下显著（双尾），**表示在 0.05 水平下显著（双尾），*表示在 0.1 水平下显著（双尾）。
3. Panel B 中，括号内为 Wald 值，***表示在 0.01 水平下显著（双尾），**表示在 0.05 水平下显著（双尾），*表示在 0.1 水平下显著（双尾）。
4. Panel B 中，为了减少取 0 样本过多带来的偏差，我们随机抽取了部分取 0 样本与仅发生“支持”的样本组合进行检验，故而样本数量少于 Panel A 和 Panel C。
5. 年度和行业控制变量的结果未报告。

表 9　控股股东偏好共享收益且同时“掏空”和“支持”时中介变量检验结果

Panel A									
截距	$EPS_{i,t}/P_{i,t-1}$	$EPS_{i,t}/P_{i,t-1}*CS_{i,t-1}$		$Lev_{i,t}$	$Size_{i,t}$	$Beta_{i,t}$	$Q_{i,t}$	$AdjR^2$	F
0.856 *** (23.739)	1.060 *** (6.720)	0.019 *** (7.729)		0.029 * (1.316)	0.004 *** (3.102)	−0.132 *** (−6.655)	0.022 ** (1.977)	0.185	22.991 ***
Panel B									
截距	$CS_{i,t-1}$	$Second_{i,t-1}$	$Third_{i,t-1}$	Block 0	Block1	Cox & Snell R Square	Nagelkerke R Square	Chi − square	Sig.
−2.045 *** (7.475)	0.033 *** (8.427)	0.042 ** (5.626)	−0.109 (1.863)	50.7%	56.5%	0.026	0.035	2.321	0.970
Panel C									
截距	$EPS_{i,t}/P_{i,t-1}$	$EPS_{i,t}/P_{i,t-1}*CS_{i,t-1}$	$EPS_{i,t}/P_{i,t-1}*RPTFlow_{i,t}$	$Lev_{i,t}$	$Size_{i,t}$	$Beta_{i,t}$	$Q_{i,t}$	$AdjR^2$	F
0.860 *** (23.948)	0.849 *** (5.360)	0.016 *** (6.217)	0.757 ** (2.307)	0.023 (1.040)	0.003 *** (2.883)	−0.128 *** (−6.438)	0.021 ** (1.864)	0.184	19.773 ***

注：

1. Panel A 基于模型（2），Panel B 基于模型（3），Panel C 基于模型（4），为了解决多重共线性，Pane A 和 Panel C 均使用岭回归，岭参数为 0.30。

2. Panel A 和 Panel C 中，*** 表示在 0.01 水平下显著（双尾），** 表示在 0.05 水平下显著（双尾），* 表示在 0.1 水平下显著（双尾）。

3. Panel B 中，括号内为 Wald 值，*** 表示在 0.01 水平下显著（双尾），** 表示在 0.05 水平下显著（双尾），* 表示在 0.1 水平下显著（双尾）。

4. Panel B 中，为了减少取 0 样本过多带来的偏差，我们随机抽取了部分取 0 样本与同时发生“掏空”和“支持”的样本组合进行检验，故而样本数量少于 Panel A 和Panel C。

5. 年度和行业控制变量的结果未报告。

六、结论及研究局限

关联交易的利益流向是一个十分复杂的问题，不论是利益流向的具体确定还是不同利益流向关联交易在控股股东取得收益过程中所发挥的作用及最终对盈余质量的影响都还不具有一个普遍性的结论。

通过本文的数据检验，我们发现，控股股东、关联交易利益流向、盈余质量三者间的传导链条成立，主要结论如下：

第一，控股股东对各种利益流向关联交易的发生均有强烈偏好，这是其取得各种收益的重要手段之一，正因为如此，各种利益流向的关联交易也给盈余质量带来了明显的综合影响。

第二，控股股东持股比例较低时，更倾向于用关联交易获取私有收益，此时的关联交易常常偏离正常状态，给盈余质量带来不良影响。具体来看，“掏空”恶化了盈余质量，其他两种流向的关联交易虽然也有降低盈余质量的倾向，但没有得到统计“支持”。我们认为，出现这种结果的原因可能是目前我国资本市场上的各类参与者对“支持”行为的辨识尚不成熟，特别是作为企业外部人的中小投资者。虽然控股股东“支持”上市公司的目的非常复杂，但在私有收益驱使下，为将来“掏空”作铺垫是其中的重要方面，然而中小投资者的短期利益决定了他们往往更关注可观察到的经济结果。“支持”行为无疑在短期内能够美化上市公司业绩，所以中小投资者促成的市场反应也表现出了他们的偏好。

第三，控股股东持股比例较高时，更倾向于用关联交易取得共享收益，此时的关联交易更多表现出优势一面。具体来看，“支持”和同时进行“掏空”和“支持”提高了盈余质量，“掏空”在这种情况下仍然有降低盈余质量的可能性。这可能是市场对“掏空”行为的识别能力较强，已经形成了定式，并且中小投资者对控股股东利用这种利益流向的关联交易创造共享收益的信心并不充分。

总之，不同利益流向的关联交易在控股股东的收益获取过程中扮演了重要角色，而且其复杂性质也使其更需要深入分析和探讨。“掏空”和“支持”虽然都受到越来越多的关注，但还较少合并考察的实证研究，本文只是在这方面做一点初步实证检验，尚有很多问题考虑不全面，比如，受到判断关联交易利益流向的数据限制，本文只使用了2001、2002两年的数据，而且对利益流向的准确划分、对“支持”的跟踪判断等尚无权威标准，这些问题都值得在未来的研究中不断完善。

参考文献

[1] 洪剑峭、方军雄：《关联交易和会计盈余的价值相关性》，载《中国会计评

论》，2005（3）。

［2］黄本尧：《上市公司关联交易监管问题研究》，深圳证券交易所综合研究所研究报告。

［3］江伟：《我国上市公司控制性股东掏空与“支持”行为的实证分析》，载《经济科学》，2005（2）。

［4］李增泉、孙铮、王志伟：《掏空与所有权安排——来自我国上市公司大股东资金占用的经验数据》，载《会计研究》，2004（12）。

［5］李增泉、余谦、王晓坤：《掏空、支持与并购重组——来自我国上市公司的经验证据》，载《经济研究》，2005（1）。

［6］刘峰、贺建刚、魏明海：《控制权、业绩与利益输送——基于五粮液的案例研究》，载《管理世界》，2004（8）。

［7］佟岩、王化成：《关联交易、控制权收益与盈余质量》，载《会计研究》，2007（4）。

［8］王化成、佟岩：《商业伦理影响下的盈余质量——对四川长虹的案例分析》，载《财务与会计（理财版）》，2005（11）。

［9］张兵、李晓明：《中国股票市场的渐进有效性研究》，载《经济研究》，2003（1）。

［10］Altshueler, D. S. 2001. Tunneling towards capitalism in the Czech Republic. *Enthnography* Vol. 2, No. 1: 115 ~ 138.

［11］Bae, Kee - Hong, Jun - Koo Kang, Jin - Mo Kim. 2002. Tunneling or value added? Evidence from mergers by Korean business groups. *The Journal of Finance* Vol. 87, No. 6: 2696 ~ 2740.

［12］Ball, R. J., P. Brown. 1968. An empirical evaluation of accounting income numbers. *Journal of Accounting Research* Autumn: 159 ~ 178.

［13］Baron, R. M., D. A. Kenny. 1986. The moderator - mediator variable distinction in social psychological research: conceptual, strategic and statistical considerations. *Journal of Personality and Social Psychology* 51: 1173 ~ 1182.

［14］Bertrand, M., P. Mehta., S. Mullainathan. 2002. Ferreting out tunneling: an application to Indian business groups. *The Quarterly Journal of Economics* February: 121 ~ 148.

［15］Cheung, Yan - Leung, P. R. Rau., A. Stouraitis. 2004. Tunneling, propping and expropriation: evidence from connected party transactions in Hong Kong. *SSRN Working Paper.*

[16] Claessens, S. S., Djankov, J. P. H. Fan, L. H. P., Lang. 2002. Disentangling the incentive and entrenchment effects of large shareholding. *The Journal of Finance* 57 : 2741 ~2771.

[17] Coase, R. H. 1937. *The Firm, the Market and the Law.* University of Chicago Press.

[18] Dechow, P. M., I. D. Dichev. 2002. The quality of accruals and earnings: the role of accrual estimation errors. *The Accounting Review* Vol. 77, Supplement: 35 ~59.

[19] Dyck, A., L. Zingales. 2004. Private benefits of control: an international comparison. *The Journal of Finance* Vol. 59, No. 2: 537 ~600.

[20] Fama, E. F., K. R. French. 1992. The cross – section of expected stock returns. *Journal of Finance* 47 (2): 427 ~465.

[21] Fan, J. P. H., T. J. Wong. 2002. Corporate ownership structure and the informativeness of accounting earnings in East Asia. *Journal of Accounting and Economics* Vol. 33: 401 ~425.

[22] Friedman, E., S. Johnson. and T. Mitton. 2003. Propping and Tunneling. *Journal of Comparative Economics* 31: 732 ~750.

[23] Gordon, E. A., E. Henry. 2003. Related party transactions and earnings management. *SSRN Working Paper.*

[24] Hayn, C. 1995. The information content of losses. *Journal of Accounting and Economics* 20: 123 ~153.

[25] Holderness, C. G. 2003. A survey of blockholders and corporate control. *Economic Policy Review* Vol. 9. Issue 1: 51 ~63.

[26] Jian, M., T. J. Wong. 2003. Earnings management and tunneling through related party transactions: evidence from Chinese corporate groups. *SSRN Working Paper.*

[27] Jian, M., T. J. Wong. 2004. Earnings management and tunneling through related party transactions: evidence from Chinese corporate groups. *SSRN Working Paper.*

[28] Johnson, S., R. La Porta., F. Lopez – de – Silanes., A. Shleifer. 2000. Tunnelling. *American Economic Review* Papers and Proceedings 90: 22 ~27.

[29] Lee, C. J., Y. Cao. 2002. Asymmetry in earnings – returns relations: the case of China. *Working Paper of University of Rochester.*

[30] Liu, Q., Z. Lu. 2003. Earnings management to tunnel: evidence from China's listed companies. *SSRN Working Paper.*

[31] MacKinnon, D. P., C. M. Lockwood, J. M. Hoffman, S. G. West, V.

Sheets. 2002. A comparison of methods to test mediation and other intervening variable effects. *Psychological Methods* Vol. 7, No. 1: 83 ~104.

[32] Morck, R., A., Shleifer, R. W., Vishny. 1988. Management ownership and market valuation: an empirical analysis. *Journal of Financial Economics* 20: 293 ~315.

[33] Schipper, K., L. Vincent. 2003. Earnings Quality. *Accounting Horizons* Supplement, Vol. 17: 97 ~111.

[34] Shaver, J. M. 2005. Testing for mediating variables in management research concerns, implications and alternative strategies. *Journal of Management* Vol. 31, No. 3: 330 ~353.

[35] Shleifer, A., R. W. Vishny. 1986. Large shareholders and corporate control. *Journal of Political Economy* 95: 461 ~488.

[36] Siegel, J. G. 1982. The "quality of earnings" concept—a survey. *Financial Analysts Journal* March - April: 60 ~68.

[37] Velury, U. 1999. The effect of institutional ownership on the quality of earnings. *Doctor Dissertation of University of South Carolina.*

[38] Yeo, G. H. H., P. M. S. Tan, K. W. Ho and S. Chen. 2002. Corporate ownership structure and the informativeness of earnings. *Journal of Business Finance & Accounting* 29 (7) & (8), Sept. /Oct.: 1023 ~1046.

控制权、掏空与盈余质量的信号传递：一项实证研究

李小燕[①]

摘要： 传统的研究认为，会计信息的质量高低是公司治理的结果，然而本文发现，会计信息质量还可以预示公司治理的效果。具体而言，本文以应计质量为盈余质量的度量，考察了在不同控制权水平下，盈余质量对掏空行为的预示作用。研究发现，当期的盈余质量能够有效预示当年、1 年后和 2 年后的掏空行为，而控股股东的控制权水平对盈余质量的预示作用有显著影响。

关键词： 盈余质量　掏空　信号传递

一、引言

中国资本市场存在严重的掏空问题已是不争的事实，猴王股份、托普软件、西安飞天、澳柯玛集团等事件的出现不断地验证了这一点。掏空来源于控股股东基于控制权对上市公司利益的侵占，从而导致中小股东的利益受损，并最终影响公司价值。

现有关于掏空问题的研究主要有两类：一是掏空的成因。李增泉等（2004）、罗党论和唐清泉（2007）等发现，所有权结构、外部市场环境等是掏空行为的重要决定因素；二是掏空的结果。佟岩和王化成（2007）、周晓苏等（2008）、卢闯（2009）等发现，掏空影响了上市公司的盈余质量。对投资者而言，掏空的成因和掏空的结果固然重要，但最为关键的是如何准确地预计掏空行为发生，而现有文献关于这方面的研究却略显稀少。

事实上，盈余质量不仅是掏空的结果，盈余质量的高低还能预示控股股东未来的掏空行为。Liu 和 Lu（2003）指出，中国上市公司实施盈余管理的重要目的就是

---

① 作者简介：李小燕，北京化工大学经济管理学院。

掩盖掏空行为带来的盈余影响。本文以应计质量为盈余质量的度量，考察盈余质量对控股股东掏空的预示作用。具体而言，本文分析：（1）盈余质量能否预示控股股东未来的掏空行为，即盈余质量是否具有在控股股东——中小股东代理中的信号传递功能；（2）因控制权水平不同而导致的控股股东利益偏好是否影响盈余质量的预示作用，即控股股东对私有利益和共享利益的偏好是否影响盈余质量的信号传递功能。

二、假说发展

掏空产生的原因是控股股东与中小股东的利益不一致。当公司存在控股股东时，控股股东可以凭借控制权谋取私利，而这种私有收益的实现往往是以侵占中小股东利益为前提的。因此，当公司存在控股股东时，主要的代理问题就表现为控股股东与中小股东的代理冲突。

代理问题的核心是委托人与代理人之间的信息不对称。信息不对称的存在造成了代理契约签订前后的逆向选择和道德风险问题，但在一个有效的市场环境下，代理人也会通过信号传递等手段向委托人表明受托责任的履行情况。Scott（2000）指出，会计是代理人向委托人传递信号的重要手段，而且似乎是符合成本效益原则的手段。因此，会计数据自然而然成为各种代理契约签订和执行的基础信息，为委托人监督评价代理人服务。高质量的会计信息必然是委托人的有力工具，促进委托人更有效率地监督代理人，确保受托责任完成。然而，会计信息的产出受代理人的控制，代理人可能降低会计信息的质量以掩盖受托责任的履行状况。因此，会计信息不仅是信号传递的手段，会计信息的质量还能预示代理人受托责任的履行状况。进而，本文认为，会计信息的质量，特别是盈余的质量可视为代理人履行受托责任状况的一种信号。

具体而言，在控股股东与中小股东的委托代理关系中，可以把中小投资者看做委托人，他们把自己的资金投到公司中，而控股股东可以视做代理人，他们有权力使用委托人的资金并选择资金的使用方向。盈余是委托人（中小股东）与代理人（控股股东）所能观察到的共同产出，代表着控股股东使用资金的效率与效果。然而，控股股东可以通过操纵盈余信息的质量来削弱中小股东的监督能力，从而掩盖委托人资金被侵占的事实。对于中小股东而言，盈余信息的质量也可预示代理问题的严重程度，高质量的盈余意味着代理人（控股股东）愿意履行受托责任，而低质量的盈余则可能预示道德风险问题的存在。因此，本文提出假设1如下：

假设1：盈余质量能够预示控股股东的掏空行为。

控股股东掏空上市公司，侵占中小股东利益的行为多发生在控股股东控制权相对较小的情况。此时，控股股东以相对较少的股份控制了整个公司的资源，掏空对于控股股东而言，获得的私有收益大于因上市公司价值减损而分担的损失。卢闯（2009）研究也表明，控股股东若以较小的现金流量权获得了较大的控制权，那么控股股东越有动机侵占中小股东利益。然而，当控股股东持有上市公司股份达一定份额后，控股股东有更多的动机追逐共享收益。此时，控股股东掌握了公司的绝对控制权，实施掏空行为带来的私有收益将低于上市公司价值减损而分担的损失。佟岩和王化成（2007）发现，当控股股东持股在50%及以下时，控股股东更多地追求控制权私有收益，而当控股股东持股超过50%时，更偏好获取控制权共享收益。本文认为，当控股股东偏好通过掏空行为获得私有收益时，盈余质量能够有较好的预示作用；而当控股股东偏好获取控制权共享收益时，盈余质量的预示作用将会受到影响。因此，本文提出假设2如下：

假设2：控股股东的持股比例将影响盈余质量对掏空行为的预示能力。

三、样本选择与研究设计

（一）盈余质量

由于本文的指标估计需用 $t+1$ 年数据，因此本文以2003—2007年的A股上市公司为研究对象，剔除被ST处理、暂停上市、退市、金融保险类、数据残缺及异常的样本。对于新旧会计准则的差异，本文对相关数据进行了一致性调整。本文以应计质量定义盈余质量并采用 Dechow and Dichev（2002）模型进行估计，且采用 Kothari 等（2005）的方法进行调整。常用的Jones模型及修正Jones模型均隐含着一个前提假设：非操控性应计项目是由一些会计要素决定的，而这些会计要素是没有被操纵的。Dechow and Dichev（2002）模型直接将应计项目与现金流相联系，避免这一假设所带来的不利影响。其假定短期应计项目与现金的实际收支不能相差一年以上，这一点一般也是可以得到满足的。

$$TCA_{i,t} = \partial_0 + \partial_1 \frac{CFO_{i,t-1}}{Asset_{i,t}} + \partial_2 \frac{CFO_{i,t}}{Asset_{i,t}} + \partial_3 \frac{CFO_{i,t+1}}{Asset_{i,t}} + \varepsilon_{i,t} \quad (1)$$

其中，TCA 为经平均总资产调整后的线下项目前总应计项目，等于营业利润与经营活动现金净流量的差额除以当年平均资产总额；CFO 为经营活动产生的现金流量净额；$Asset$ 为平均资产总额。将样本公司按照21个行业分类（除金融保险类和制造业外的11个一级行业，加上制造业的10个二级行业），基于每个行业的样本公司数据估算方程（1），并求得回归残差 $\varepsilon_{i,t}$。

Kothari 等（2005）的研究表明，应计项目与公司当前及过去的业绩存在显著相关性。相关研究指出，对操纵性应计项目的估计将会显著地受到公司当前及过去业绩的影响。他们采用同行业和相近资产回报率公司的操纵性应计项目来控制样本公司的公司业绩对应计项目的影响，研究表明这种方法提高了盈余管理研究结论的可靠性。本文基于 Kothari 等（2005）的方法对应计质量进行调整，以控制企业业绩的影响。具体的计算步骤如下所示：第一，将整个样本公司按照前述的行业分类方法分为 21 类；第二，计算每个样本公司的资产回报率，资产回报率等于当期净利润除以期初资产总额；第三，根据样本公司前一年的资产回报率，将每一行业中的样本公司五等分，并求解每个等分中方程（1）回归残差 $\varepsilon_{i,t}$ 的中位数 median_ ε；第四，计算第 i 个样本公司 $\varepsilon_{i,t}$ 与该公司所属等分的中位数 median_ ε 的差额（在计算第 i 个公司所对应等分的中位数时，需将第 i 个公司暂时剔除）。将该差额的绝对值 $|\varepsilon_{i,t} - \text{median\_}\ \varepsilon|$ 作为第 i 个样本公司的盈余质量指标，记作 EQ。

（二）掏空

基于姜国华、岳衡（2005）的研究成果，本文选择以资金占用度量掏空程度，并用其他应收款/资产总额进行计量，记作 TU。姜国华、岳衡（2005）指出，其他应收款中含有非控股股东占用资金还会减少经验研究中第一类错误（误拒错误）的发生概率，从而使得研究结论更稳健。

（三）控制变量

已有研究一般公认，公司业绩、上市公司终极人的性质、独立董事比例、控股股东持股比例是影响控股股东掏空程度的重要因素。因此，本文将这些因素作为研究模型的控制变量。公司规模、负债程度、行业和年度也是经验研究公认的基本控制变量，本文也将其纳入研究模型。除此以外，本文还考虑了影响盈余产生及公司掏空行为的因素——公司内部结构复杂度，并以变量 Num 进行计量，Num 等于上市公司所拥有的子公司数量。一般而言，上市公司的子公司越多，合并报表的编制难度越大，盈余的产生过程也越复杂。这不仅增加了投资者理解公司盈余，判断盈余质量的难度，同时也为控股股东操纵盈余，影响盈余质量提供了更多的便利。除此以外，拥有较多的子公司也便于控股股东隐匿掏空行为，逃避监管。表 1 给出了本文的研究变量定义。

表1 变量定义

变量	定义	计算方法
TU	掏空程度	其他应收款/资产总额
EQ	盈余质量	Dechow and Dichev（2002）模型并经业绩调整
Roa	总资产回报率	净利润/平均资产总额
Owner	终极控制人	当终极控制人为国有时取值0，否则为1
Ratio	独立董事比例	独立董事人数/董事会总人数
Num	上市公司结构复杂度	上市公司子公司数量
*Share*1	控股股东持股比例	第一大股东持股比例
Lev	财务杠杆	付息债务总额/资产总额
Size	规模	期初资产总额的自然对数
Ind	行业虚拟变量	
Year	年度虚拟变量	
Constant	常数项	
F	*F* 统计量	
Adj. R^2	调整 R^2 统计量	

基于以上变量定义，本文采用如下的模型（2）作为基本回归模型。

$$TU = \beta_0 + \beta_1 EQ + \beta_2 Roa + \beta_3 Owner + \beta_4 Ratio + \beta_5 Num + \beta_6 Share1 + \beta_7 Size + \beta_8 Lev + \sum \phi Ind + \sum \phi year + \varepsilon \quad (2)$$

四、回归结果及解释

（一）假设1的回归结果

本文分别以 t 年、$t+1$ 年、$t+2$ 年和 $t+3$ 年的掏空程度为因变量，以 t 年的盈余质量为自变量进行回归拟合，表2给出了四次回归的结果。表中显示，在以 t 年的掏空程度为因变量时，盈余质量显著为正（系数＝0.173，t 值＝3.37）；在以 $t+1$ 年的掏空程度为因变量时，盈余质量显著为正（系数＝0.197，t 值＝3.36）；在以 $t+2$ 年的掏空程度为因变量时，盈余质量同样显著为正（系数＝0.173，t 值＝2.71）；在以 $t+3$ 年的掏空程度为因变量时，盈余质量未能显著（系数＝0.022，t 值＝0.34）。*EQ* 的回归系数显著意味盈余质量具有在控股股东—中小股东代理中的信号传递功能，低质量的盈余向中小股东传递了控股股东未来实施掏空行为的信号。显著为正的系数意味盈余质量越低，控股股东在未来实施掏空的程度越高。而 $t+3$ 年 *EQ* 的回归系数并未通过显著性检验，说明盈余质量预示作用的有效性仅在当年、下一年和下两年的三年内显现。

回归结果同时也显示，本文的控制变量选择有效。其中，公司的业绩越好，未来的掏空程度越低（变量 *Roa* 显著为负）；民营上市公司掏空程度大于上市公司（变量 *Owner* 显著为正）；独立董事不能对掏空行为有制约作用（变量 *Ratio* 不显著）；公司的内部组织越复杂，未来的掏空程度越严重（变量 *Num* 显著为正）；公司规模越大，未来的掏空程度越低（变量 *Size* 显著为负）。综上所述，盈余质量能够有效地预示控股股东的掏空行为，盈余质量越低，控股股东在三年内的掏空程度越高。

表 2　　盈余质量与控股股东掏空程度

	TU_t	TU_{t+1}	TU_{t+2}	TU_{t+3}
Constant	0. 261 *** (6. 93)	0. 281 *** (7. 69)	0. 281 *** (7. 69)	0. 239 *** (4. 41)
EQ	0. 173 *** (3. 37)	0. 197 *** (3. 36)	0. 173 ** (2. 71)	0. 022 (0. 34)
Roa	−0. 294 *** (−7. 88)	−0. 304 *** (−8. 37)	−0. 260 *** (−5. 77)	−0. 186 *** (−2. 84)
Owner	0. 010 *** (2. 92)	0. 010 *** (2. 79)	0. 008 * (1. 85)	0. 018 ** (2. 39)
Ratio	−0. 012 (−0. 82)	0. 007 (0. 46)	0. 025 (1. 15)	0. 022 (0. 59)
Num	0. 001 *** (3. 34)	0. 001 *** (3. 63)	0. 001 *** (3. 01)	0. 001 ** (2. 44)
*Share*1	−0. 003 (−0. 31)	0. 006 (0. 61)	0. 018 (1. 32)	0. 041 * (1. 81)
Size	−0. 010 *** (−7. 01)	−0. 011 *** (−6. 77)	−0. 012 *** (−5. 85)	−0. 013 *** (−4. 19)
Lev	0. 036 *** (2. 61)	0. 024 (1. 60)	0. 023 (1. 17)	0. 075 ** (2. 38)
Ind	已控制			
Year	已控制			
F	15. 48	13. 57 ***	8. 43 ***	6. 27 ***
Adj. R^2	25. 28%	26. 08%	25. 41%	25. 30%
样本数	3 087	2 447	1 472	646

1. ***、**和 * 分别表示在 1%、5% 和 10% 的水平上双尾显著，括号内为经 White（1980）异方差调整后的 *t* 值。

2. 英文注释参照表 1。

（二）假设 2 的回归结果

佟岩和王化成（2007）、卢闯（2009）等一系列研究成果表明，控股股东的持股比例将影响企业的盈余质量。当控股股东持股比例较高时，控股股东追求共享收益；当控股股东持股比例较低时，控股股东追求私有收益；不同的收益追求对盈余质量有着不同的影响。本文以持股比例 50% 为界限，区分控股股东的不同利益偏好，以此来分析控股股东持股比例的高低对盈余质量预示作用的影响。因此，本文将控股股东持股比例与盈余质量的交乘项 $EQ \times Share1$ 纳入回归方程。回归结果披露在表3和表4中。控制变量回归结果如前所述，不再赘述。

表3给出了控股股东持股比例在50%以下时，盈余质量与未来年度控股股东掏空程度的关系。表中显示，盈余质量指标 EQ 的回归结果与前述相同，仍然在 t 年、$t+1$ 年和 $t+2$ 年的回归中显著为正，而在 $t+3$ 年的回归中未通过显著性检验。交乘项 $EQ \times Share1$ 的回归系数在以 t 年的掏空程度为因变量时显著为负（系数 = -0.477，t 值 = -3.37）；在以 $t+1$ 年的掏空程度为因变量时显著为负（系数 = -0.796，t 值 = -2.36）；在以 $t+2$ 年的掏空程度为因变量时同样显著为负（系数 = -1.292，t 值 = -3.33）；在以 $t+3$ 年的掏空程度为因变量时未能显著（系数 = -0.345，t 值 = -0.88）。显著为负的交乘项意味，控股股东持股比例的提高对盈余质量的预示作用有反向影响，控股股东持股比例每增加1%，盈余质量对 t 年掏空程度的影响系数就降低0.005，对 $t+1$ 年掏空程度的预示系数就降低0.008，对 $t+2$ 年掏空程度的预示系数就降低0.013。上述结果表明，当控股股东持股比例在50%以下时，盈余质量对控股股东未来的掏空行为有显著的预示作用；随着控股股东持股比例的上升，盈余质量的预示作用在减弱。这是因为，随着控股股东持股比例的上升，控股股东因掏空造成上市公司价值减损而自我分担的损失在增大，实施掏空的成本在逐渐增加，控股股东对共享收益的偏好也在增加。此时，控股股东并不需要过多地操纵盈余质量以掩盖其掏空行为，因而，盈余质量的预示作用有所减弱。表4给出的结果同样证明了这一点。表4显示，当控股股东持股比例在50%以上时，盈余质量 EQ 与交乘项 $EQ \times Share1$ 的系数均不显著。这同样验证了本文的推断，即当控股股东完全偏好共享收益时，控股股东实施掏空行为的可能性大大降低，更无须因掏空而操纵盈余质量。此时，盈余质量的预示作用将大大降低，甚至为零。

以上结果说明，控股股东的持股比例显著影响了盈余质量对掏空行为的预示作用。当控股股东持股比例小于50%时，盈余质量对控股股东掏空行为的预示作用仍然存在，但随着控股股东持股比例的上升，盈余质量的预示作用减弱；当控股股东持股比例大于50%时，盈余质量的预示作用消失。这是因为，控股股东持股比例的不同意味控股股东不同的利益偏好，在持股比例小于50%时，控股股东偏好私有收益，并可通过操纵盈余质量掩饰其偷盗上市公司资源的行为，此时盈余质量有较好的预示作用；随着持股比例的增加，控股股东的掏空成本在上升，操纵盈余质量的可能性减少，此时盈余质量的预示作用在下降；当持股比例大于50%时，控股股东完全偏好共享收益，公司价值的提升才是其自我价值增加的唯一途径，控股股东完全没有必要操纵盈余质量，此时盈余质量无预示作用。

表3　　盈余质量与控股股东掏空程度：控股股东持股比例<50%

	TU_t	TU_{t+1}	TU_{t+2}	TU_{t+3}
Constant	0.188*** (8.99)	0.230*** (4.85)	0.321*** (4.50)	0.202*** (3.29)
EQ	0.160*** (3.62)	0.412*** (2.67)	0.607*** (3.53)	0.184 (1.04)
*EQ×Share*1	-0.477** (-3.37)	-0.796** (-2.36)	-1.292*** (-3.33)	-0.345 (-0.88)
Roa	-0.166*** (-15.45)	-0.294*** (-7.59)	-0.218*** (-4.85)	-0.095** (-1.98)
Owner	0.002 (-1.21)	0.011** (2.51)	0.005 (1.00)	0.014* (1.82)
Ratio	0.008 (1.25)	0.005 (0.31)	0.017 (0.72)	-0.003 (-0.08)
Num	0.001*** (4.04)	0.001*** (2.93)	0.001** (2.25)	0.001** (1.97)
Size	-0.005*** (-5.63)	-0.010*** (-4.47)	-0.010*** (-3.78)	-0.009*** (-2.90)
Lev	0.021*** (4.97)	0.003 (0.19)	0.013 (0.67)	0.053** (2.45)
Ind	已控制			
Year	已控制			
F	34.62***	10.66***	6.84***	4.30***
Adj. R^2	24.71%	26.84%	25.00%	18.45%
样本数	2 072	1 711	1 065	503

1. ***、**和*分别表示在1%、5%和10%的水平上双尾显著，括号内为经White (1980) 异方差调整后的t值。

2. 英文注释参照表1。

表4　　盈余质量与控股股东掏空程度：控股股东持股比例≥50%

	TU	TU_{t+1}	TU_{t+2}	TU_{t+3}
Constant	0.233*** (5.64)	0.236*** (5.22)	0.326*** (5.06)	0.053 ()
EQ	0.760 (1.04)	0.556 (1.36)	0.383 (-0.95)	-1.216 (-1.58)
*EQ×Share*1	-0.682 (-0.64)	-0.271 (-0.44)	0.829 (1.39)	1.827 (1.58)
Roa	-0.335*** (-6.54)	-0.392*** (-5.89)	0.447*** (-5.00)	0.360** (-2.47)
Owner	0.005 (0.71)	0.006 (0.69)	0.019 (1.55)	0.056* (1.84)
Ratio	-0.005 (-0.28)	0.003 (0.11)	0.031 (0.65)	0.099 (0.91)
Num	0.001** (2.66)	0.001** (2.33)	0.001* (1.70)	0.002 (1.26)
Size	-0.011*** (-5.53)	-0.012*** (-5.61)	-0.013*** (-4.37)	-0.011** (-2.16)
Lev	0.081*** (4.11)	0.082*** (3.50)	0.057 (1.62)	0.086 (1.35)

续表

	TU	TU_{t+1}	TU_{t+2}	TU_{t+3}
Ind	已控制			
Year	已控制			
F	6.68 ***	5.11 ***	3.88 ***	2.31 **
Adj. R^2	31.23%	32.91%	37.83%	50.27%
样本数	1 014	736	407	143

1. ***、**和*分别表示在1%、5%和10%的水平上双尾显著，括号内为经White（1980）异方差调整后的t值。

2. 英文注释参照表1。

五、研究结论与建议

本文在控股股东—中小股东的代理框架下，研究盈余质量是否可以作为控股股东信号传递的工具，并提供相应的经验证据。具体而言，以经业绩调整后的应计质量度量盈余质量，以资金占用度量控股股东掏空程度，本文发现，盈余质量是控股股东—中小股东代理关系中重要的信号传递工具，控股股东通过影响盈余质量进而传递了其在未来年度掏空程度的信号。本文的经验证据表明，当期的盈余质量与当年、下一年度和再下一年度的掏空程度显著相关，盈余质量越高，未来的掏空程度越低；而控股股东的持股比例则显著影响了盈余质量的预示作用。当控股股东持股比例小于50%时，盈余质量对控股股东掏空行为有显著预示作用，但随着控股股东持股比例的上升，盈余质量的预示作用减弱。当控股股东持股比例大于50%时，盈余质量的预示作用消失。

本文的研究结论表明，会计信息质量具有显著的公司治理效应，高质量的会计信息能够传递代理契约有效执行的信号，从而有利于缓解代理冲突问题。研究结果也暗示，在解决资本市场中广泛存在的代理问题时，应以提高信息质量为根本，发挥市场的自我调节功能，让投资者真正地成为市场的主宰，而监管部门应立足促进高质量的信息披露、健全市场长效运行机制。因为，市场是“最聪明”的。

参考文献

［1］李增泉、孙铮、王志伟：《掏空与所有权安排——来自我国上市公司大股东资金占用的经验证据》，载《会计研究》，2004（12）。

［2］罗党论、唐清泉：《市场环境与控股股东“掏空”行为研究——来自中国上市公司的经验证据》，载《会计研究》，2007（4）。

[3] 佟岩、王化成：《关联交易、控制权收益与盈余质量》，载《会计研究》2007（4）。

[4] 周晓苏、张继袖、唐洋：《控股股东所有权、双向资金占用与盈余质量》，载《财经研究》，2008（2）。

[5] 卢闯：《掏空、公司治理与盈余质量》，载《科学决策》，2009（8）。

[6] 姜国华、岳衡：《大股东占用上市公司资金与上市公司股票回报率关系的研究》，载《管理世界》，2005（9）。

[7] Liu Qiao and Zhou Lu, Earnings Management to Tunnel: Evidence from China's Listed Companies [Z]. Working Paper.

[8] Scott, W.. Financial Accounting Theory [M]. Prentice – Hall Press, 2000.

[9] Dechow, P. and I. Dichev, The quality of accruals and earnings: the role of accrual estimation errors [J]. The Accounting Review, 2002 (77): 35 ~ 59.

[10] Kothari, S., A. Leone and C. Wasley. Performance matched discretionary accrual measures [J]. Journal of Accounting and Economics, 2005 (39): 171 ~ 233.

控制权、外部履约机制与债务期限结构

黎来芳　张伟华①

摘要： 债务期限结构安排是企业融资决策的重要内容，而基于控制权的外部履约机制是影响企业债务期限的重要因素。国家终极控制的上市公司外部履约机制更强，因而债务期限更长。控股股东持股以及其他大股东的持股比例越高，外部履约机制越强，上市公司的债务期限也越长。

关键词： 控制权　债务期限结构　外部履约机制

债务融资是企业重要的理财行为，而债务期限结构的安排是债务融资的重要内容。不同债务期限的选择会影响到企业风险的大小和债务成本的高低，甚至会影响到企业代理成本的水平。债务期限结构如果安排不当，不仅可能影响企业的财务成本，而且还可能危及企业的财务安全。陆正飞和高强研究发现，我国上市公司利用债务融资的一个十分突出的现象就是短期借款的比例很高。因此，对我国上市公司债务期限结构的研究具有特殊的现实意义。目前，国内对公司债务期限结构影响因素的研究主要围绕公司特征展开，研究文献较为零散，形不成完整的体系。现有文献对某些因素的关注较多，如企业盈利能力、偿债能力等，而对另一些因素的研究则还有不足，如公司的控制权特征。因此，本文从外部履约机制的角度分析控制权对债务期限结构的影响，以期对我国上市公司债务期限结构的影响因素产生新的认识。

一、文献回顾及研究假设

梅耶斯（Myers）研究发现，债务期限越长，未来的不确定性越高，债权人承

① 作者简介：黎来芳，供职于中国人民大学商学院，管理学博士，副教授；张伟华，中国人民大学商学院博士研究生。

担的风险越大，债权人在提供贷款时就会更注重外部的履约机制。戴蒙德（Diamond）和瑞简（Rajan）也认为，较长期的债务契约对外部履约机制的依赖性更强。吉默加克—昆特（Gemirguc - Kunt）和马科斯默维克（Maksimovic）的研究表明，在剔除企业内部因素影响的前提下，对投资者法律保护程度较好的国家中企业长期债务比例更高；同时还发现政府对相关行业的资助将有助于这类行业获得更多的长期贷款。孙铮等以我国上市公司1999—2003年的经验数据为样本，经过实证研究发现，企业所在地的市场化程度越高，政府对企业的干预程度越小，长期债务的比重越低。他们分析认为，当司法体系不能保证长期债务得以有效执行时，“政府关系”是一种重要的替代机制。

可见，已有文献多认为，外部的履约机制对企业获得长期借款至关重要。因此，外部履约机制是影响企业债务期限的重要因素。根据上述思路，本文将着重分析不同的控制权特征对外部履约机制进而对债务期限结构的影响。

本文考虑的控制权因素包括终极控制人性质、控股股东持股比例和其他大股东持股比例三个方面。

（一）终极控制人性质

国家终极控制的上市公司的最终控制权掌握在政府手中，其与政府的关系显然会比私人终极控制的上市公司更加密切，因此，在国家终极控制的上市公司中，“政府关系”这种外部履约机制更强。而我国主要的大型商业银行都是国有商业银行，对同为国家控制的上市公司有着天然的保护倾向。因此，国家终极控制的上市公司更容易获得长期借款。与之相比，非国家终极控制的上市公司在难以获得长期借款的情况下，会更多地通过短期借款的不断更替来满足对长期债务资金的需求，因此，债务期限结构必然短于国家终极控制的上市公司。由此提出假设1。

假设1：与非国家终极控制的上市公司相比，国家终极控制的上市公司债务期限更长。

（二）控股股东持股比例

随着控股股东持股比例的上升，其与上市公司的利益关系更为紧密，更可能成为其所控制的上市公司借款的外部履约机制，因此，上市公司获取长期借款会更加容易，从而更少地利用短期借款的不断更替来满足对长期债务资金的需求。所以，控股股东持股比例对上市公司长期借款能力有显著正影响。由此提出假设2。

假设2：上市公司的控股股东持股比例越高，其债务期限越长。

（三）其他大股东持股比例

除控股股东之外的其他大股东的持股比例越高，与上市公司的利益关系越密切，因而越可能成为上市公司借款的外部履约机制。另外，通过短期借款的不断更替来满足长期资金的需求，会给上市公司带来很高的财务风险。其他大股东的持股比例越高，股权制衡能力越强，越有利于上市公司融资行为的合理化，因此，会对这种高风险的融资行为有所制约。综上所述，其他大股东持股比例越高，上市公司越容易借到长期借款，并且会越少利用短期借款这种高风险的融资方式。由此提出假设3。

假设3：上市公司其他大股东的持股比例越高，其债务期限越长。

二、样本选择与数据描述

（一）样本选择

本文选择2001—2006年沪深两地上市公司作为研究样本。由于金融类上市公司财务结构的特殊性和ST公司财务状况的特殊性，本文将它们从总体样本中删除。此外，本文对部分数据缺失的样本予以删除，并对样本做了1%及99%的截尾处理，最终得到5 554个样本。本文所用数据主要来自色诺芬数据库，并与国泰安数据库中的对应数据做了匹配，对部分不一致数据通过查询上市公司年报予以了修正。

（二）变量定义

本文的被解释变量是反映债务期限结构的DM，它等于长期借款占所有银行借款的比重。三个解释变量分别是：反映终极控制人性质的UC，当终极控制人为国家时取值1，否则取值0；反映控股股东持股比例的Share1，取值为第一大股东持股比例；反映其他大股东持股比例的Share2 - 5，取值为第二至第五大股东持股比例之和。控制变量包括：反映公司成长性的Grow，等于主营业务收入增长率；反映公司盈利能力的ROE，即净资产收益率；反映公司规模的Size，等于年初总资产的自然对数；反映公司资本结构的Lev，等于年初的资产负债率；反映公司资产期限结构的AM，等于固定资产占总资产的比重；反映行业和年度的虚拟变量Ind和Year。

（三）变量描述

主要变量的描述性统计如表1所示。

表 1 变量描述性统计

变量	观测个数	均值	最小值	25%分位	中位数	75%分位	最大值	标准差
DM	5 554	0. 276	0	0. 044	0. 225	0. 437	1	0. 254
*Share*1	5 554	0. 421	0. 032	0. 286	0. 41	0. 558	0. 85	0. 168
*Share*2 - 5	5 554	0. 151	0. 003	0. 043	0. 124	0. 243	0. 588	0. 125
Grow	5 554	0. 201	-0. 602	0. 009	0. 154	0. 336	2. 6	0. 342
ROE	5 554	0. 054	-0. 665	0. 019	0. 057	0. 092	5. 553	0. 752
Size	5 554	21. 333	18. 798	20. 711	21. 23	21. 869	27. 111	0. 924
AM	5 554	0. 289	0. 002	0. 121	0. 254	0. 427	1	0. 221
Lev	5 554	0. 485	0. 033	0. 374	0. 495	0. 607	0. 943	0. 16

由表 1 可以看出，我国上市公司的债务期限结构中，长期负债的比例很低，整个样本中，平均长期负债比例仅为 27. 6%。这一现象反映在债务期限结构上就是，我国上市公司的债务期限普遍较短。从控制权特征上看，我国上市公司控股股东持股比例非常高，样本公司中，控股股东平均持股比例达到 42. 1%，远远大于第二至第五大股东持股比例之和（15. 1%），股权制衡程度很低。

三、实证结果及分析

（一）相关性检验

表 2 报告了各变量之间的皮尔森（Pearson）相关系数和斯皮尔曼（Spearman）相关系数。根据表 2，我国上市公司的债务期限与国家终极控制、第一大股东持股比例和第二至第五大股东持股比例之和都显著正相关，这与前文假设一致。由于未控制其他因素的影响，变量间的真实关系还需结合多元回归结果进行判断。此外，从表中可见，变量间不存在很强的相关性（相关系数小于 0. 5），变量可同时进入模型。

表 2 变量相关系数

	DM	*UC*	*Share*1	*Share*2 - 5	*Grow*	*ROE*	*Size*	*AM*	*Lev*
DM	1	0. 097 *** (0. 000)	0. 030 ** (0. 027)	0. 081 *** (0. 000)	0. 002 (0. 896)	0. 137 (0. 475)	0. 260 *** (0. 000)	0. 19 *** (0. 000)	-0. 074 *** (0. 000)
UC	0. 109 *** (0. 000)	1	0. 309 *** (0. 000)	-0. 237 *** (0. 000)	0. 006 (0. 643)	-0. 017 (0. 197)	0. 158 *** (0. 000)	0. 136 *** (0. 000)	-0. 050 *** (0. 000)
*Share*1	0. 065 *** (0. 000)	0. 302 *** (0. 000)	1	-0. 635 *** (0. 000)	0. 058 *** (0. 000)	0. 122 *** (0. 000)	0. 161 *** (0. 000)	0. 121 *** (0. 000)	-0. 128 *** (0. 000)

续表

	DM	UC	Share1	Share2 - 5	Grow	ROE	Size	AM	Lev
Share2 - 5	0.056 *** (0.000)	-0.214 *** (0.000)	-0.586 *** (0.000)	1	0.014 (0.287)	0.020 (0.136)	-0.181 *** (0.000)	-0.021 (0.111)	0.039 *** (0.003)
Grow	0.01 (0.439)	-0.015 (0.258)	0.046 *** (0.001)	0.014 (0.292)	1	0.352 *** (0.000)	0.126 *** (0.000)	0.067 *** (0.000)	0.098 *** (0.000)
ROE	0.007 (0.579)	0.007 (0.597)	0.003 (0.828)	0.011 (0.399)	0.046 *** (0.001)	1	0.229 *** (0.000)	0.129 *** (0.000)	-0.054 *** (0.000)
Size	0.277 *** (0.000)	0.167 *** (0.000)	0.185 *** (0.000)	-0.146 *** (0.000)	0.100 *** (0.000)	0.003 (0.842)	1	0.182 *** (0.000)	0.253 *** (0.000)
AM	0.266 *** (0.000)	0.133 *** (0.000)	0.119 *** (0.000)	-0.002 (0.859)	0.054 *** (0.000)	0.034 ** (0.012)	0.244 *** (0.000)	1	-0.028 ** (0.037)
Lev	-0.020 (0.139)	-0.048 *** (0.000)	-0.121 *** (0.000)	0.014 (0.303)	0.110 *** (0.000)	0.020 (0.144)	0.225 *** (0.000)	-0.029 ** (0.028)	1

注：左下角为皮尔森相关系数，右上角为斯皮尔曼相关系数。*、**、***分别表示在10%、5%、1%水平下显著（双尾）。

（二）回归模型及结果

为进一步考察前文发展的研究假设，本文对下述模型进行多元回归分析：

$$DM = \partial + \beta_1 \times UC + \beta_2 \times Share1 + \beta_3 \times Share2\_5 + \beta_4 \times Grow + \beta_5 \times ROE + \beta_6 \times Size + \beta_7 \times AM + \beta_8 \times Lev + \sum_{i=1}^{5} \beta_{8+i} Year_i + \sum_{j=1}^{20} \beta_{13+j} Ind_j + \varepsilon$$

模型回归结果如表3所示。

表3　　多元线性回归结果

变量	预期结果	(1)	(2)	(3)	(4)
截距	?	-0.773 *** (0.000)	-0.789 *** (0.000)	-0.839 *** (0.000)	-0.873 *** (0.000)
UC	+	0.016 ** (0.034)			0.195 ** (0.011)
Share1	+		0.013 ** (0.049)		0.028 ** (0.043)
Share2 - 5	+			0.083 *** (0.001)	0.116 *** (0.000)
Grow	+	0.009 (0.337)	0.008 (0.368)	0.008 (0.412)	0.008 (0.393)

续表

变量	预期结果	(1)	(2)	(3)	(4)
ROE	+	0.001 (0.793)	0.001 (0.784)	0.001 (0.807)	0.001 (0.826)
Size	+	0.046 *** (0.000)	0.048 *** (0.000)	0.049 *** (0.000)	0.047 *** (0.000)
AM	+	0.133 *** (0.000)	0.134 *** (0.000)	0.132 *** (0.000)	0.129 *** (0.000)
Lev	-	-0.013 (0.534)	-0.017 (0.418)	-0.019 (0.343)	-0.014 (0.479)
Year		已控制	已控制	已控制	已控制
Ind		已控制	已控制	已控制	已控制
N		5 554	5 554	5 554	5 554
Adj. R^2		0.234	0.233	0.235	0.236
F		55.570	55.399	55.855	52.811

注：限于篇幅，未列出5个年度哑变量和20个行业哑变量的回归结果；*VIF* 值均小于5，限于篇幅未列出。括号内的数值为对应的 *p* 值。*、**、***分别表示在10%、5%、1%水平下显著（双尾）。

由表3可以看出，*UC* 在（1）和（4）中的回归系数符号均与预期相符，且都在5%的水平上显著；*Share*1 在（2）和（4）中的回归系数符号均与预期相符，且都在5%的水平上显著；*Share*2-5 在（3）和（4）中的回归系数符号均与预期相符，且都在1%的水平上显著。回归结果表明：在控制其他因素的情况下，国家终极控制的上市公司的债务期限要长于非国家终极控制的公司，说明“政府关系”作为一种外部履约机制，可以帮助上市公司获得更多的长期借款；控股股东持股比例与上市公司的债务期限显著正相关，说明随着控股股东持股比例的上升，其作为上市公司外部履约机制的作用更强，更有利于上市公司获取长期借款；其他大股东持股比例与上市公司的债务期限显著正相关，说明随着其他大股东持股比例的上升，其作为上市公司外部履约机制的作用更强，有利于帮助上市公司获得长期借款，并且股权制衡能力更强，有利于抑制短借长用的高风险融资行为。上述回归结果证实了前文的研究假设。

（三）稳健性检验

我们对样本做分年度回归的结果见表4。从表4可以看出，分年度回归结果基本与全样本回归结果一致，支持前文假设。同时，从表4中最后两行可以看出，2005年开始的股权分置改革对回归结果无显著影响。值得注意的是，回归模型的拟合优度在最后两年有明显提高，模型的解释能力增强，可能的原因在于：随着2005年开始的国有商业银行上市，其内部治理机制逐渐完善，放贷行为也日趋理性，更多地考虑借款企业的盈利能力（表现在回归结果中即ROE的回归系数在最后两年显著为正），从而提高了模型的解释能力。此外，我们用长期负债占总负债的比例来衡量债务期限结构，将其作为回归模型中的被解释变量进行回归，回归结果未发生明显变化。可见，本文的多元回归分析结果是比较稳健的。

表4　分年度回归结果

变量	2001	2002	2003	2004	2005	2006
截距	-1.183***	-1.196***	-1.630***	-0.104***	-1.739***	-0.109**
	(0.000)	(0.000)	(0.000)	(0.000)	(0.000)	(0.013)
UC	0.036*	0.035	0.027*	0.032**	0.022**	0.010*
	(0.071)	(0.103)	(0.072)	(0.014)	(0.049)	(0.060)
Share1	0.039**	0.030*	0.113*	0.054**	0.009*	0.036*
	(0.034)	(0.088)	(0.084)	(0.032)	(0.058)	(0.068)
Share2-5	0.198**	0.134*	0.206**	0.090*	0.215***	0.071**
	(0.038)	(0.071)	(0.012)	(0.088)	(0.005)	(0.042)
Grow	0.009	0.010	-0.009	0.011	0.173	0.030*
	(0.743)	(0.726)	(0.714)	(0.499)	(0.536)	(0.09)
ROE	0.160*	0.170*	-0.001	-0.017	0.224**	0.214**
	(0.068)	(0.066)	(0.814)	(0.749)	(0.021)	(0.035)
Size	0.053***	0.060***	0.077***	0.019***	0.083***	0.016***
	(0.000)	(0.000)	(0.000)	(0.004)	(0.000)	(0.000)
AM	0.654***	0.395***	0.331***	0.186***	0.411***	0.067***
	(0.000)	(0.000)	(0.000)	(0.000)	(0.000)	(0.001)
Lev	-0.087	0.064	0.022	-0.160	0.004	-0.074**
	(0.379)	(0.293)	(0.689)	(0.221)	(0.941)	(0.035)
Ind	已控制	已控制	已控制	已控制	已控制	已控制
N	791	886	936	970	1 012	949
Adj. R^2	0.218	0.207	0.227	0.247	0.336	0.369
F	26.864	22.271	10.844	22.037	32.849	20.795

注：*、**、***分别表示在10%、5%、1%水平下显著（双尾）。

四、研究结论与展望

本文从外部履约机制的角度研究了上市公司控制权特征对债务期限结构的影响，

得到如下主要结论："政府关系"可以作为上市公司借款的外部履约机制，因此国家终极控制的上市公司比非国家终极控制的上市公司更容易获得长期借款，其债务期限更长。控股股东持股比例越高，越可能成为上市公司借款的外部履约机制，上市公司越容易获得长期借款，其债务期限越长。除控股股东之外的其他大股东持股比例越高，越可能成为上市公司借款的外部履约机制，上市公司越容易获得长期借款，并且股权制衡作用越强，上市公司的融资行为越理性，对高风险的短期借款的依赖越小，因而上市公司的债务期限越长。

从本文的描述性统计可以看出，中国上市公司的债务期限结构与发达国家不同，长期借款的比例很低，许多上市公司甚至没有长期借款。这种现象一方面是由于公司层面的原因，而另一方面是由于中国信贷市场的市场化程度很低，政策层面对银行的信贷决策影响很大，长期贷款发放有严格的限制。因此，今后对企业债务期限结构的研究可以围绕政策层面的制度供给以及银行信贷的市场化程度展开。

参考文献

[1] 陆正飞、高强：《中国上市公司融资行为研究——基于问卷调查的分析》，载《 会计研究》，2003（10）。

[2] 孙铮、刘凤委、李增泉：《市场化程度、政府干预与企业债务期限结构——来自我国上市公司的经验证据》，载《经济研究》，2005（5）。

[3] Myers S. C.. Determinants of corporate borrowing [J]. Journal of Financial Economics, 1977 (5).

[4] Diamond D. W.. Debt maturity structure and liquidity risk [J]. Quarterly Journal of Economic, 1991 (106).

[5] Diamond D. W.. Seniority and maturity of debt contracts [J]. Journal of Financial Economics, 1993 (33).

[6] Rajan R. G.. Insiders and outsiders: the choice between informed and arm's length debt [J]. Journal of Finance, 1992 (47).

[7] Gemirguc - Kunt A., Maksimovic V.. Institutions, financial markets and firm debt maturity [J]. Journal of Financial Economics, 1999 (54).

分析研究

住房抵押贷款证券化：商业银行的竞争需求

吴海霞[①]

引言

高物价、高房价已经成为当今中国社会的焦点，2010 年的房地产宏观调控在一片限贷、限购、土地问责声中落下帷幕，2011 年的宏观调控仍然不会放松。《中国证券报》2011 年 3 月 16 日报道“新国八条”和地方限购政策威力开始显现，已经高位盘整了近两个月的房价出现松动，一线城市的开发商从暗中变相促销变为直接优惠降价。业内人士预计，由于 2010 年新房开工量大增，未来几个月新盘将集中上市，同时开发商资金链趋紧，房价或将步入下降通道。

房价的下跌自然会引发房地产信贷出现不良，2011 年 3 月 5 日全国政协委员、银监会主席助理阎庆民在十一届全国人大四次会议开幕之前短暂接受记者采访时表示，针对房地产调控对银行坏账的压力，银监会已经做过压力测试，底线数字是 30%。在此形势下，2010 年第三季度以来，央行针对房地产的信贷政策做了很大调整。然而防范由房地产业的波动带来的金融风险是一个系统工程，仅靠信贷手段是不够的，它需要各方面的配套工作。因而不少学者提倡拓展房地产融资渠道，建立多元化的房地产融资体系来分散风险。房地产证券化就是一个很好的选择。

一、住房抵押贷款证券化对商业银行的意义

（一）提高银行的资本充足率，提高资本收益率

根据《巴塞尔协议》的精神，把表外业务纳入了资本充足率的管制范围。根据

---

① 作者简介：吴海霞，供职于中国农业银行北京市分行。

表外业务涉及的交易对方或资产性质确定风险权数，计算核心资产充足率和总资本充足率，要求必须分别达到4%和8%，以此来约束商业银行表内风险资产和表外业务风险的扩张。

根据《巴塞尔协议》的计算方法，衡量国际银行业资本充足率的公式是：

一级资本比率 = 核心资本/风险资本 × 100% = 核心资本/∑（资产 × 风险权重）×100%

总风险资本比率 = 总资本/风险资本 × 100% = 总资本/∑（资产 × 风险权重）×100%

对于那些必须满足资本充足率标准的金融机构而言，住房抵押贷款证券化使它们能够更有效地运用资本，获得更高的杠杆率。住房抵押贷款属于中长期资产，流动性比较差，在风险总资产中所占的权重较大，而抵押支持证券属于高流动性的资产，容易变现，故在其风险总资产中所占权重较小，从而增加了银行资产的流动性，也减少相应的流动性风险。例如：由FNMA所发行的抵押支持证券的风险权重是20%，而住房抵押贷款的风险权重是50%。金融机构持有抵押支持证券，可以大大节省为满足资本充足率的要求所需要的资本金，从而扩大投资规模，提高资本收益率。

（二）提高银行信贷资金的流动性，分散经营风险

对于银行来说，其资产的流动性具有至关重要的意义。因为银行的资金来源大多是短期存款，流动性极强，如果以这些短期存款为长期贷款筹资，潜在的流动性风险是很大的。随着我国住房贷款的迅猛增长，这个流动性难题已经开始出现，且必将日益普遍和严重。任何贷款都有风险，但是住房抵押贷款的长期性以及个人性，更是加剧了个人住房贷款所面临的风险，尤其是违约风险。在过去的几十年中，借款人的违约行为和个人住房抵押贷款违约问题，一直是国外实务界和理论界研究与讨论的热点话题。赵新华（2000）认为当房地产价格下跌时，如果借款人转让房地产所得的收入不足以还清贷款、收回投资与成本时，理性违约就可能发生。另一种情况是一种被动的违约行为，是借款人在购买房产后，因实际支付能力下降或因突发事件的发生，使其无法继续正常向金融机构按月还本付息而发生的违约行为。这就需要通过资产证券化来筹集社会长期资金，而发放住房贷款证券，可实现长期资金长期运用，同时也可将住房抵押贷款的违约风险转嫁出去。在商业银行债券转让及住房抵押贷款证券发行、流通等过程中建立的一系列责任、监督和信息披露等配套机制，必将有助于加强贷款的信息公开，提高信贷资产质量。因此，住房抵押贷款证券化将促进我国商业银行的经营管理，将推动我国商业银行从传统银行向现代银行转化。

（三）改变商业银行营运模式，优化收入结构

一方面，商业银行可以利用证券化的杠杆效应提前收回现金流，然后可以用这部分资金向购房者发放新的住房抵押贷款，相当于只需筹集小部分资金就撬动了大量贷款，用较低的融资成本获得收益最大化。另一方面，资产证券化中商业银行又可以获得额外的服务费用。资产证券化的收入主要由资产售让利益 + 持续的服务费用收入 + 新资产的收入流三部分组成。银行可以从组合贷款的平均收益率与发行的证券息票率（承诺的）之间的正利差中获利，至少得到贷款自身与以这些贷款为基础发行的证券之间利率差的一部分作为剩余收入。商业银行可以通过服务于证券化后的抵押贷款、收集贷款利息、监管来获得额外的收入。许多银行还通过出售担保以保护贷款、支持证券持有者的利益、为其他机构进行证券化咨询或提供流动性支持等来获得额外的收入。另外，由于住房抵押贷款证券化使资产占用的资本量减少，在加权资本成本的计算公式中资本成本的权数下降，使得加权资本的成本降低，从而增加利润。

二、住房抵押贷款及住房抵押贷款证券化

（一）住房抵押贷款的主要品种

在英美法上，物的担保通常有四种形式，即按揭（Mortgage）、财产上负担（Charge）、质押（Pledge）和置留（Lien）。其中，质押和置留与大陆法上的规定本质上相同。抵押贷款（Mortgage Loan or Mortgage）是指在以不动产作为抵押，以确保用于购买那笔不动产所发生的货款得以偿付。广义的抵押贷款包括住房抵押贷款（Residential Mortgage）和非住房抵押贷款（Non-residential Mortgage）。住房抵押贷款又可以细分为单家庭抵押贷款（Single-family Mortgage）、两家庭到四家庭抵押贷款（Two-to Four-family Mortgage）、多家庭抵押贷款（Multi-family Property）等。非住房抵押贷款又可分为商业住房抵押贷款和农场抵押贷款。住房抵押贷款，我们又可以根据抵押贷款本息偿付和利率特征的选择，细分出以下各种不同的类型。本论文所要探讨的，主要是住房抵押贷款中的单家庭抵押贷款，指银行向自然人发放的用于购买国有土地上的住房贷款。以中国农业银行的住房抵押贷款品种为例，表1是中国农业银行按还款形式分类的住房抵押贷款产品类型。

表 1 住房抵押贷款的各种类型

贷款种类	主要特征
到期一次还本付息法	指借款人在到期日还清贷款本息。此方式一般适用期限在 1 年（含 1 年）以内的贷款。
等额本息还款法	指在贷款期内每月以相等的额度平均偿还本息的还款方法。
等额本金还款法	指在贷款期内每月等额偿还本金，贷款利息随本金逐月递减。
等比累进还款法	指借款人在不同时间段的每期还款额以一定比例累进，在贷款截止日期前还清贷款全部本息。
等额累进还款法	指借款人在不同时间段的每期还款额以一定额度累进，在贷款截止日期前还清贷款全部本息。
组合还款法	根据资金的实际占用时间计算利息的还款方式，目前市场上的“随心还”和“气球贷”等品种就是这种方式的演绎。

资料来源：中国农业银行住房金融与个人信贷部编：个人信贷业务专业技能培训教材。

（二）住房抵押贷款证券化

在发达国家，个人住房抵押贷款市场分为个人住房抵押贷款一级市场和个人住房抵押贷款二级市场。个人住房抵押一级市场是个人住房抵押贷款的直接发放市场，即个人住房抵押贷款的借款人与发放抵押贷款的金融机构之间直接交易的市场。个人住房抵押贷款二级市场是由一级市场上创造出来的个人住房抵押贷款的再交易市场，主要包括个人住房抵押贷款证券化和投资机构直接从创造个人住房抵押的金融机构收购贷款。在发达国家，个人住房抵押贷款一、二级市场在风险防范方面已形成了一个有机整体，可以相互补充、相互促进。个人住房抵押贷款一、二级市场的关系如图 1 所示。

住房抵押贷款证券化（Residential Mortgage-Backed Securities，RMBS）是 20 世纪最重要的金融创新之一，也是住房抵押贷款二级市场最主流的产品，目前已成为欧洲、美国、亚洲国家活跃货币市场与资本市场的重要金融工具。它是指金融机构（主要指商业银行）把自己所持有的流动性较差、但具有较稳定未来现金收入的住房抵押贷款汇集重组成抵押贷款池，由金融机构或其他特定机构以现金方式购入，经过政府担保或其他形式的信用增级后，以证券形式出售给投资者的融资过程。以住房抵押贷款为支撑发行的债券主要有三种，分别是抵押贷款传递债券（MPT）、抵押贷款支持债券（MBS）和抵押贷款担保债券（CMO）。表 2 是住房抵押支持债券的主要种类比较。

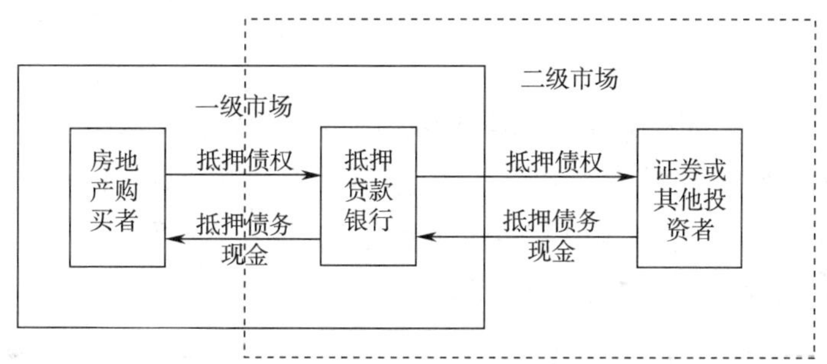

资料来源：Kristin Chen. （2002）. The Role of Mortgage Insurance in Risk Management. International Journal of Real Estate Finance，1（2）：8～19。

图1 个人住房抵押贷款一级市场和二级市场的关系

表2 三种基本抵押支持债券的性质比较

项目	抵押贷款传递债券（MPT）	抵押贷款支持债券（MBS）	抵押贷款担保债券（CMO）
基础资产的处理	基础资产的所有权转移，并从发行人的资产负债表中移出	基础资产的所有权仍属于发行人，资产保留在发起人的资产负债表中	基础资产的所有权人属于发行人，资产保留在发起人的资产负债表中
投资者的风险承担	投资者承担提前偿付风险和再投资风险	投资者不承担提前偿付风险和再投资风险	投资者承担提前偿付风险和再投资风险
与发行人的关系	发行人的债券不作为发行人的债务出现在资产负债表中	发行人的债券不作为发行人的债务出现在资产负债表中	发行人的债券作为发行人的债务出现在资产负债表中

资料来源：王明哲：《住房抵押贷款证券化风险分析》，企业管理出版社，2007。

（三）国外住房抵押贷款证券化分析

MBS诞生于20世纪70年代的美国。1968年政府国民抵押协会首次公开发行“传递证券”（Pass-through securities），开创了全球MBS之先河。为了顺利实现住房抵押贷款证券化，缓解住房抵押贷款相关机构的经营困境，美国多家政府机构和抵押贷款公司参与了这项工作，这些机构主要包括：联邦住房贷款银行（Federal Home Loan Banks ，FHLB）、联邦住房管理局（Federal Housing Administration，FHA）、联邦国民抵押协会（Federal National Mortgage Association，FNMA，或Fannie Mae）和联邦住房贷款抵押公司（Federal Home Loan Mortgage Corporation，FHLMC，或Freddie Mac）。在过去的30多年中，美国资产证券化得到了快速的发展，这很大程度上是由于它给投资者带来的利益和给整个美国金融体系带来的巨大价值，其中包括投资效率的提高、融资成本的减少、消费者信贷的增加和流动性的创造等。资产证券化已经从金融市场的一个相对较小和不为人们所知的部分成长成个人金融业务的主流，金融市场的一个重要部分。1990—2006年，较之前金融市场低迷时期，住房抵押贷款支持债券（RMBS）的增长率年均达到复利13%，即从年发行量259亿美元增长到年发行量20 000多亿美元。据估计，美国59%的优质住房抵押贷款已经被证券化。表3所列数据是1996—2010年美国抵押支持类证券的年发行量，其中包括CMBS（商业房地产抵押贷款支持证券）和RMBS（个人住房抵押贷款支持证券）。

表3　　1996—2010年美国抵押支持类证券的年发行量①

单位：10亿美元

年份	Agency②	FDIC/NCUA③	Non Agency④		Total
			CMBS	RMBS	
1996	427.1		12.8	39.8	479.7
1997	508.9		14.0	54.6	577.6
1998	923.6		66.1	128.4	1 118.1
1999	846.0		48.4	91.1	985.4
2000	558.3		43.9	57.8	660.0
2001	1 451.0		63.7	149.3	1 663.9
2002	1 985.5		50.0	247.6	2 283.0
2003	2 661.8		72.3	350.2	3 084.3
2004	1 347.2		93.5	438.4	1 879.0
2005	1 285.4		156.7	740.2	2 182.4
2006	1 179.4		183.8	725.6	2 088.8
2007	1 420.3		229.2	536.7	2 186.2
2008	1 317.1		12.8	32.4	1 362.2
2009	2 029.8		1.8	9.9	2 041.4
2010	1 707.3	21.3	8.1	5.4	1 742.1

注：①包括GNMA、FNMA和FHLMC的抵押支持证券，CMOs，私人MBS/CMOs。但不包括投资于房屋所有权的次级资产担保的证券（ABS）。

②Agency（非机构抵押支持类证券交易）包括单家庭和多家庭的MBS和CMOs。

③FDIC交易是指由已经破产银行的资产支持的交易和可能包括非抵押相关的担保品的结构式融资交易。NCUA交易是指由已经违约的信贷资产支持的交易和可能包括非抵押相关的担保品的结构式融资交易。

④Non Agency（非机构抵押支持类证券交易）包括CMBS 、RMBS和一些Re－REMICs（房地产抵押投资信托）。

资料来源：FDIC，GSEs，Thomson Reuters，Bloomberg。

在20世纪80年代的住房抵押贷款证券化热潮中，欧洲各国走出了一条与众不同的道路。欧洲各国住房抵押贷款证券化没有得到政府强有力的支持，多是金融机构以自己持有的住房贷款为基础发行抵押贷款证券。在近30年间，欧洲抵押支持证券得到了快速的发展，据欧洲证券化论坛（European Securitisation Forum，ESF）报告（ESF Securitisation Data Reports），欧洲抵押支持证券的年发行量已从2000年的782亿欧元增长到2010年的3 799亿欧元，而住房抵押贷款支持证券在整个资产证券化市场中发行数量一直占据着第一的地位，如2009年RMBS发行量占全部抵押支持证券的57.72%，2010年RMBS发行量占全部抵押支持证券的71.52%。具体数据如图2、表4、表5所示。

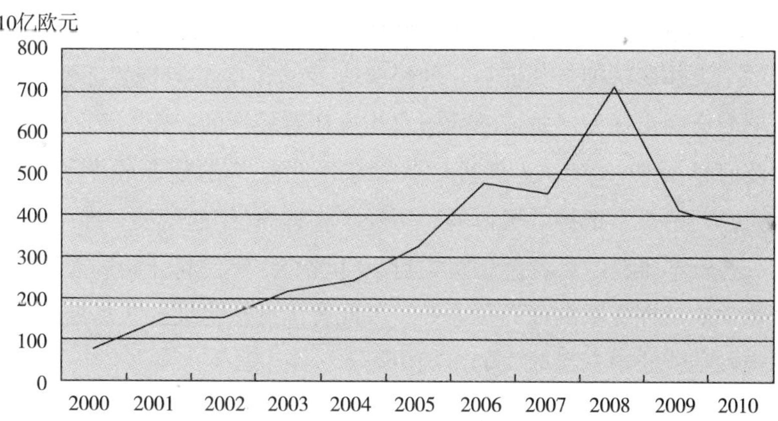

注：数据包括ABS、CDOs、CMBS和RMBS。

资料来源：欧洲证券化论坛 Securitisation Data Report 2010：Q4。

图2　欧洲抵押支持证券历史发行量

表4　欧洲2010年抵押支持证券发行量

单位：10亿欧元

ABS	31.3
CDOs	29.5
CMBS	6.1
RMBS	271.7
总计	338.6

表5　欧洲2009年抵押支持证券发行量

单位：10亿欧元

ABS	52.5
CDOs	107.1
CMBS	15.5
RMBS	239.0
总计	414.1

注：CDO（担保债务凭证）。

资料来源：欧洲证券化论坛 Securitisation Data Report 2010：Q4。

三、住房抵押贷款证券化的需求分析

（一）我国住房抵押贷款证券化发展相对落后

2005年3月，中国人民银行宣布住房抵押贷款证券化试点正式启动，2005年

12 月 15 日，“建元 2005—1 个人住房抵押贷款支持证券”发行成功，初始总值为 30.1668 亿元，之后建行按照相关法律法规的要求和信托合同的约定，向中国人民银行申请办理“建元 2005—1 个人住房抵押贷款支持证券”A 级和 B 级证券以现券买卖的方式的交易流通。2006 年 2 月 15 日，中国人民银行对中国建设银行发出行政许可决定书，同意“建元 2005—1 个人住房抵押贷款支持证券”A 级和 B 级证券以现券买卖的方式在银行间债券市场交易流通。2007 年 12 月 4 日，中国建设银行又成功发行了 41.6 亿元人民币“建元 2007—1 个人住房抵押贷款支持证券”。中国建设银行的个人住房抵押贷款证券化的经验为我国住房抵押贷款证券化的发展奠定了基础，但与金融市场发展较成熟的国家相比还有较大的差距。

美国政府早在 1938 年，为促进“大萧条”后经济的复苏成立了政府全资的抵押证券公司，开始探索抵押二级市场。历经了将近 60 年的发展，在政府机构的示范作用下，一些资本雄厚的私营金融机构自 20 世纪 80 年代起开始进入抵押二级市场，专门从事非常规抵押贷款的证券化业务。由此美国的抵押证券市场形成了政府机构、准政府机构和私营公司三足鼎立的市场格局。

在 20 世纪 80 年代的住房抵押贷款证券化热潮中，欧洲各国也开始了不同的尝试，例如：1988 年 11 月，法国政府通过法律促进各种贷款证券化，主要目的有两个：一是为了满足《巴塞尔资本协议》关于银行资本充足率的要求；二是通过在资本市场上直接融资来降低抵押贷款成本。据欧洲证券化论坛资料显示，欧洲（比利时、丹麦、法国、德国、希腊、爱尔兰、意大利、荷兰、葡萄牙、西班牙、英国）2001 年资产支持类证券（ABS、CDO、RMBS、CMBS）的发行量为 3 386 亿欧元。资产抵押类证券已成为欧洲资本市场的主要产品。如表 4 所示，RMBS 的发行量为 2 717亿欧元，占整个资产抵押类证券的 80% 以上。

（二）中国目前储蓄率过高，资金投资渠道单一

中国人民银行行长周小川在北京大学国家发展研究院2009 年“青年金融家领导力”夏令营开营仪式上曾分析，对于目前产能过剩与投资之间的矛盾，可能由于我国企业利润较高、投资准入有问题，一方面造成过剩产能，另一方面又造成有一部分资金投不出去，而过剩产能又限制了投资，最后造成海外资产增加、外汇储备增加。大量的企业和居民储蓄需要找到出口，而金融市场就是一个很好的释放渠道。但在中国金融市场由于存在较为严格的管制，金融工具呈现单一和简单的特征，与国际金融市场形成明显的落差。不论是从提高金融市场效率还是从对外竞争的考虑出发，中国都有必要发展多样化的金融工具。

从资产证券化发展比较成熟的国际市场来看，金融机构将资产证券化看做是充

分利用银行信用中介能力的最好工具之一，在资产证券中扮演了主导作用。住房抵押贷款证券化的出现，能把流动性较低的贷款转换为能给投资者带来收益的证券，提高了金融市场的资产配置，增加了资本市场的投资品种，丰富了资本市场的产品结构，对资本市场规模的壮大有着积极的促进作用。对投资者而言，住房抵押贷款证券化为他们提供了更多的投资选择，而且往往会比政府债券有着更高的收益，既能增加投资者的收益，又能起到分散和降低投资风险的目的。同时，商业银行发展资产证券化的优势在于，商业银行自身拥有更多的客户资源，便于其资产证券化产品的销售。

（三）限制房地产市场政策频出，风险转移问题凸显

以前我国商业银行推行资产证券化的意愿并不强烈。从银行的角度看，将自身的优良资产以证券化的方式出售后收回的资金如果没有更好的投资渠道，会造成资金的闲置，对银行的经营会产生不利的影响。目前我国银行在推进资产证券化时推出的信贷资产支持证券的基础资产均为优质资产，建行的住房抵押贷款是优质的长期贷款，违约率极低（约0.5%），因此，银行缺乏将其证券化出售的动力。但近几年来高房价已经成为社会的一大焦点问题，2010年4月17日国务院出台了《国务院关于坚决遏制部分城市房价过快上涨的通知》（国发［2010］4号），简称新国十条。之后，住房和城乡建设部也下发了《关于进一步加强房地产市场监管完善商品住房预售制度有关问题的通知》，这是住房和城乡建设部贯彻落实新国十条的重要规范性文件。2011年地方政府针对当地情况又相应出台了地方性房地产调控措施，当房价过快上涨造成了中低收入者住房困难，影响到社会稳定和经济增长的潜力时，抑制房价上涨就会和地方政府的目标一致，此时房地产金融的风险就会凸显，适时转移房价下跌带来的信贷风险已经迫在眉睫。将住房抵押贷款证券化以后，投资者可以共同判断风险来确定资金价格，充分发挥市场的定价机制，适当地分散银行的信用风险给证券市场。

四、结论

多轮房地产调控政策的推出带来了房地产市场“拐点”的大讨论，银监会对商业银行的房地产压力测试，频率已经从季度转为月度，这一举措使银行业倍感压力。此时，发放住房贷款证券，可实现商业银行长期资金长期运用，同时也可将住房抵押贷款的违约风险有效转移。住房抵押贷款证券化和房地产金融发展有利于提高商业银行的竞争力，有利于房地产行业的繁荣和分散银行风险，有利于满足居民的住

房需求。中国人民银行前副行长吴晓灵曾指出，“在我国推行资产证券化是一项银行、投资人、政府和资本市场共赢的金融创新，是金融体制改革、积极发展资本市场维护金融稳定和金融安全的一项重要举措”。如何应用好这一金融工具，使其更好地促进我国经济健康发展，具有很重要的现实意义。

参考文献

［1］凤凰网：《银监会主席助理：银行承受房价下跌底线是30%》。

［2］北京大学国家发展研究院：《央行行长周小川昨晚在北大演讲时表示：民间投资准入范围或放开》。

［3］For more information on the role and importance of securitization to the financial system and US economy［J］. see ASF Reg AB Ⅱ Comment Letter, Attachment Ⅱ, 2010（8）：143～147.

［4］National Economic Research Associates, Inc.［J］.（NERA）. “Study of the Impact of Securitization on Consumers, Investors, Financial Institutions and the Capital Markets”, 2009（6）：16.

［5］Citigroup. “Does the World Need Securitization?”［EB/OL］. 2008（12）：10～11.

利率市场化对商业银行的影响及应对策略分析

张宝航①

党的十七届五中全会提出的关于“十二五”规划建议中，指出要“逐步推进利率市场化改革”。在2010年12月17日财经年会上，周小川行长指出要“有规划、有步骤、坚定不移地推进利率市场化改革”，并确定了“划定范围、提供激励、加强自律”的改革思路。随着利率市场化改革的进一步深入，商业银行必将面临新的机遇和挑战。

一、利率市场化改革的内容和理念

建立社会主义市场经济，就是要让市场在资源配置中起到基础性作用。利率是非常重要的资金价格，利率市场化使利率能真正反映资金供求变化，能够起到资源配置作用。根据十六届三中全会精神，人民银行确定了利率市场化改革的总体思路为：按照先外币、后本币，先贷款、后存款，存款先大额长期、后小额短期的基本步骤，逐步建立由市场供求决定金融机构存、贷款利率水平的利率形成机制，中央银行调控和引导市场利率，使市场机制在金融资源配置中发挥主导作用。1996年以来，我国先后放开了同业拆借利率、国债发行利率、政策性金融债发行利率和回购利率等，银行间市场全面实现利率市场化；简化了人民币存贷款利率体系，逐步扩大存贷款利率浮动幅度，形成了目前“贷款利率管下限、存款利率管上限”的管理格局。由此可见，利率市场化改革下一步的着力点将是人民币存贷款利率上下限管制的放开，这也将对商业银行的经营管理产生深刻影响。

---

① 作者简介：张宝航，供职于中国人民银行营业管理部。

二、利率市场化对商业银行的影响

长期来看，利率市场化改革能为商业银行创建良好的竞争环境，有利于促使商业银行优化业务结构，加强金融产品创新，提高风险管理能力，有利于银行科学确定经营成本和制定价格，合理配置资金资源，提高效益。但短期来看，利率市场化也给商业银行带来了挑战。

（一）利率市场化加剧银行间价格竞争

从国际经验来看，大部分国家在放开利率管制后，银行间的竞争明显加剧，甚至出现银行大面积倒闭的现象。目前国内商业银行业务同质化程度较高，在产品类别、客户管理和业务经营模式等各方面尚未建立明显的核心竞争力，客户对银行服务的区分度较低。因此，利率市场化初期商业银行可能更倾向于用价格优势来吸引客户，价格竞争会更加激烈。另外，利率限制的放开使一些商业银行不需要采取业务交叉补贴的做法来吸引客户，而是直接通过确定不同档次的利率水平来实现差异化，利率市场化将使隐性价格竞争逐步显化。价格竞争的加剧往往导致实际贷款利率的下浮和存款利率的上浮，甚至引发过度竞争和存款大战。

（二）利差收窄导致主营业务盈利能力下降

利差收窄是银行间价格竞争产生的直接结果。目前商业银行依赖净利息收入的盈利模式并没有改变，银监会2010年银行年报的统计显示，净利息收入、投资收益和手续费及佣金收入是银行业收入构成的三个主要部分，其中净利息收入占比仍高达66%。利率市场化导致的利差收窄将对商业银行盈利产生负面影响，使银行短期内面临较大的压力，部分定价能力差的银行可能受到显著冲击，乃至面临退出的风险。据对北京辖内两家商业银行的调查显示：以2010年度数据为测算基数，其中一家银行表示存贷利差每缩小25个基点，预计减少净利息收入约10亿元；另一家银行的盈亏平衡点约为存贷利差缩小至165个基点，并认为如果存贷利差保持在200个基点以上，则对盈利能力冲击不大。

（三）风险加大挑战资产负债管理能力

利率实现全面市场化后，利率水平的变动将受资金供求关系实时影响，频繁波动可能成为常态，这对商业银行的风险管理和资产负债结构管理能力来说将是一场严峻考验。管理利率风险的难点，一方面在于对利率走势的判断和预测，另一方面在于对资金来源和运用的调配主动程度与利率敏感性缺口动态调整的能力。目前国内多数商业银行开始尝试建立资金池式管理模式，将利率风险集中到总行进行管理，提高了利率风险的管理能力，但仍然面临避险工具缺乏、内部资金转移定价能力有待提高等问题。利率市场化还需要银行科学制定计结息规则，合理安排重定价周期等。另外，利率的频繁波动还将增加客户提前支取存款或提前偿还贷款所形成的潜在流动性风险，对银行的资产负债管理提出更高要求。

（四）利率市场化对不同银行的影响存在差异

实际情况中，利率市场化对具体银行的影响程度会比较复杂，这种影响取决于经营规模、公司治理结构、存贷款结构、业务结构、客户结构和风险定价能力等诸多方面因素。从目前情况出发的静态分析来看，贷款方面，如果贷款利率下限放开，大企业客户集中的银行可能会受负面影响，而贷款占生息资产比例低、中小企业贷款占比高的银行影响则相对较小；存款方面，如果按照“先大额长期、后小额短期”步骤放开，定期存款利率市场化对中长期存款占比较低的银行影响就会相对较小；总体来看，非利息收入占比高、差异化经营定位明确、业务创新和拓展能力好的银行吸收利率市场化负面影响能力更强，抵御利差下降的实力会更强。

三、应对策略分析

长远来看，利率市场化是必然趋势，随着利率市场化的进一步深入，它对商业银行的影响会越来越显著，积极准备，并努力探寻应对策略，具有重要的现实意义。

（一）全面提升风险定价能力

商业银行应从战略高度重视利率市场化带来的挑战，把推进利率定价机制建设作为发展核心，努力做好以下几方面工作：一是配备必要的机构、岗位和人员，重视人才培养，提高队伍素质；二是从组织架构、决策体系、量化定价技术、信息系统支持、考核机制和风险管理等方面，全面评估自身的风险定价水平，测算应对利率市场化的承受度；三是利用现有的市场化基准和数据信息，对存贷款利率进行市场化定价模拟，从项目、产品和客户等多维度进行精细化、差异化定价。

（二）持续完善风险管理体系

针对目前商业银行的风险管理现状和利率市场化的要求，可以从三个层面来提高风险管理能力：一是构建以利率风险管理为中心的资产负债管理和决策体系，设立专门的利率风险管理部门，制定科学的管理流程；二是加强利率预测研究，积累历史数据，积极采取量化缺口、压力测试和利率风险情景分析等风险识别和计量方法；三是创新金融产品，开发和运用风险管理工具，有效分散、化解或处置各类风险。

（三）积极推进业务转型

为应对利率市场化的挑战，商业银行应加快业务转型。发展中间业务，促使盈利结构不断优化和多元化是摆脱息差依赖，抵御利率波动影响，加快战略转型的重要途径。目前银监部门的监管指标要求使资本约束趋严，商业银行开始更注重发展不消耗资本的中间业务收入。但基于存贷款变相模式的中间业务（如通过贷款利率让利，转嫁到手续费、咨询费等）发展可持续性较差，商业银行应着力差异化、特色化经营。另外，随着市场化改革的进一步深入，信贷资产证券化也将是业务转型的一个重要方面。

四、相关政策建议

为避免利率市场化所带来的过度竞争等负面影响，我们要建立公平、公正的市场竞争政策环境，建议如下：

一是稳步推进利率市场化，采取渐进式改革模式，分步骤增强商业银行利率弹性，实现利率市场化的平稳过渡。

二是培育市场基准利率，构建公认的市场收益率曲线，理顺市场利率结构，推动整个金融产品与服务价格体系的市场化，增强货币政策传导效应。

三是夯实微观基础，引导和推动商业银行定价机制建设，鼓励金融机构扩大SHIBOR 运用范围，以 SHIBOR 为定价基准进行金融产品创新。

四是适时推出存款保险制度，积极促成多领域配套改革互动。

新会计准则对我国商业银行财务经营状况的影响

汤　艳[①]

经济金融全球化背景下，信息技术得到广泛运用，金融市场工具不断创新，经济活动方式日趋复杂，而快速成长的中国经济与全球资本市场的关系越来越紧密。为了提升中国在国际市场上的经济地位，减少中国会计准则与国际会计准则之间的差异形成了大量的“准则转换成本”，2003 年，财政部启动新会计准则的建设工作，并于2006 年正式发布了《企业会计准则》，规定从2007 年首先在上市公司实施，并逐步在全国各行业推行。新会计准则的建立，适应了我国社会主义市场经济的发展需要，实现我国会计准则与国际会计准则的实质趋同。

一、新会计准则的特点

我国新会计准则与原《金融企业会计制度》相比，主要有以下变革：一是全面引入公允价值计量要求；二是对金融工具重新进行分类；三是采用实际利率法计算损益；四是扩大了计提资产减值的范围。新会计准则的具体特征有以下几点：

（一）更清晰地界定金融工具类型

新准则将原来商业银行按流动性分类改为按持有金融工具的目的和意图进行分类，将金融资产划分为四类（以公允价值计量且其变动计入当期损益的金融资产、贷款和应收款项、持有至到期投资、可供出售金融资产），金融负债划分为两类（以公允价值计量且其变动计入当期损益的金融负债、其他金融负债），这样分类便于会计信息使用者对银行的风险管理作出准确判断，也有助于清晰界定不同类型资产的投资和收益状况。

---

① 作者简介：汤艳，供职于中国人民银行塘沽中心支行。

（二）引入了公允价值计量模式，使银行资产和负债能更真实地反映市场价值的变化

新会计准则实行以历史成本为基础的计量模式，但对金融资产和负债采用公允价值计量，这种制度安排可以提升金融工具会计信息的相关性和前瞻性，及时揭露金融工具市场风险，一方面有利于提高商业银行管理层应对风险的决策应变能力，另一方面也能引导投资者、债权人和社会公众正确认识商业银行的经营状况和财务风险，为决策提供有用信息。

（三）对会计信息披露提出了更高要求

从金融工具的核算范围来看，金融工具会计准则扩大了表内核算的范围，许多原来在表外披露的金融工具（衍生金融工具、嵌入金融衍生工具、套期工具利得或损失）纳入表内核算，从而能及时、充分体现金融工具业务所隐含的风险及其对银行财务状况和经营成果的影响，实现财务报表对商业银行经营活动的全面反映。

（四）更合理反映金融工具的实际价值

新会计准则改变了金融资产减值测试方法，对以摊余成本计量的金融资产采用实际利率计算预计未来现金流量现值，并以此作为减值测试的比较基础，同时规定除权益性工具的减值准备不得转回外，其余资产减值在资产价值已恢复的情况下，可以通过损益转回。新会计准则规定的逐笔现金流量折现法计提减值与商业银行目前采用的五级分类法（专项准备金计提一般按关注类贷款的2%，次级类贷款的25%，可疑类贷款的50%，损失类贷款的100%）相比，能提供更准确的信息，真实反映金融工具的价值。

二、新会计准则实施中存在的难点

（一）新会计准则执行基本上停留在新旧报表转换层面上

新企业会计准则不仅仅是会计计量模式的变更，而且蕴含着管理思路的变迁，是对商业银行现有业务管理方法、管理理念的一种挑战。据对全国商业银行实施新会计准则的调查统计显示，大部分商业银行尤其是基层行现阶段执行新会计准则还仅仅停留在操作层面上，将对外公布的报表进行会计计量模式的变更，而内部管理依然沿用旧的管理模式。根据新会计准则的要求，商业银行在对金融资产和金融负

债公允价值的确认、现金流的预测、贷款组合减值准备的计提、非金融资产减值的计量等情况处理上，要求银行引入估值模型并进行参数设定。但估值模型的建立与管理决策层对未来的战略规划和对风险管理的运用有很大关系，需要整个商业银行自上而下对新会计准则的深刻理解和熟练操作。

（二）公允价值的确定存在较大的主观性

一是我国金融资本市场还不成熟，有些场外市场还未建立，在这种情况下，商业银行对于公允价值的认定较难把握，市场价值可能难以反映资产的实际价值。实际操作中，商业银行或其控制的投资银行可能会为了短期利益，操纵市场价格进行利润的操控；二是在不活跃市场或不存在相关市场交易情况下对公允价值的估计，主观成分较高，如何选择估值模型和相关参数假设，及采用何种评估方法都会造成不同的评估结果，新会计准则没有提供详细指南，使核算变得相对复杂；三是现值技术的应用需要有专业技术高超、诚实守信的会计评估队伍，而我国会计人员的专业素养还不足以支撑公允价值计量属性的准确运用，实施起来具有一定的风险。因此，若市场失去了活跃、有序的交易，再加上人为因素，公允价值可能变成事实上的不公允，成为随意操纵业绩的工具。

（三）交易性资产和可供出售金融资产分类随意

目前，我国商业银行对所持金融资产分类较为随意。如某商业银行，3 年内交易性金融资产减少了 50.4%，而可供出售金融资产仅下降了 8.9%，说明在金融工具初始划分时，持有两类金融资产较多的商业银行倾向于将金融资产划分为可供出售金融资产以获得更多的选择空间，为盈余管理和收益平滑提供“蓄水池”：在持有期间，盈利状况不好时，会利用处置可供出售金融资产进行盈余管理和平滑收益；盈利状况好时，则倾向于将可供出售金融资产中含有的作为资本公积的未实现利润留存到以后年度实现。新会计准则对金融资产分类没有做出具体明确的内容规定，这为今后商业银行进行盈余管理留下了操作空间。

（四）金融资产减值计量操作弹性大

原金融企业会计制度下，商业银行贷款损失准备金计提主要是依照贷款余额和贷款“五级分类”的结果按一定比例分别计提一般准备金和专项准备金。新准则规定以实际利率采用现金流折现法对贷款进行单项或组合减值测试，根据减值差额计提减值准备。实际操作中，未来现金流量及折现率的相关数据不易取得，计算起来也相当困难，加之商业银行决策人员承担风险的能力以及会计人员职业判断不同，可能使得相同资产在不同商业银行计算的未来现金流量折现值不同。如2007—2009年工商银行单项评估计提的贷款减值准备由570亿元减少至455亿元，组合评估计提的减值准备由402亿元增加到999亿元；中国银行单项评估计提的贷款减值准备由518亿元减少至424亿元，组合评估计提的减值准备由442亿元增加到705亿元。这从侧面说明商业银行大量增加复杂减值计量项目，以提高减值操作的自由裁量弹性。

（五）与审慎金融监管的协调难

商业银行实施新会计准则后，对会计信息质量更加强调相关性，而银行监管当局则更关注信息的可靠性，会计准则和银行监管这种对会计处理的区别对待，使得会计准则的变化对银行监管提出了更高要求。如在信息披露监管方面，由于新会计准则要求对衍生金融工具进行表内确认和计量，而这种确认和计量依赖于完善的风险管理政策、金融工具估值技术、有效的内部控制制度等。我国目前银行监管当局的相关监管制度和监管技术手段显然是无法满足上述要求的。

三、加快构建适应新会计准则实施的内外部环境机制

（一）建立以风险管理为重点的投资决策机制

新会计准则的引入实际上是将我国商业银行同国内外资产（资本）交易市场更加紧密地联系起来，增加了外部干扰因素。因此，要实现商业银行既定的财务状况目标和经营成果，银行必须建立并完善风险控制制度，在投资决策初始即考虑会计分类政策影响，兼顾短期利益和长期发展的需要，引入真正的财务决策参与机制，建立清晰的风险和收益考核指标。要建立健全适合自身特点的包含风险管理政策、风险审批程序、风险操作评估的整个风险管理系统，风险目标应与商业银行的风险管理框架及整体风险承受力相一致。

（二）努力发展完善的金融资本市场，建立有效的市场运行机制

有效的市场是确定公允价值的基础，确定资产合理的公允价值及合理估计未来现金流量，必须建立统一、活跃的金融交易市场。目前，我国股票市场尚不成熟，资本市场还不发达，衍生金融产品市场也处于创建初期，加之我国市场分割现象非常严重（如债券市场存在交易所、银行间两个市场），整体市场运行机制都还不够完善。这样，公允价值市场载体的缺陷必然在一定条件下使市场价格表现出不够合

理、公允的地方。因此，加快统一、高效的金融资本市场建设，完善市场运行机制显得尤为迫切。除此之外，针对市场无法克服的自发性特点，要制定必要的例外制度，确保当市场价格无法正确反映公允价值时，对市场价格进行限制，以维护金融体系的稳定。

（三）建立公允价值计量估值制度

一是建立以公允价值计量金融资产或负债的类别标准，实行公允价值计量专人负责制度，每日按规定途径收集数据，逐步建立起相当长时间的序列数据库；二是加快研发能正确测算金融工具公允价值的计量工具和科学的内部评估模型，并在实际运用中不断修正完善，增强其可靠性；三是要按照公允价值计量和披露的规定程序，采用适当的金融工具估值计价模型，确定合理估值参数，运用正确的估价技术，对每一项金融工具进行单项和组合计量；四是借鉴国外的先进做法，商业银行管理部门可聘请外部专家进行公允价值的估价工作，以做到内外部估值间的相互印证。

（四）加强商业银行与监管机构在准则执行和审慎监管方面的协调

一是进行监管资本的调整，主要是对列入监管资本的金融工具进行调整，如根据准则划分为负债或权益（如附选择权的可赎回的优先股、可转换债券中嵌入在债务工具内的权益类衍生产品的期权）、可供出售金融资产重估产生的未实现利得或损失、现金流套期中套期工具公允价值变动产生的未实现利得或损失、投资性房地产等，这些金融工具变化均导致监管资本增加或减少。二是借鉴欧美国家的先进监管方法，制定标准化的财务报表体系和监管报表体系。根据两套报表体系之间存在着的相互联系，采用标准化的报表语言来支持不同报表体系之间的数据转换，以提高监管效率，实现准则执行和审慎监管的彼此协调。

（五）做好全方位培训工作，提升银行从业人员的整体素质

新会计准则改变了传统会计中确认、计量、披露的技术和方式，并从规则导向转向原则导向，提供了多种估值方法的选择，需要更多的职业判断，对习惯于传统记账模式下的财会人员提出了挑战。为此，商业银行应尽快完成在职人员的相关培训工作，从全局性、总体思路上和具体业务问题上进行培训，在不同层面上展开，对内部不同的部门、不同分工的人员进行有侧重的培训，要积极开展同业沟通和交流学习活动，加强对新会计准则的研究，研讨实施新会计准则中取得的成效和经验、面临的挑战和任务，取长补短，从而贯彻执行好新的《企业会计准则》。

团体贷款在产业集群中应用研究

李方然[①]

2009年初，中国经济率先摆脱金融危机，实现“V”字反转，中国的区域经济战略部署进入加速快车道。2009年国务院先后批复了10个上升为国家战略的区域发展规划[②]。进入2010年，区域经济概念仍将热度不减，目前已有七大区域规划[③]提上日程，并有望陆续出台。区域经济政策密度之大前所未有。在区域经济加快转型的过程中，如何发挥金融业的支持作用是农业银行面临的重要课题。

分析众多区域规划，各种类型的产业集群已经成为未来带动区域发展的火车头。每个经济区域都有自己的产业定位和重点产业集群规划。在这些产业集群中，虽有大型企业，但为数众多贡献度最大的是中小企业，面对产业集群内专业化程度很强的新型中小企业，银行业传统的信贷模式已经不适应新的需求。

本文认为：发展产业集群是我国区域经济转型的重要方式，作为金融机构应加快研究在产业集群内的金融支持方式。团体贷款作为一种新型的小额信贷模式，有众多优势，应成为对产业集群内中小企业金融支持的重点研究方向。

一、产业集群的定义、特征与发展态势

（一）产业集群的定义和类型

随着市场竞争的全球化，经济发展凸显区域集中化趋势，特别是参与全球产业

---

① 作者简介：李方然，供职于中国农业银行北京市分行。

② 2009年国务院批准的十大经济区域规划：《珠江三角洲地区改革发展规划纲要（2008—2020）》、《关于支持福建省加快海峡西岸经济区的若干意见》、《江苏沿海地区发展规划》、《关中—天水经济区发展规划》、《辽宁沿海经济带发展规划》、《横琴总体发展规划》、《中国图们江区域合作开发规划纲要》、《促进中部地区崛起规划》、《黄河三角洲高效生态经济区发展规划》、《鄱阳湖生态经济区规划》。

③ 2010年国务院正在研究的七大区域规划：《“十二五”期间深入实施西部大开发战略的若干意见及实施方案》、《长江三角洲区域规划》、《京津冀都市圈区域规划》、《海峡西岸经济区区域规划》、《成渝经济区区域规划》、《大小兴安岭林区生态保护和经济转型规划》、《丹江口库区及上游地区经济社会发展区域规划》。

链分工的地方企业集群化。产业集群的概念主要指在某一特定区域内，大量产业联系密切的企业以及相关支撑机构在空间上集聚，并形成强劲、持续竞争优势的现象①。其本质上是一种经济地理现象，即生产同类产品产业的地理群居现象。

按照企业集群的产业性质，可以将产业集群分为三种类型：一是传统产业集群，它以劳动密集型的传统工业部门为主，如发展食品、纺织、家具、五金制品等行业，大量的中小企业在空间上相互集中，形成一个有机联系的市场组织网络。典型的例子是意大利的特色产业区和浙江的“块状经济”区。二是高新技术产业集群，它主要依托当地的科研力量，发展高新技术产业，企业间具有强烈的创新气氛，美国的硅谷和北京的中关村是这方面的典型代表。三是资本与技术结合型产业集群，如日本的大田、德国南部的巴登—符腾堡等。四是近年来还产生了一类特殊的产业集群——电子商务产业集群。通过网络商务平台的搭建，产生了规模庞大的虚拟产业集群，代表如阿里巴巴、淘宝、ebay 等。

（二）产业集群的特征

产业集群具有如下特点：一是专业化特性。特定领域可以是三大产业中的任一产业，但一般以第二产业中制造业为多，且多与消费品联系。二是区域特性。在某一区域内相对集中，该区域可大可小，但不是以行政区域来划分，而是以地理的临近性为界限。三是产业集群的产品具有一定的影响力，在国际或国内市场占有一定份额。四是一般都包含五大类相互作用的机构：成品商、供应商、客商、中介服务机构和规制管理机构。五是内部存在显著的竞合关系。为了共同的市场，企业间存在激烈的竞争，但为了某种需要，他们又存在着一定的合作。六是具有根植性的特征，集群中的企业依赖于当地的专业化市场、协作配套和熟悉的客户群体，企业所需的人才、信息和客户在集群内部更容易获得。集群内的企业迁移的机会成本较高，与一般游离的中小企业相比具有独特的信用优势。七是集群呈现动态化。由于进入或退出集群的障碍较小，集群总是处于不断的发展变化之中，因此，集群才能保持长久的活力。

（三）产业集群的发展态势

1. 全球范围内的产业集群发展

产业集群表现出来的强劲竞争力引起了世界上众多国家的关注，无论是在发达

---

① 美国哈佛大学的波特教授（Porter M. E.）对产业集群的定义。波特教授是经济学界“集群”学派代表，其观点认为国际的竞争优势来源于优势产业，而优势产业的竞争优势来源于产业集群。

国家还是发展中国家，无论是在中心区域还是在外围区域，公共政策制定者为了模仿有高度竞争力的产业集群区，纷纷实施产业集群战略，产业集群的发展已经成为工业政策的一种新形式。

20 世纪 90 年代，美国 380 个产业集群就已经生产了全美接近 60% 的产出，著名的产业集群有底特律汽车城、好莱坞娱乐业等。意大利的产业集群也发展得十分成熟，每年 200 多亿美元的出口主要由 66 个产业集群生产，几乎每个产业区都形成了品牌经济。同属发展中国家的印度也分布着大量产业集群，2000 年大约 350 个产业集群创造了出口额的 60%，如班加罗尔的软件业集群，苏拉特的钻石加工业集群等。

2. 中国的产业集群发展

改革开放以来，中国的部分地区特别是东南沿海具有产业集群特征的区域经济得到快速发展。随着我国经济结构的转型，产业集群快速发展的势头也呈现出从珠江三角洲到长江三角洲，再到环渤海地区逐步北上和西进的发展轨迹。2005 年度《中国城市竞争力报告》中列举了全国主要的产业集群，有 700 余个。

表 1　我国部分地区代表性产业集群

省份	地区	产业	省份	地区	产业
北京	中关村	信息产业	浙江	安吉县	竹制品
河北	辛集市	皮革		绍兴县	印染、制造
	清河县	羊绒		嵊县	领带
江苏	苏州市	电子、服装		诸暨市	袜业、衬衫
	昆山市	电子		义乌市	小商品
	吴江市	电子		永康市	五金
浙江	萧山市	化纤		衢州市	羽毛球
	宁波市	服装		临海市	彩灯
	鄞县	服装	福建	晋江市	服装、旅游鞋
	余姚市	模具	江西	景德镇	陶瓷
	永嘉县	纽扣	山东	寿光市	水果、蔬菜
	平阳县	塑料编织	广东	潮州市	针织
	苍南县	标牌		澄海市	玩具
	瑞安市	摩托车配件		佛山市	陶瓷
	乐清市	低压电器		顺德市	家用电器
	海宁市	皮革		南海市	布绒玩具
	平湖市	箱包			
	桐乡市	羊毛衫		江门市	摩托车配件
	温州市	鞋革、服装		新会市	不锈钢器具
	湖州市	童装		深圳、东莞、惠州	计算机配件

纵观上述产业集群可以发现，其中集群内企业大都是比较成功的中小企业；反之，可以看到：凡是发展快、效益好、生命力强的中小企业，它们大都不是零星存在的，而是以集群的方式相聚而生，共同作用显示强大的集群效应并在集群效应中受益匪浅。如意大利北部的纺织业，美国加州的葡萄酒业，美国硅谷的IT产业，日本汽车业；我国温州的皮革与制鞋业，东莞的电脑资讯产业，佛山的纺织业，等等。近年来脍炙人口的“浙江现象”，更是以企业集群为主要内容。因此，产业集群相比大型企业而言，对中小企业的意义尤为突出，甚至可以说，产业集群成为中小企业抱团抗衡大企业的生命线。

二、团体贷款的起源、优势与应用

（一）团体贷款的起源和发展

团体贷款最早起源于孟加拉国，是由著名经济学家穆罕默德·尤努斯①在20世纪70年代为农村地区的村民设计，并在其80年代设立的格莱珉银行②大量应用。该银行为解决“信贷市场失灵”③ 问题，而同时也为保障贷款本金的安全，设计了一种贷款形式：银行对由一组借款人通过内部选择而组成的一个团体进行贷款，同时要求每一借款人对团体内的其他成员贷款的归还负连带责任，即当某一成员无法归还贷款时，团体内的其他成员有责任为其还清贷款，否则所有成员都无法获得追加贷款。格莱珉银行的团体贷款在还款率方面取得了惊人的表现，平均高达95%以上。目前，这种贷款已经引起了众多经济学家的关注并被其他国家所效仿，包括美国、加拿大在内的50多个国家都在运用这种方式发放贷款。

（二）团体贷款的优势

1. 缓解逆向选择④问题

贷前是银行放贷的关键环节，由于银行与企业之间存在信息不对称，很容易导

① Yunus：因小额信贷帮助大量穷人于2006年与其创立的孟加拉乡村银行共获2006年诺贝尔和平奖，被成为“穷人的银行家”。

② 即孟加拉乡村银行。

③ 信贷市场失灵是一种金融资源配置的低效益现象，即不向那些无力提供担保或抵押的穷人或中小企业提供贷款。

④ 逆向选择是指由于交易双方信息不对称和市场价格下降产生的劣质品驱逐优质品，进而出现市场交易产品平均质量下降的现象。在金融市场上，逆向选择是指市场上那些最有可能造成不利（逆向）结果（即造成违约风险）的融资者，往往就是那些寻求资金最积极而且最有可能得到资金的人。

致逆向选择。而团体贷款则是多种甄别机制的结果，除银行调查外，联保成员还要经过自我选择。通过同伴筛选，他们必然会进行信息搜寻排除于己不利的企业加入。

2. 建立横向监督

在成员获得贷款以后，他们不得不相互监督来保证每一个成员都把贷款投放在相对安全的项目上。在多数情况下，团体的形成来源于具有相互依赖的共同体，遵循共同的社会价值和规范。成员利用他们共同的社会关系来获得必要的信息，对于不良成员进行社会惩罚和制造压力。

3. 降低交易成本

很显然，如果被资助的项目具有相同的特征以及地理位置，那么通过将他们结合成一个团体就可以节省处理、甄别的成本。银行实际上将个人贷款下的部分交易成本转嫁到团体成员身上。

4. 分散贷款风险

在贷后的分担上，与传统的贷款相比，团体贷款实质上是将投资失败者的风险通过连带责任转嫁给成功者。因此，很多经济学家认为：团体贷款的最大优点就在于实现了风险分担。

（三）团体贷款在我国的应用

我国最早应用团体贷款模式是在农村信贷市场。1996 年以前，小额信贷作为一种扶贫理念和独特的信贷技术逐渐传入我国，并主要由国际援助机构发起。1996 年到 2005 年，随着“政策性小额信贷扶贫项目”的发展，我国农村金融机构开始介入农村地区的农户团体贷款。2005 年以后，我国进入探索“商业性小额信贷”的全新阶段，在银监会的推动下，许多商业银行开始通过专门的团体贷款形式推进小企业贷款。

三、团体贷款在产业集群内应用的策略研究

（一）团体贷款在产业集群中广泛应用的原因

1. 增加了信息的对称性

由于集群内众多中小企业围绕同一类型产品发展，产业特性明确，地理位置接近，银行对企业状况容易了解，对企业信贷迫切程度熟悉，从而减少了逆向选择，增加了企业贷款的机会。而且，企业对集群的根植性也使他们不容易更改发展环境，放弃在产业集群区域中的商业信息而发生道德风险。

2. 降低了银行的交易成本

如果银行给单个企业贷款，那么银行对企业情况和发展前景的调查成本就很高，单位贷款处理成本随贷款规模的下降而上升。集群内众多企业从事同一个行业，银行可以通过行业协会、地方商会、地方政府的产业规划获得更多更完备的信息，获得外部经济效应①，通过规模贷款降低成本。

3. 降低了银行的信贷风险

（1）大数定律原理②分散了银行的金融风险。产业集群内中小企业高度集中，银行向众多企业贷款，根据大数定律，坏账占贷款数额的比例将会是一个较稳定的值。而且银行在同类企业中可以比较后再进行选择，对企业资金的需求量、贷款期限、额度更容易掌握，因而能使银行的经营风险降低。

（2）产业风险具有一定可预测性。产业集群内一批生产经营及配套服务的上下游相关企业，主要是围绕某一产品系列发展。采用团体贷款，其信贷风险更多将体现在产业风险内，而产业发展的方向明确，且产业总体发展规模和速度具有一定的可预测性。

4. 增加了银行的收益

（1）获得规模经济。由于银行对中小企业议价能力较强，一般向中小企业放款的利率上浮较多，那么对相同的贷款发放额来说，银行对产业集群内中小企业贷款的收益就比同类大企业明显增加。

（2）双重乘数效应，放大银行收益。集群内的经济增长率较高，产业区的资本积累更快，通过商业银行货币的乘数进一步放大，投资增加，经济进一步增长，然后区域经济加快发展，银行收益增加。另外，产业集群内银行的收益较高，可以吸引更多的金融机构，银行总部也会给予更多的信贷额度匹配，有利于区域经济的快速发展。

表2　　产业集群内和游离中小企业信贷风险对比

	产业集群内中小企业	单个游离中小企业
逆向选择	由于地理接近性对企业主和对专业化产业特性的谙熟，减少逆向选择	贷款需求急、需求频繁、不确定性高，银行获得企业信息难度大，银行通常的行为是逆向选择

① 外部经济效应是指一个经济活动主体的经济活动对其他经济活动主体所施加的外部影响。

② 大数定律是指大量随机现象的平均结果具有稳定性，如重复投掷一枚硬币，次数趋于足够大时，出现正面或反面的概率接近于0.5。

续表

	产业集群内中小企业	单个游离中小企业
道德风险	集群内的产业环境和自己的声誉使企业更愿意专注于既定的贷款计划，减少了道德风险	发展战略上存在盲目性，无明确的中长期发展战略，有可能从事高风险活动，增加了事后道德风险
交易成本	和地方政府、行业协会等合作获得外部范围经济；通过对同类中小企业的贷款获得外部规模经济	贷款金额小、需求急、需求频繁、信息收集费用高，没有规模经济效应，交易成本高
金融风险	大数定律原理降低风险；产业风险较个别企业风险的变异系数要小；确定产业的风险可预见性	企业规模小，抗风险能力弱；内控制度不健全，尤其是财务制度不规范；产业分散的风险难以预见
银行收益	在信贷总数不变的情况下，利用中小企业贷款的利息差获得比单个大企业大的收益；货币的乘数效应和区域经济的乘数效应的双重作用	存在较高的交易成本，遵循单位贷款处理成本随贷款规模的上升而下降的规则，贷款数目小，实际存贷差的利润空间小

（二）产业集群内团体贷款的风险控制关键点

1. 团体规模

团体贷款的人数与还款比率相关，随着人数的增加，由于经济学中一样存在公地悲剧①，每个团体参与者对集体的关心程度降低，设 r 表示贷款者对团体的关心系数；随着团体人数的增加，每个团体参与者违约的惩罚度增加，k 为惩罚系数。因此存在一个参与者人数 n（$n>0$），使得 $k(n)+r(n)$ 最大，此时还款比例达到最大值。所以选择一个合适的 n 是很重要的。

2. 贷款规模

团体贷款必须以借款人的资金状况为基础，在设计贷款金额时，要充分考虑借款人的现金流入水平。一般是从小额贷款发放开始，然后才开始慢慢增加额度，这种交往的重复（一旦有拖欠还款，就立即丧失再贷款的途径）都可以被用来克服信息问题并提高效率，因此，团体贷款的最优规模应当是“渐进式”的增量贷款，贷款额度通常对首次借款人有一个最大贷款规模限制，以后贷款金额逐渐增加。这样，既可以降低小额信贷机构的风险，又能起到促进借款人还款的激励作用。

---

① 1968 年英国哈丁教授提出“公地的悲剧”模型：一个向众人开放的牧场，在其中每个牧羊人的直接利益取决于他所放牧的牲畜数量的多少。由于缺乏约束的条件，当存在过度放牧问题时，每个牧羊人虽然明知公地会退化，但个人博弈的最优策略仍然只能是增加牲畜数量，久而久之，牧场可能彻底退化或废弃。这就是“公地悲剧”。在经济现象中反映的是：公共物品因产权难以界定而被竞争性地过度使用或侵占是必然的结果。

3. 贷款期限

团体贷款的贷款期限应该符合客户负债能力，贷款的期限与客户的需求越贴近，客户就越容易把握和及时还贷。

4. 偿还方式

团体贷款的偿还方式可以采用分期支付的方式，分期还款的好处在于一方面减轻了客户的还款压力从而降低了还贷风险，另一方面有助于客户培养理财意识；其缺陷在于不仅使得实际利率高于名义利率，而且过密的还款周期还增加了借款人的交易费用。一次性还款的缺陷是比较容易产生不良贷款。但无论如何偿还，提前提示还款时间和定期查看回款情况都是非常必要的。

5. 利率水平

利率的高低是放贷机构能否获得利润的关键。团体贷款有额度小、成本高的特点，不能用一般的利率水平，需要较高的存贷差来弥补操作成本。放贷机构只有采用覆盖所有成本的利率并提高发放信贷的效率，才能向客户提供长期持续的服务。但如果利率太高可能会导致客户流失，丧失竞争能力。应具体针对行业利润率和企业自身经营状况合理制定利率。

6. 产业集群内第三方机构的重要作用

产业集群内存在大量第三方机构，如政府管理平台、专业市场、协会、商会、会计师事务所、担保公司等，他们专业性更强，对产业集群内企业更加了解，与集群内企业联系更加紧密，深入挖掘与发挥这些机构的集聚作用，不但能够帮助金融机构发现优质客户，也能在一定程度上解决面对单个客户时“信息不对称、风险难控制”的问题。

四、中国银行同业在产业集群内发展团体贷款的探索

中国建设银行：建行网络“e 贷通”，是建行与阿里巴巴（虚拟产业集群的代表）2007 年联合开发的一款针对中小企业的贷款产品（无需抵押，三家或三家以上的阿里巴巴会员，共同申请互相担保即可获取贷款）系列产品全面挑战和突破了传统经营及信贷理念，已累计向 1 000 多家中小企业电子商务客户发放超过 27 亿元贷款。

中国工商银行：新发地批发市场是北京市交易规模最大的农产品专业批发市场，拥有固定摊位 5 000 多个。2010 年，工行北京分行多次深入新发地市场调研，与商户及市场管理方展开座谈，切实了解商户融资需求，设计了以商户联保为主要担保模式的“新发地”商户贷款模式。

北京银行：2009 年 3 月，北京银行成立了北京地区首家科技型中小企业特色支行——中关村海淀园支行，为科技企业提供专属的产品、流程、团队和服务。北京银行是中关村科技园区“瞪羚计划”第一贷款行，为科技企业提供了包含“创业种子贷”、“成长营养包”、“发展腾飞宝”三大系列、14 种产品的科技金融服务方案。

中国民生银行：推出“集群联保授信业务”，由四个以上相互熟悉、产业关联、具有产业集群特征的企业，自愿组成联保体，共同为联保体成员提供连带责任保证的授信业务。

在众多品种中，比较引人注目的是中国民生银行 2009 年推出“商贷通”，即面向中小企业行业的“批量贷款”。从推广开始到现在不足一年的时间里，民生银行已经打包贷款给多个行业。比如，汕头的玩具制造商、中关村的电脑贸易商、福建的茶农等。其中最引人注目的是 2009 年 12 月底，民生银行将 1 亿元的授信额度给了 23 位中国一线的电视剧导演。在贷款运作中，民生银行首先确认一些值得进入的行业，由总行来决定哪些行业和商圈值得介入，将每个贷款者的风险固化为行业风险，而风险较大的行业就暂不进入，再利用行业协会的帮助对业内的大部分企业进行打包贷款，用数量来抵冲风险。而贷款选定的利率水平，则根据不同行业及行业内的不同层次企业分别划定。比如，同一个制茶行业中，持续经营 3 年以内的公司实施较高利率，8 年以上公司则实施相对较低的利率；用营业流水账来代替财务报表，没有抵押物就采取担保、联保等方式。根据民生银行公布的资料，在 2009 年的 300 多亿元商贷通贷款中，坏账率低于 1%，平均利率比贷款基准利率上浮了约 9%，按照这样的标准民生银行能够获得超过大公司贷款的利润水平。

五、结论

如何在产业集群内发展团体贷款是一个非常复杂的研究课题，本文的研究只是抛砖引玉地做了一些浅显的探讨。无论从产业集群的快速发展还是从同业已开始推出团体贷款的现状来看，农业银行都必须加快对产业集群的研究，尽快建立中小企业团体贷款的信贷评估标准和重点信贷产品，只有这样，农业银行才能在新一轮区域经济转型中作为主角参与金融支持。

参考文献

［1］张惠萍、俞炜华：《团体贷款：一种解决中小企业资金需求的新型融资方式》，载《上海金融》，2001（4）。

［2］张卫国、冉晖、张琳：《团体贷款：破解中小企业贷款难的新方式》，载

《经济导刊》，2007（12）。

［3］刘洋：《刍议产业集群内中小企业银行融资》，载《北方经济》，2008（10）。

［4］朱李鸣：《产业集群发展的国际经验及启示》，载《浙江经济》，2007（10）。

［5］吴利学、魏后凯、刘长会：《中国产业集群发展现状及特征》。

［6］魏守华、刘光海、邵东涛：《产业集群内中小企业间接融资特点及策略研究》，载《财经研究》，2002（9）。

［7］迟媛：《团体贷款风险控制模式研究》，2007。

［8］章元：《非对称信息下的团体贷款研究》，2005。

中小企业节能减排融资模式探讨

王　剑[①]

节能减排为商业银行开拓了新的市场和业务空间，也是商业银行响应国家产业政策，积极调整信贷结构，全面推进业务战略转型的重要举措。从当前看，我国节能服务产业处于快速发展时期，但是产业总体规模较小，而且主要以中小企业为主，企业实力相对较弱，项目风险承受能力低。因此，节能减排信贷业务给商业银行带来新发展机遇的同时也带来了挑战。本文在简述节能服务产业及其运行机制的基础上，深入探讨了商业银行如何通过建立符合低碳经济独有特点的授信模式，开展中小企业节能减排信贷业务，最终实现经济效益和社会效益双赢。

一、节能服务产业和运作机制概述

（一）节能服务产业

节能服务产业是节能服务公司提供节能全方位服务的新兴产业，包括能源的买卖、供应、管理，以及节能改善工程实施、节能绩效保证合约的统包承揽、公用设备运转维护管理、节约能源诊断与顾问咨询等。其中，作为节能服务产业主体——节能服务公司（Energy Service Company，ESCo）是为企业提供节能项目开发、节能设备安装和融资等一系列综合节能服务的专业化公司。

节能服务企业站在客户的立场，运用新技术和新观念，与客户共同寻求企业内能源的合理化使用，找出任何可以节能的机会，通过签订节能服务合同来实施节能项目，最终向客户保证节能效果，并与用户分享项目实施后产生的节能效益来盈利和滚动发展。节能服务公司与节能设备制造商和节能技术供应商不同，它不是销售

① 作者简介：王剑，供职于交通银行北京市分行。

产品或技术，而是根据客户的实际情况，分析客户的节能潜力，提出节能改造的综合性服务方案。节能服务公司与政策性节能服务中心不同，它是市场经济下的节能服务商业化实体。

节能服务产业在英国、美国和瑞士等发达国家已有30多年的发展历史，在我国节能服务的开始仅有10多年。事实证明，节能服务产业的发展不仅可以为用户节约成本，为节能服务公司带来商机，也会为相关设备厂商、金融机构带来利润。从国家层面看，节能服务产业能有效地降低能源使用量，并促进经济发展。借鉴国外经验，推动节能服务产业开发我国巨大的节能市场，也是我国建设节约型社会的重要举措。

（二）节能服务公司运作机制——合同能源管理

1. 合同能源管理的定义

合同能源管理机制（Energy Management Contracting，EMC）是一种以节省的能源费用来支付节能项目全部成本的节能投资方式。这种节能投资方式允许用户使用未来的节能收益为工厂和设备升级，降低目前的运行成本，提高能源的利用效率。合同能源管理是节能服务公司的主要运作方式。

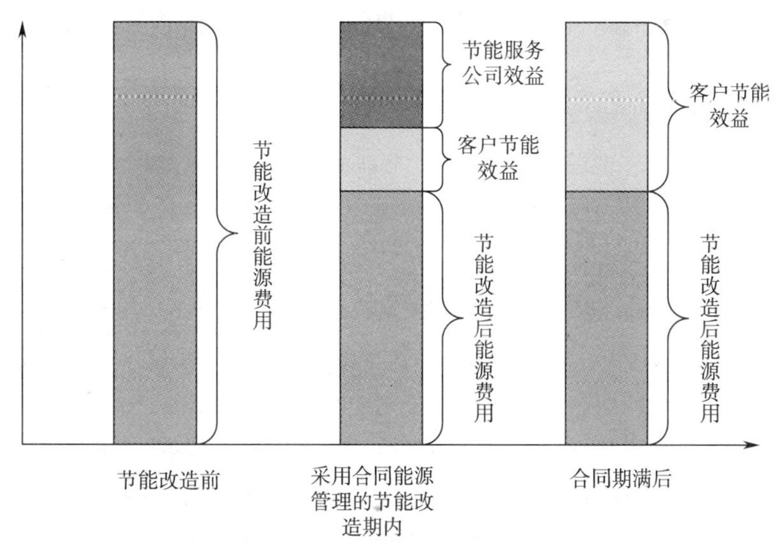

图1 合同能源管理模式示意图

2. 合同能源管理的优势

客户企业和节能服务公司共同按照合同能源管理模式实施节能项目的原因，通常出于节能服务公司能够帮助客户实现投资效益、运作效益与转嫁风险效益的一致性，主要体现在以下EMC与传统节能方式的比较优势中：

企业零投资。节能项目的审计、设计、融资、采购和施工等均由节能服务公司负责，不需要企业额外费用投入，便可得到EMCo的服务和先进的节能设备和系统。企业付给EMCo的报酬是节能收益中的一部分，是节省出的费用，因此，企业没有额外的花费，相反还能获得节能收入，改善企业现金流量。

企业零风险。项目实施后，只有产生了节能效益后企业才会把节能效益的一部分支付给EMCo，因此，企业不存在项目技术成熟、项目设计与施工安排、项目节能成败等技术与资金的风险，风险全由EMCo承担，企业可直接获得降低能源消耗成本的收益。

企业免操心。项目前期无需企业自己做大量的准备工作，EMCo自带仪器设备做能源审计工作；项目施工无需企业操心，EMCo为企业完成“交钥匙工程”；项目实施后，设备保养和维护不用企业操心，EMCo将负责到底，直至合同期满，高效节能设备无偿移交企业。

节能有保障。基于对自己投入的高效设备与节能技术的充分认识和信任，节能公司可以向企业承诺节能量，保证企业在得到EMCo服务后，可以马上实现能源成本下降。

项目自偿性。节能改造投资成本的偿还及EMCo的合理利润、企业的节能收益，全部来自于项目节省的能源费用，因此，节能项目必须具有良好的节能效益，才能达到共赢的效果。

3. 合同能源管理的分类

节能收益分享型（Shared Savings）：节能改造工程的全部投入和风险由节能服务公司承担，项目实施完毕，经双方共同确认节能率后，在项目合同期内，双方按比例分享节能效益；项目合同结束后，先进高效节能设备无偿移交给客户企业使用，以后所产生的节能收益全归企业所有。该模式适用于诚信度很高的企业。

保证节能型（Guaranteed Savings）：节能改造工程的全部投入和风险由节能服务公司承担，在项目合同期内，节能服务公司向客户企业承诺某一比例的节能量，用于支付工程成本；达不到承诺节能量的部分，由节能公司负担；超出承诺节能量的部分，双方分享，直至公司收回全部节能项目投资。项目合同结束后，先进高效节能设备无偿移交给企业使用，以后所产生的节能收益全归企业所有。作为回报，客户在项目施工验收结束后，立即支付所有工程款。

能源费用托管型（Chauffage）：公司负责改造企业的高耗能设备，并管理其用能设备。在项目合同期内，双方按约定的能源费用和管理费用承包企业的能源消耗和维护。项目合同结束后，先进高效节能设备无偿移交给企业使用，以后所产生的节能收益全归企业所有。

从目前国内外实际运作情况看，大部分节能服务合同是上述三种方式之一或某几种方式的结合，对每一种付款方式都可以作适当变通，以适应不同耗能企业的具体情况和节能项目的特殊要求。

表1 合同能源管理三种商业模式对比

合同类型	节能效益分享合同	保证节能量合同	项目融资合同
合同实现的节能量	客户与能源服务公司共享该部分收益	客户获益并支付该部分费用给能源服务公司	能源服务公司获得该部分收益
合同未实现的节能量	由能源服务公司付给客户	由能源服务公司付给客户	由能源服务公司承担损失
超出合同约定的部分节能量	客户与能源服务公司共享该部分收益	客户获得该部分节能量，并支付该部分费用给能源服务公司（包括超额奖励）	能源服务公司获得该部分收益

二、中小企业节能减排融资模式分析

在支持节能减排经济发展过程中，商业银行在中小企业信贷业务领域将大有作为。商业银行将通过调整信贷政策，完善信贷管理制度，积极探索金融产品和信贷模式创新，根据节能环保产业经济发展特点，研究针对有市场、有效益、有还贷能力的节能环保和技术改造企业所需的融资需求，积极创新节能环保领域的融资产品，探索适应节能环保企业的多形式贷款担保方式，建立中小企业能源效率项目的可持续融资机制。

（一）信贷模式

1. 授信方式的安排

中小企业节能减排融资模式面向能源效率领域中小企业的中长期融资业务，支持用节约能源带来的收益偿还贷款的模式。以节能减排项目相关企事业单位为融资主体，以项目实施的现金流测算为基础，实现还款来源和项目收益现金流的匹配，设计中长期融资和分期偿还方案。

第一，节能减排融资业务特点。中小企业节能减排融资应具有显著区别于其他贷款的特点：一是经济效益和社会效益并重。在评估项目给银行带来的经济效益的同时，也应注重项目实施产生的能源节约和环境效益；二是在融资期限上，允许向企业提供五年以内的中长期贷款，突破原有的中小企业贷款以短期融资为主的固有模式，解决中小企业中长期贷款难的问题；三是以借款人和项目现金流测算作为风险考量重点，注重项目的可行性分析、对专业技术和采购的设备作严格审核，确保项目正常实施并可带来稳定的现金流，侧重于第一还款来源的有效性，允许适当降低担保门槛，突破了原有注重抵押担保等条件的限制，解决节能服务企业担保难的问题；四是还款采用分期付款的方式，根据项目实施的现金流和企业自身的经营情况来选择还款期限，解决企业还款压力问题；五是应充分借助外部节能工程专家为商业银行能效项目融资提供技术方面的支持；六是整合流动资金贷款、项目融资、进口信用证、进口押汇、国内信用证、银行承兑汇票等多种授信品种，满足节能减排项目在建设期、经营期等主要阶段的金融服务需求。

第二，目标企业群体。中小企业节能减排贷款的目标企业群体以面向节能需求行业，从事实施提高能源使用效率项目或提供产品设计、开发、安装、应用等实施能源效率项目服务的专业节能服务公司为主，以及自身进行节能改造的企事业单位、节能减排设备生产企业、拥有专业牌照的租赁企业、专业从事开发和实施清洁能源机制项目和以出售核证减排量为主要收入来源的企业。

对于商业银行来说，可以通过支持具备一定实力和专业技术的节能服务公司，进入特定的节能融资市场。同时，以该项目为样本，融资支持具备可复制性的能效项目，可以继续深入与节能服务公司的合作或者支持同类的其他节能项目建设。

第三，授信方案设计。根据能源效率项目的特点，可选择采用多个授信业务品种，合理组合业务品种，设计合理的贷款期限（包括短期、中期、长期）和多样化还款方式（如按揭式还款方式等），为借款人提供项目融资决策、融资结构分析、融资实施的全过程授信方案。

第四，适用行业及项目。节能减排项目融资适用的行业非常广泛，涉及化工、建材、电力等多个行业。节能减排融资的适用项目分布于能源生产、能源输送、能源使用的各个环节，既包括能源节约项目，这些项目以更新设备、优化设计、能源回收利用等为手段，以节省煤、石油、天然气等一次能源和电力、蒸汽等二次能源为目的，又包括新能源开发和利用项目，如风能、太阳能、沼气、生物质能、水源或地源热泵等；既可以是对原有设备及工艺的改进项目，比如锅炉改造、风机水泵的变频调速改造等，也可以是新建项目，比如余热回收发电、新型节能的产品生产线、新建的热电冷三联产电厂等。

节能减排项目贷款重点支持具有技术成熟、市场潜力大、可复制性强、节能效果明显、有良好的经济可行性等特征的能源效率项目。重点项目投向包括锅炉节能改造及热电联产项目、蒸汽热力系统节能改造项目、配电系统节能改造项目、电机系统节能改造项目、绿色照明项目、工业窑炉节能改造项目、工业余能回收利用项目、房屋建筑节能改造项目等。

2. 融资顾问服务

商业银行在为节能服务公司提供信贷服务的过程中，可以充当项目融资顾问的角色，通过在合同能源管理项目的规划阶段对融资方案的反复设计、分析比较和谈判，最后形成一个既能在最大程度上保护节能服务企业的利益，又能为贷款银行所接受的融资方案，以此减少贷款的风险。

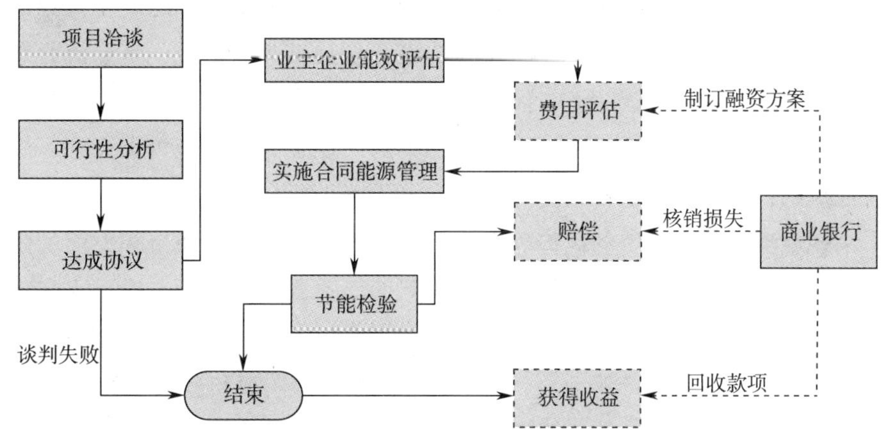

图2 合同能源管理项目融资顾问服务流程图

通过以项目评价代替以往的公司评价的融资模式，商业银行为节能服务企业提供的贷款可以更有针对性，同时由于深入参与节能服务企业的项目规划，商业银行也可以积累更多的能效项目融资经验，形成该类贷款发放的规模效应。

3. 担保方式选择

商业银行推动合同能源管理融资，关键点在于如何提高对节能服务企业的信用评级，创新贷款担保方式，拓宽担保范围，合理降低节能减排融资的准入条件，建立节能减排项目的商业化担保机制，为节能服务公司提供商业担保。商业银行传统信贷业务的担保模式主要是抵（质）押担保，而节能服务公司往往没有足够的固定资产来抵押，所以节能项目的贷款业务较难操作。商业化担保机制建立在市场化运作的基础上，通过项目捆绑设定贷款担保方式及其他信用增级方式，提升节能服务公司的信用，帮助节能服务公司解决贷款中遇到的担保障碍。

中小企业节能减排融资业务可侧重于授信申请人的第一还款来源（即项目节能改造后获得的节能效益中取得的收益）的分析判断，借款人可选择以下1种或1种以上担保方式进行组合担保：可接受的知识产权质押、法律及行政法规规定可以出质的未来收益权质押、收费权质押、应收账款质押等权利质押担保方式；基于合同能源管理项目申请授信从而投保的履约保证保险，且以银行作为第一受益人；基于合同能源管理项目投保的国内贸易信用保险，且与银行、保险机构签订赔款转让协议；合同能源管理项目所属设备抵押；借款人或第三方提供银行可接受的其他担保方式。

第一，未来现金流收益权质押方式。业务定义。未来现金流收益权融资业务是指融资企业为解决项目投资占用导致的现金流量不足，出质或转让其享有的一个或多个项目（资产）未来所产生的现金流收益的权利，融资企业因此取得所需资金。

未来现金流收益权的关键条件。未来现金流收益作为出质标的或转让标的应具备以下条件：现金流按约定产生，而这种约定必须具有契约性质；现金流必须是有规律和可预见的；对现金流的潜在损失风险，要有充足历史统计数据并可进行评估；现金流的组合必须是同性质的，可以统一汇集的；现金流必须是可以出让，满足真实销售规范的；产生可提供现金流的主体信用要达到要求。

未来现金流收益权融资的优势。企业由于财务结构及资金缺口等方面的限制影响了公司的经营效率，且造成了资产沉淀，因而面临着融资难题。通过未来现金流收益权的融资方式，企业可以较低的财务成本在很短的期限内达到融资目的，有利于盘活存量资产，提高资产流动性，提高企业整体经营效率和分散经营风险。

第二，二元担保方式。节能服务企业自身属于中小企业，因此也存在中小企业贷款融资担保抵质押物不足的问题。而节能服务企业通过担保机构，恰好能较好地解决这一问题。商业银行可与担保机构、再担保机构合作开展节能减排项目融资业务。

在再担保模式下，再担保机构与担保机构对申请融资的节能服务公司合作开展担保审查。担保机构审批通过的项目，向银行提供连带责任保证，同时报再担保机构进行审核或备案。再担保机构为合作担保机构提供一定比例再担保。如节能服务公司出现不能按期偿还银行融资的情况，合作担保机构向银行履行代偿责任，再担保机构根据协议约定的方式和比例对合作担保机构提供风险补偿。

担保机构与再担保机构围绕合同能源管理项目和项目参与各方创新性地设计反担保措施。反担保措施可选择采取知识产权质押、未来收益权质押、收费权质押、应收账款质押、核心设备抵押、授信申请人股权质押、个人连带责任保证等方式；在核心设备抵押方式下，可采取融资项目项下先购入核心设备后抵押方式。

4. 信贷模式选择

共享节能量融资模式。以节能服务公司作为融资主体，节能改造工程的全部投入和风险由节能服务公司承担，节能服务公司与最终用能企业按照节能服务合同约定按固定比例分享节能收益，以自身的节能分成收益作为主要的还款来源，分期偿还融资本息。

保证节能融资模式。以最终用能企业作为融资主体，以项目节能收益作为还款

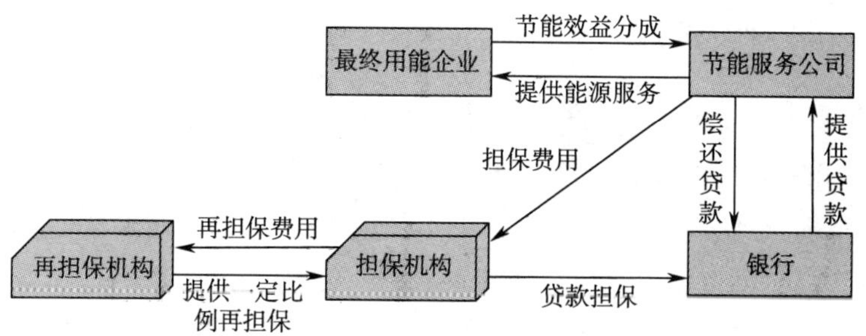

图3 二元担保方式示意图

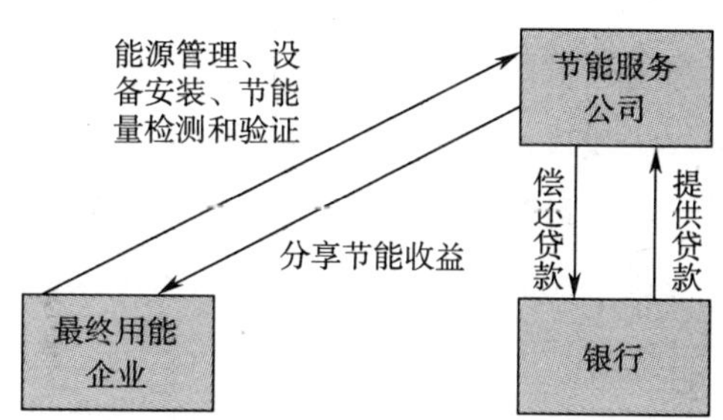

图4 共享节能量融资模式示意图

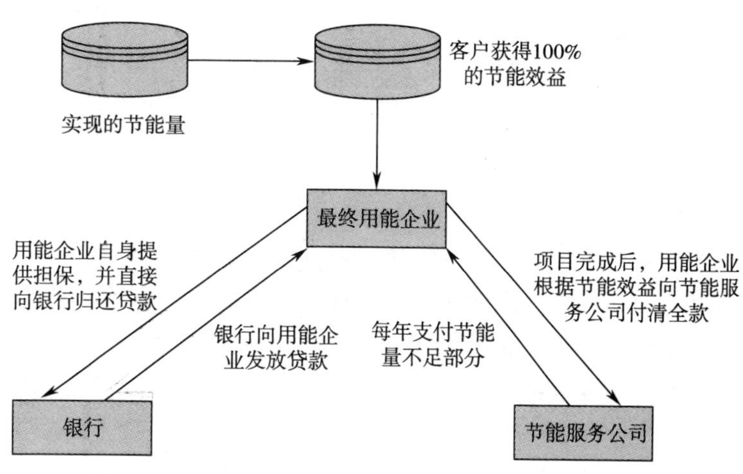

图5 保证节能量融资模式示意图

来源，分期偿还融资本息。根据节能服务合同约定，节能服务公司向最终用能企业保证项目实现的节能量效益可以覆盖项目所有还款额以及项目实施的其他费用。若最终实现的项目节能量效益不足以弥补业主企业的项目还款额，节能服务公司有义务向银行补偿两者的差额。

（二）保理融资模式

1. 节能服务公司资金持续性的困境

按照合同能源管理方式进行操作的节能项目，节能服务公司一般自带资金进场，如此一来，节能服务公司就会产生大量的应收账款，如果同时开工多个项目，公司很快就会陷入自身的资金循环难以为继的风险。进行技术改造的业主企业如果不能及时向节能服务公司还款，还可能导致节能公司倒闭。在这种条件下，银行如果向节能服务公司提供贷款，风险将很大。

2. 解决节能公司资金持续性问题的有效方式

对于节能服务公司来说，节能项目一般采用合同能源管理方式，紧缺的是投资资金，富余的是大量应收账款，商业银行通过保理业务受让节能服务公司的应收账款，解决节能服务公司后续项目的资金问题，将很大程度上缓解节能服务企业的融资难题。在银行、节能服务公司和业主企业三方中运用保理融资业务，以此为缺乏市场化金融工具支持的节能项目寻求“三赢”的解决方法。由于保理业务基于节能服务合同中应收账款的债权转让，节能服务公司就可以将应收账款作为债权转让给银行，用能企业向银行还款。最终用能企业可以在没有资金压力的条件下完成节能项目，节能服务公司能够扩大同时开工的项目数，加速扩张，商业银行则能够从节能服务市场获得巨大商机。

针对应收账款进行融资，而不是以节能服务公司的资信实力作为融资的判断标准，会大大降低融资难度。而保理业务作为应收账款融资业务，能够与节能项目的特性较好地匹配，有效地解决其融资需求。

3. 合同能源管理保理的运用

合同能源管理保理是指以合同能源管理项目所拥有的资产为基础，以该项目的应收账款为保证，通过将缺乏流动性、但具有可预测现金收入属性的合同能源管理项目资产或资产组合，转让给商业银行，从而可以将合同能源管理项目的应收账款提前变现。合同能源管理保理促进节能服务公司实现快速变现并启动新项目，起到融资杠杆的作用。

采用共享节能量合同模式及保证节能量合同模式的合同能源管理项目，作为投融资主体的节能服务公司的收益方式分为浮动收益方式和固定收益方式，具备服务贸易背景，银行可应节能服务公司申请为其提供保理融资业务，在合同能源管理项目进入收益期后，受让其为最终用能企业提供服务所产生的应收账款，办理保理融资。

4. 合同能源管理保理融资需要注意的问题

第一，节能服务合同已开始执行，项目已进入生产经营期，且经过验收达到合同约定的预期节能率，并已开始获得收益。

第二，节能服务合同应具有明确的节能收益模式，节能服务公司收益方式为固定收益方式的，应在节能服务合同中体现明确的收益金额和期限；收益方式为浮动收益方式的，银行应根据节能服务合同、可行性研究报告等材料测算收益金额，并在此基础上合理确定受让应收账款及保理融资金额。

第三，仅受让节能服务公司节能项目的部分收益，节能服务公司对节能项目还有未来收益，这样可与节能服务公司捆绑，以便保证节能服务公司把节能项目继续做好。

5. 采用保理融资方式的时机

第一类节能服务公司同时建设和经营多个项目。节能服务公司已有一个或多个合同能源管理项目处于生产经营期的，银行可应其申请办理保理业务受让上述合同能源管理项目的应收账款，保理融资资金专项用于该公司授信申请时处于建设期的项目。

第二类节能服务公司仅操作单一项目的建设。节能服务公司仅有处于项目建设阶段的合同能源管理项目，银行可应其授信申请选择安排流动资金贷款、贸易融资等授信产品，在项目进入生产经营期且综合评价项目现金流情况及客户后续储备项目的资金需求情况后，可为其办理保理融资业务，受让该项目的应收账款。

（三）融资租赁模式

节能服务市场中涉及设备更换及改造的主体可采用融资租赁模式，该方式具有融资、融物双重职能。融资租赁模式涉及银行、融资租赁公司、节能服务公司及最终用能企业四方，融资租赁公司作为融资主体，通过合同能源管理机制与融资租赁方式有机组合实现将分享的节能效益转化成租金。融资租赁公司向银行申请贷款，专项用于向节能服务公司购买节能设备及相关服务，融资租赁公司将购得的设备出租给最终用能企业，由最终用能企业向融资租赁公司支付租金，融资租赁公司用客户支付的租金偿还银行贷款，或者由银行受让融资租赁公司的应收租金，办理应收租金保理业务。

在租赁期间，节能服务公司按合同规定分期向融资租赁公司支付租金，对租赁设备只拥有使用权，所有权仍属于融资租赁公司，租赁设备的保养、维修、保险和过时陈旧的风险均由节能服务公司承担。租赁期满后，承租方按合同规定对租赁设备可留购、续租或退回融资租赁公司，租赁期一般不少于3年。

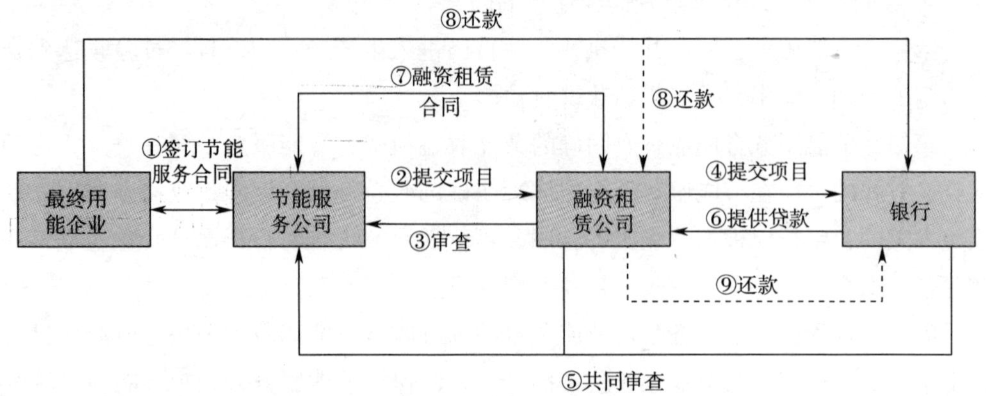

图6 融资租赁流程图

三、结论

商业银行开展中小企业节能减排融资业务，首先，要改变认识，提高信贷积极性。为节能服务产业投资不仅是社会责任，更是市场机会。商业银行通过节能减排项目融资业务，改善对中小企业的金融服务，培育新兴行业客户群体，增强银行议价能力，还可以带动负债和中间业务发展。其次，银行要根据节能服务产业特点，开发新的信贷产品品种。银行应对节能服务行业进行全面深入的了解，包括掌握产业特征和政府政策导向，熟悉节能产品和节能技术，了解不同节能服务企业的特点和现状等。在此基础上开拓新的信贷品种以适应节能服务的融资需求。再次，银行要建立节能减排融资的商业化担保机制。商业银行信贷业务一般要求采用抵（质）押等传统担保方式，而节能服务公司往往没有足够的固定资产来抵押，因此造成了节能减排项目融资难。商业化担保机制建立在市场化运作的基础上，以扶持节能服务公司、壮大节能产业为目的，提升节能服务公司的信用，帮助节能服务公司解决贷款中遇到的担保障碍。

外资并购入资模式及定价问题研究

贺　刚[①]

继2006年8月六部委联合发布《关于外国投资者并购境内企业的规定》（商务部等六部委令2006年第10号）（以下简称“10号令”）以来，外资并购境内企业股权（以下简称“外资并购”）可谓方兴未艾，卡特彼勒、凯雷并购徐州重工、可口可乐并购汇源果汁以及近日的百盛并购小肥羊等案例引发了广泛的讨论。2011年2月，国务院办公厅发布了《关于建立外国投资者并购境内企业安全审查制度的通知》（国办发〔2011〕6号）（以下简称“6号通知”）。在外资并购制度建设不断完善的同时，与之相关的议题再次引起中外媒体的关注。

随着我国经济在世界贸易组织框架下迅速融入全球经济体系，国内经济体制改革的深入推进，与市场经济体制相配套的制度、机制建设方面的不断加强与完善，资本、股权与所有权的流动性禀赋势必有力推动中外资之间朝着“你中有我，我中有你”的融合格局渐进发展。在此过程中，外汇管理部门需从监督、监测、管理、服务等多角度出发，完成对中、外资股权转换及交割的审批及审核工作。本文试图对本地外资并购的现状、特点进行简要归纳，对FDI流入过程中外资入资方式、外资并购定价等相关问题进行分析，并提出有关政策建议。

一、北京地区外资并购状况

（一）概述

外资并购交易受金融危机影响显著。日常工作中，无论在笔数和金额方面，还是在审核过程投入的时间与精力方面，外资并购业务都是外商投资外汇管理的一项

① 作者简介：贺刚，供职于北京外汇管理部。

重点工作。因为这是当前我国除绿地投资（外资新设立）之外 FDI 流入的重要途径。如图 1 所示，2008 年下半年以来受金融危机的影响，北京地区外资并购业务降幅明显，2008 年和 2009 年外资并购笔数比 2007 年分别下降了 23.33% 和 31.48%，同时 2009 年外资并购金额同比下降幅度高达 67.88%；2010 年除个别月份并购交易金额过亿外，其他月份的外资并购交易整体表现低迷；2011 年，外资并购交易回暖态势尚不明显。

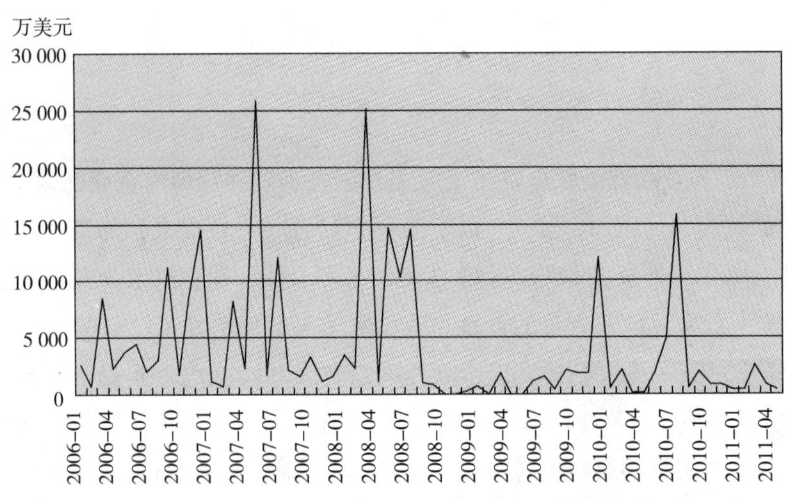

图 1　2006 年 1 月—2011 年 4 月北京地区外资并购交易金额变化图

外资并购在 FDI 中占比呈下降趋势。FDI 中不仅外资并购受到金融危机的剧烈冲击，绿地投资也受到较大幅度的影响。图 2 表明，FDI 流入在 2010 年已基本恢复至 2006—2007 年水平。图 3 显示，北京地区发生的外资并购在 FDI 中所占比例始终不高且呈下降趋势，2006—2010 年 60 个月的平均占比为 6.32%，其中仅 8 个月占比超过 15%，而自金融危机爆发后，仅 1 个月的并购额占比超过 15%。

（二）主要特征

外商地区相对集中，对服务业、制造业、矿产等领域兴趣浓厚。2011 年第一季度，外资并购事件共 41 宗，转股对价（入账金额，或许尚未验资）累计超过 12 亿美元，其交易结构主要特征如表 1 所示：香港成为此期间外资并购外商主体地区，并购事件及并购金额均占总量的 40% 以上；与此同时，亚洲邻国对北京地区的资产并购兴趣浓厚，除中国香港地区外的日本、韩国、新加坡及马来西亚累计并购事件达 12 宗，累计交易金额占比也超过 30%。另一方面，外商所选进入北京地区的首选行业领域为第三产业的服务业，还应注意外资对于第二产业的垂青，该产业并购事件达到 12 宗，交易金额占总金额的近 60%，最后并购事件及涉及金额两项统计

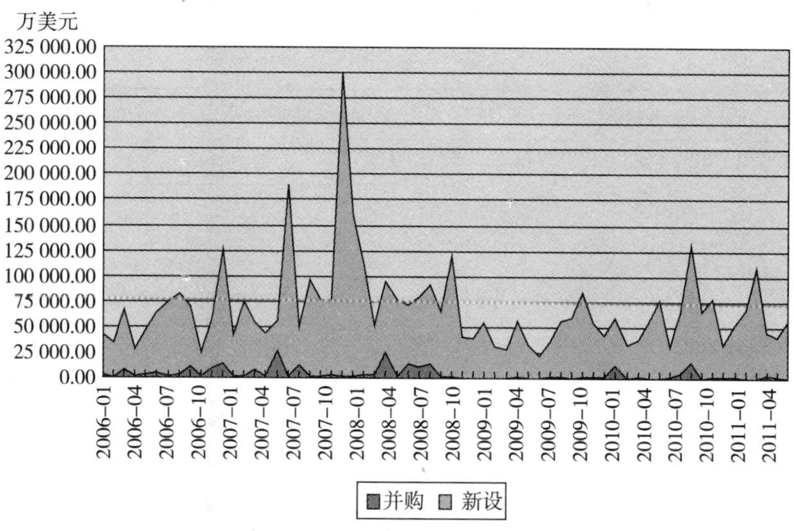

图 2　2006 年 1 月—2011 年 4 月北京地区 FDI 流入情况图（新设 + 并购）

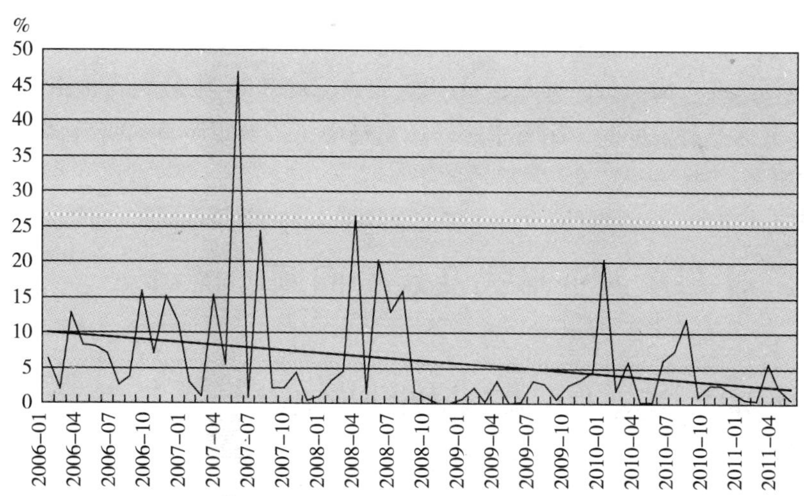

图 3　2006 年 1 月—2011 年 4 月北京地区外资并购占 FDI 比例图及其趋势图（直线为趋势线）

均说明，目前房地产业不是外资以并购形式进入北京地区的优先考虑领域。

大比例转股较多，大额交易占主导。41 宗外资并购股权交易中，并购后为合资企业的 25 家，独资企业的 15 家，还有 1 家为合作企业；全额转股（转股比例 100%）4 宗，大比例转股（转股比例 50% ~99%）5 宗，控股转股（转股比例 20% ~49%）14 宗，小比例转股（转股比例 20% 以下）18 宗；交易价格单笔过亿美元的 5 宗，过千万美元的（不含过亿美元）6 宗，两项交易价格累计达总交易金额的 94.47%，其余 28 宗交易的转股对价均在千万美元以下。

表 1　　2011 年第一季度北京地区外资并购的国别或地区及标的企业所属行业情况表

排序	外商国别或地区	并购事件	交易金额占比	标的企业所属行业	并购事件	交易金额占比
1	中国香港	18	43.33%	服务业	22	36.70%
2	欧洲国家	5	21.37%	制造业	7	32.98%
3	日本	5	13.53%	矿产、采矿业	5	24.15%
4	美国	4	1.02%	批发业	4	3.44%
5	新加坡	3	2.13%	房地产及建筑业	3	2.73%
6	韩国	3	3.44%			
7	开曼及维尔京群岛	2	0.42%			
8	马来西亚	1	14.76%			
小计		41	100.00%		41	100.00%

41 宗交易中，5 宗涉及国有资产转移；20 宗交易出具了资产评估报告，其余 21 宗出具的经审计的资产负债表；溢价转让 25 宗，平价转让 1 宗，折价转让 15 宗，其中，10 宗交易的溢折价区间在正负 10% 以内，此外的 31 笔交易价格的溢折价区间在正负 10% 之外。同时，国有资产转让交易中，未发现明显的折价情况（2 笔平价，3 笔溢价）。

二、对 FDI 入资形式及定价问题的探讨

（一）外资并购占 FDI 流入比例说明了什么

1. 外资并购的横向比较

国际上，跨国并购占 FDI 流量的主流。如前所述，绿地投资与外资并购是 FDI 的两种形式。从 FDI 的发展历程看，前者属初级阶段，一般发生在发展中国家，而后者属于高级阶段，普遍存在于发达国家或具有较成熟工业部门或相对完备资本市场的发展中国家。表 2 说明，在世界范围内并购形式的投资模式是 FDI 流量的主流。

在我国，外资并购呈现看涨趋势。2010 年全球 FDI 流量约 1.12 万亿美元，并购方式投资超过 70%；同年，我国吸引外资共计 1 000 亿美元，其中并购方式仅占 3%，即现阶段我国与全球吸引外资的模式结构存在不同，但并购会是下一步发展趋势。表 2 也表明，虽然现阶段我国并购比例及规模与全球可比数据还存在一定距离，但外资以并购形式进入我国呈逐渐增多态势。

表 2　　跨国（外资）并购交易金额占 FDI 流量比例（%）

年份	1997	1998	1999	2000	2001	2002	2003	2004	2005	2006	2007
世界	65.7	82.5	88.6	90	80.8	56.8	53	58.8	78.2	67.4	86.9
我国	4.1	1.76	5.94	5.52	4.96	3.39	7.14	11.2	11.4	9.68	9.27
北京	—	—	—	—	—	—	3.97	8.59	15.5	8.84	5.08

资料来源：聂名华等：《中国企业应对跨国并购投资的战略与政策研究》，以及联合国贸发会（UNCTAD）数据库。

北京地区，外资并购表现不活跃。表 2 显示，发生在北京地区的外资并购占 FDI 流入比例低于我国整体水平。这意味着，相对于北京地区，外资在全国其他地区的投入更倾向于并购方式，在北京地区更倾向于绿地投资的模式。这是各方面主导因素（不仅仅是外资主观意愿，还包括本地内资资产状况、政策环境、基础配套等其他因素）博弈的结果。

2. 外资并购占 FDI 流入比例较低的几个原因

一是我国经济发展的必然阶段。在 20 世纪末外资大规模进入我国之时，国内经济环境正处于大范围、大规模调整阶段：国有企业改制重组、金融机构剥离不良、政府部门精兵简政。进入新世纪，随着我国加入世界贸易组织，大型国有银行、国有企业股份制改造基本完成，法制建设不断完善，我国经济整体框架初步搭建完毕。“转轨经济体”是对我国现存经济体制的基本判断。在这个阶段，缺乏清晰的产权制度、健全的法律法规、配套可行的外资政策、有效的资本市场等必备的环境因素，因此制约了外资并购在我国的整体发展规模。

二是外资的现实选择。首先是基于对我国现有资源的整体判断。从外资进入的最终选择看，我国现存资源的基本素质、国外资源与我国资源之间的互补性与兼容性等方面均不能契合外资并购的诉求。其次是经营管理的需要。我国计划经济及国有控股为主的整体及微观经济运营模式，与外资国际化企业在管理理念、组织架构方面均存在较大差异，绿地投资比例较大说明外资进入中国更倾向于迅速建立相对可控的延伸性分支。最后是成本优势。虽然从理论上讲，并购交易更加节约时间及交易成本，但绿地投资成为我国 FDI 流入的主要方式，这一现实说明新设企业更加节约成本或者收益最大：一方面，人力成本、税收优惠、环境监管缺失或乏力等诸多要素致使新进入外资运营成本相对低廉；另一方面，并购后发生隐形费用或成本的不确定性也是影响外资力主绿地投资的重要因素。

三是招商引资的政策导向。与外资并购相比，绿地投资能够直接为项目所在地区带来新资本的投入、有效解决就业、扩大税收基础、带动相关附属产业、起到示范效应等诸多利好。在此前唯“GDP”马首是瞻的驱动下，部分地方政府有关部门因势利导，鼓励外资以新设立而非并购的方式进入本地市场。有关调查数据显示①，政府干预在外资并购中是一个不容忽视的影响要素。

3. 外资并购将成为下阶段我国吸引外资的主流

随着国内市场经济发展至相对成熟的阶段，经济增长模式由投资拉动型逐步调整为消费拉动型，外资对我国FDI流入的战略定位也将由此前的全球生产制造中心转向产销一条龙的自循环体系，即我国庞大消费群体所形成的消费终端将吸引外资投入以占有市场，外资流入将是以绿地投资与外资并购并重的并行模式。随着外资跑马圈地式的绿地投资达到一个相对饱和的程度，届时看好中国市场的外资介入的主要途径将是或仅能通过并购途径。一项调查显示②，绝大多数企业认为外资并购当地国有企业的目的是借此进入或占领中国市场。

（二）转股定价何去何从

外资并购过程中，定价是核心环节，跨境资金交割是外汇管理的审核重点。一定程度上，如果不对股权转让的相关环节加以监控，所谓的热钱大可通过溢价出资的方式登堂入室，待赚到盆满钵满（资产价格上涨、人民币升值）时再大大方方地通过股权转让将收益汇出，这是跨境异常资金流动的一条合理合法的渠道。由此，外资并购以及外资向中资转股的交易过程中，价格偏离的普遍现象应引起足够关注与重视。但在实践操作中，针对转股定价的监管却面临着法律法规缺失、操作执行乏力、理论莫衷一是等诸多困境。

一是缺乏规范的上位法依据。“10号令”中第十四条规定了外资并购国有资产的基本操作原则：“并购当事人应以资产评估机构对拟转让的股权价值或拟出售资产的评估结果作为确定交易价格的依据。并购当事人可以约定在中国境内依法设立的资产评估机构。资产评估应采用国际通行的评估方法。禁止以明显低于评估结果的价格转让股权或出售资产，变相向境外转移资本。”

上述内容仍存在有待完善的地方：首先，“10号令”的约束仅限于国有股权转让，而对于非国有股股权的交易未有明确的法规。而当前国家对于外资并购非国有股股权的主导原则是市场化定价，但这在一定程度上给外汇管理部门带来审核风险；其次，上述规定中对国内资产评估机构的资质、国际通行评估方法的选择、“明显”

---

① 刘志杰、张剑锋在《关于外资并购中国国有股权定价的一项调查分析》中，对一些辽宁地区上市公司进行调查，超过半数的被调查者认为，在外资并购活动及国有股权定价过程中，国家或地方国资主管部门起到主导作用，还有不少被调查者认为，省市主要领导发挥主导作用。

② 刘志杰、张剑锋：《关于外资并购中国国有股权定价的一项调查分析》，载《辽宁大学学报》，2010（5）。

低于评估结果标准的厘定等诸多要素并未给予明确的说法，留下较多主观判断的空间；再次，“10 号令”属行政部门规章，如果外资并购方并不认同、有争议，最后上升到世界贸易组织（WTO）裁决，国内政府部门规章的法律效力将遭到质疑。

二是缺乏主管部门的定价审核。外汇管理部门在审核外资并购资金入账业务时，要求境内出让方提供股权转让标的所在地商务部门出具的批准文件。这个批准文件大都注明转股的参加方及转股比例，其他内容却不尽相同，有些文件明确股权转让合同生效（可以认定转股对价已经确认），部分文件申明转股后公司的经营合同或章程生效，鲜有确认转股价格方面的描述。这意味着，身处审核股权转让流程最后一步的行政管理部门——外汇管理部门，要对此笔交易中核心环节进行唯一意义上的行政许可，审核责任与风险不可谓不大。而商务部门认为应摒弃计划经济时代的行政干预思维模式，转股价格的确定是股权转让参加方的市场行为，应按照市场化原则引导外资并购资金流入。

三是缺乏行之有效的操作依据。国家外汇管理局资本司《资本项目外汇管理业务操作规程》（2009 年版）对外资并购中方股权资金入账审核提出明确要求，“应关注和识别以明显低于或高于境内股权或资产实际价值的价格进行转让的情况，防止变相向境内外转移资本”。应注意，外汇管理审核材料中可以参考的定价依据为标的企业最近一期审计报告（资产负债表）或有效的评估报告中标的企业的净资产（尽管该操作规程中并未明确通过审计及评估报告如何判断转让资产的实际价值，操作中只能采用较为通行的成本法即以净资产作为依据）。但问题随之而来，若以财务报表中的净资产作为依据，溢折价情况屡见不鲜。

遇到定价大幅溢折价情况时（我们的实践标准是溢折价区间超过净资产的正负20%），操作中，我们要求股权出让方（申请人）提供书面解释。然而，一方面，企业提供的解释内容千差万别；另一方面，国家外汇管理局在操作规程并未就此情况提出细致、规范的要求，对“明显低于或高于转股实际价值”的“关注与识别”存在很大的主观判断空间，进而令“防止变相的资产跨境转移”的审核在执行中举步维艰。换句话讲，即便遇到定价超过标的净资产 100% 以上的情况，外汇管理部门也无法参照某条具体的法规依据不予核准，仅能要求申请企业提交尽可能令人信服的理由后予以批准。

四是缺乏合理的定价基础。无论是审计报告还是评估报告，当前外资并购价格的主流转让基础是净资产（同时也是外汇管理部门的操作依据）。净资产是一个以历史成本为计价基础的静态概念，净资产可以反映历史与现状，却不能反映未来。然而，股权价值却在很大程度上取决于企业未来的盈利能力，这是个动态的概念。目前，这种定价模式的实践限于有效市场中对资本市场股票价值的发现，但这个看起来很美的模型很难应用于对形态各异的境内资产的定价。因此，以存量净资产作为转股定价依据实是无奈之举，由此普遍产生的溢折价现象也无可厚非。

五是缺乏科学合理的股权定价体系。除了以上定价基础外，可能影响外资并购价格的主要因素还包括：企业内部因素，如经营业绩、所处行业、发展阶段、生产规模、所处地域等；企业外部因素，如外资并购的目的及意图、外资的实力与声誉、政府对企业的干预程度、行业管制、中介机构的信誉等。当前我国的并购市场股权交易价格发现体系尚处于逐步建立与健全阶段，仍未形成一整套通盘考量“定价基础＋影响价格因素”的市场化定价体系。

三、应关注的问题及建议

一是积极营造外资并购需要的政策环境。如上所述，外资并购政策将在我国吸引外资方面发挥更为积极、重要的作用，这是下一步外资及其配套政策的调整或制定的基本出发点。比如，可有针对性地制定或调整现有《外商投资产业指导目录》，鼓励外资通过并购模式积极参与我国产业结构调整；引导外资进入服务业领域，以接纳生产模式由劳动力密集型向资本密集型过渡而产生的人力资本流动；针对外资并购可能产生的职工人员安置等问题，有关部门应予以重视；积极鼓励内资企业通过产权交易部门跨境交割权益，充分发挥产权交易部门的资源配置与价格发现功能。

二是尽快完善国企参与境外权益并购及转让的有关法规。“10号令”要求禁止向境外变相转移资本。从另一个角度看，国有企业于境外并购境外权益或向外资转让境外权益时，也涉及国有资产的跨境转移问题，与“10号令”的要求差异之处在于标的资产位于境外，其他方面无本质差异。但国有资产管理部门对境外股权转让是否涉及国有资产及是否需要审批无明确规定，商务部门也没有相关审核要求。在国家积极推进“走出去”战略的同时，建议国家有关部门参照外资并购中资权益的相关规定，进一步规范国有境外权益转让的相关环节，有效防止国有资产变相转移。

三是审核非国有企业股权转让尊重“市场化”原则。外汇管理部门在审理日常业务中，应准确把握易纲局长关于“五个转变”的精神内核，努力降低外汇审核为企业带来的管理成本，不应回到计划经济时代强制的行政干预思路。具体到外资并购非国有股股权过程中，外汇管理部门应充分尊重转股各方的有关权利（如定价权），真正做到简化审批手续、提高审核效率，从而促使股权转让协议的有效执行。比如，建议外资并购资金入账手续由现行的逐笔审核改为额度审核，中方股东获取入账额度后可根据具体情况自行安排资金进账。

四是外汇管理部门的相关政策亟待跟进调整。在外资并购业务流程的审核上，外汇管理部门应坚持市场化与规范化的原则；就审核主体方面，需对国有股转让予以重点关注，并规范非国有股股权转让的审核；科学合理降低行政审核风险，有效防止资产的变相跨境转移，堵住热钱借道资本项目进行通畅交易。

首先，针对“6 号通知”的有关内容，尽快修订外资并购审核的操作细则。当前外汇管理有关业务审核的操作细则是总局于 2009 年发布并实施的，应及时将 2011 年 2 月最新颁布的外资并购境内企业安全审查的具体要求细化至新版的操作规程。其次，建立由境内外股权转让形成跨境异常资金流动的快速监测、应对机制。建议明确 2009 年版操作规程中“明显低于或高于境内股权或资产实际价值的价格进行转让的情况”中“明显”的具体标准，以及一旦出现类似异常情况的处理意见（如行政不予受理），便于执行部门的规范操作。再次，建议明确要求外资并购国有股股权时，提供资产评估报告，并提交定价依据，从而有效防止国有资产流失。最后，外资并购完成后，即原中方股东（出让方）收到转股资金后，应监控原中方股东的所得税完税情况。

全面落实“十二五”规划　积极搭建银政平台

王秀华[①]

一、2011年国内生产总值与固定资产投资的目标增速显著放缓

从总体上看，各省份仍将保持经济平稳较快增长放在2011年工作首位，但生产总值和固定资产投资增长等指标侧重于“平稳”，体现了地区经济增长与结构调整协调发展的目标取向。

（一）2011年各省GDP目标增速放缓，投资与进出口的回落幅度高于消费的回落，提高经济增长质量和扩大内需成为工作重点

在国家“调结构、促转型、防通胀”政策导向下，各省份均下调了2011年GDP增幅，体现了“保持经济平稳较快增长”的主基调，更多关注绿色改善、民生改善等经济协调发展与增长的效率问题，目标增幅较2010年实际增幅平均回落了2.2个百分点。

东部11个省市2011年GDP增长目标较上年平均下调达2.8个百分点，其中投资、消费、进出口分别下调了5.6%、2.9%和12.5%。北京、广东、上海、浙江等地区的GDP增长预期普遍调低至8%~9%。在此计划目标下，东部省份淡化规模总量目标、强化结构调整与产业升级的用意更为清晰。如深圳市提出，要“节约集约利用土地，力争用不超过总面积4%的土地增量推动60%的GDP增长”。

相形之下，中西部地区继续保持投资和第二产业较快增长的需求依然强烈。西部省份2011年的GDP目标增速较上年平均下调1.5个百分点，投资、消费、进出

---

① 作者简介：王秀华，财务管理博士，供职于国家开发银行。

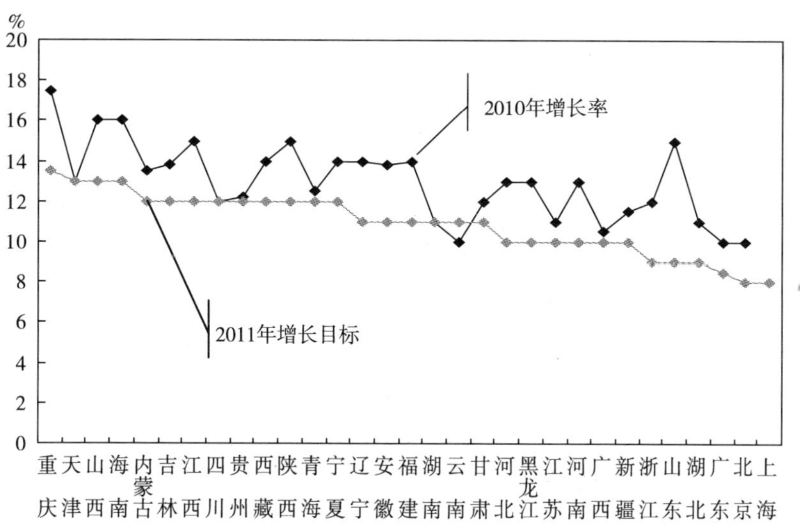

资料来源：各省市区政府工作报告。

图1 各地生产总值2010年实际增长与2011年计划增长情况

口分别下降6.4%、0.9%和4.2%。重庆以13.5%的增幅预期高居全国各省市区之首。

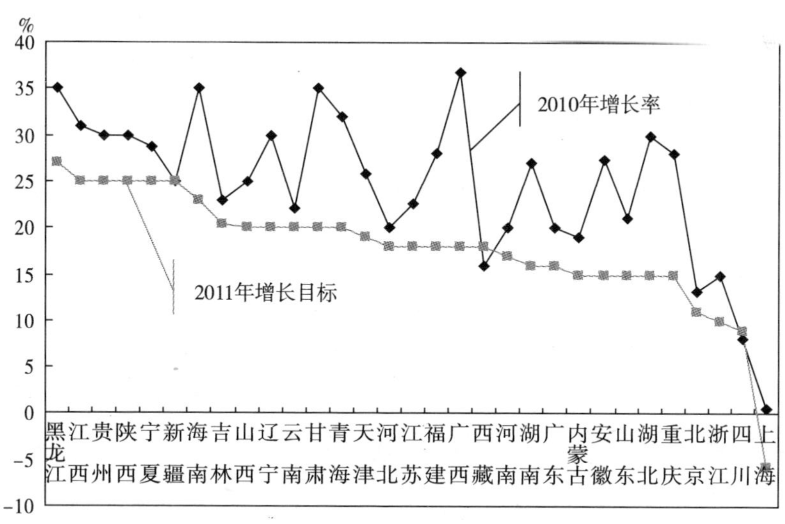

资料来源：各省市区政府工作报告。

图2 各地固定资产投资2010年实际增长与2011年计划增长情况

（二）各省普遍下调2011年固定资产投资增长目标，东部淡化固定资产投资依赖，而中西部仍寄望于以投资带动新一轮经济增长

全国大多数省份根据经济形势变化及宏观政策，下调了固定资产投资增长目标。总体看，各省在2011年政府工作报告中提出的计划目标，较2010年实际增速平均下降6.6个百分点，初步测算将使2011年全社会固定资产投资较上年少增1.83万亿元。地区间基本呈现“发达地区重产业升级、西部地区重基础设施建设”的特征。

东部发达地区明显淡化对固定资产投资的依赖，上海等多个省市未在《政府工作报告》中明确2011年固定资产投资增长目标。也普遍以优化产业结构作为重点，如浙江、广东、上海等省2011年产业类投资占固定资产投资总额的平均比重高达45%。在具体举措方面，广东、浙江、上海和北京提出通过建设现代制造业和服务业的产业园区来实现产业优化升级；山东、福建等则提出实施企业重组和大企业集团战略集聚要素资源，培育产业集群来优化产业结构。

东北和西部地区则继续重视固定资产投资的作用，强调抓好基础设施建设。江西、贵州、陕西、甘肃、青海、宁夏和新疆等省份2011年固定资产投资增长目标较上年实际水平提高22%，其中新疆、青海、贵州、西藏等省份基础设施投资占固定资产投资总额的平均比重高达47%。在固定资产投资对地区发展的重要性方面，辽宁省委想法很有代表性：“从经济发展的周期性规律看，一个集中投入期后必将出现新一轮经济增长……必须在保持较快发展速度和一定投资强度的同时，加快转变发展方式、提升发展质量”。

二、各省市区2011年主要工作计划所呈现的突出特点

（一）围绕水利等政策导向领域，各省市通过政府融资平台筹措资金的需求更加迫切，筹资渠道继续向多领域延伸

在新增信贷规模收紧的形势下，相当一部分省市在地方明确提出2011年建设资金的筹资目标不低于2010年。分地区看，不仅西部省份高度重视政府融资平台在筹集建设资金中的重要性，东部部分地区的重视程度也有显著提高，普遍对通过平台筹措水利建设资金等寄予厚望。即便发达省市如深圳市也提出“要组建市级投融资平台，全方位、多渠道筹措城市建设资金”。

在筹资渠道方面，各省份除倚重信贷资金外，延续了多领域延伸的态势：一

是围绕政策导向确定重点项目，争取中央资金支持，并继续重视通过省部合作落地。在各省工作计划中，除将保障性住房作为硬任务外，东西部地区皆将水利建设列为当年的工作重点。湖南、江西、辽宁等13省提出要“尽量靠上国家重点支持的农林水建设计划，尽力获取中央财政资金支持”。二是在重大项目建设投资中注重发挥财政等政府资金的导向作用。配合水利项目建设，各省市2011年公共财政中的水利支出比重均大幅提高，其中，山东、浙江、山西三省的平均占比约为6%，较上年平均增加14%左右；在保障性住房建设资金来源上，各省市均用足公共财政，其中，湖南、山西、广西、深圳、山东、四川6个地区的计划支出较2010年增幅平均达52%，大连更是高达104%。三是加强与经济实力雄厚的央企、外企合作，吸引央企、省外企业投资。广西提出通过落实央企合作及与国内外大集团签署合作协议等，力争2011年招商引资到位资金4 680亿元；而贵州计划通过央企招商和引进民营企业，力争省外资金到位1 500亿元以上，央企投资2 929亿元。四是设立产业投资基金，引入社保和保险资金，进一步扩大市场化资金来源。山东力争通过国家核准设立蓝色经济区产业投资基金；广西提出充分发挥创业投资基金、开元产业投资基金平台作用，并建立北部湾产业投资基金；海南省引导保险资金投入保障性住房建设；云南提出吸引直接融资和保险资金350亿元用于基础设施建设。

（二）沿海与边疆省份政府通过通道建设、出口基地建设、贸易合作及境外并购等方式来打造外向型经济重要增长极

一是沿海和边疆省份通过建设能源通道、自由贸易区等加强与重点国家和地区的跨国、跨境区域经济合作。新疆、云南、内蒙古加快陆上能源大通道建设，如新疆提出建设中巴铁路，打通我国与中东、里海油气资源运输通道，直接从印度洋对接产油国；云南谋划组建跨境基础设施投融资平台，加快建设中缅石油管线，保障亚洲和非洲的油气资源可绕过马六甲海峡直接进入我国境内，并推动与大湄公河流域国家的合作；内蒙古推进神华甘泉铁路的建设，支撑我国对蒙古国南戈壁省塔本陶勒盖煤矿、奥云陶勒盖铜金矿等的资源开发和运输。广东、广西、山东、江苏、深圳等11个沿海地区积极参加与港澳台地区和东盟、南亚及中亚等国家和地区的自由贸易区建设、次区域合作等，开展投资、贸易、文化、资源等领域的往来，推进人民币跨境贸易结算试点。二是各地方政府加快实施“走出去”战略，鼓励有条件的企业加大赴境外资源开发与并购的力度。广东、山东、上海、四川、重庆等省市以推动海外并购来稳步推进境外经贸合作区建设；广西、湖南等地区推动优势行业的龙头企业赴境外投资，开展煤炭、铝土矿、铁矿石等能源资源的境外合作。三是

建设出口基地及境外生产基地，转变贸易增长方式。广西、重庆、湖南、云南、新疆等地区均提出以建设汽车零部件、特色农产品生产加工、机电产品等出口基地来扩大各省优势产品出口，来加快加工贸易的优化升级；宁夏则鼓励有条件的企业在国外建立原材料、生产加工和科技研发基地。

（三）各省市区域规划中对产业引导经济发展给予高度重视，区域中心省份通过建设城际交通枢纽、主体功能区等巩固其地位

在“十二五”规划开年之际，各省市在部署落实区域规划中，以产业类项目为核心，高度重视产业有机衔接，通过改造传统老工业、培育战略性新兴产业及发展现代服务业来统筹推进基础设施建设。若干省份的发改委等部门表示，从“十一五”的实际情况看，未列入国家规划的项目很难获批。为此，各省份对推进产业类项目列入国家规划，特别是列入国家专项规划的工作极为重视。

具有区域中心地位的省份，2011 年普遍计划通过建设城际交通枢纽、打造主体功能区和经济圈等来巩固其优势。广东、山东提出建设城际铁路、高速公路、重点港口，拓展集装箱海铁联运网络等，促进区域经贸合作，并培育物流、现代港航高端服务业等行业的发展；四川提出积极抓住国家建设面向西南桥头堡的发展契机，继续投入西部综合交通枢纽建设，加快推进与周边省区合作，加速西部物流中心、商贸中心和金融中心建设。

（四）各地方政府继续将城镇化建设作为重点工作之一，提出以差异化发展模式来统筹解决产业发展等问题

“十二五”规划是我国城镇化建设的加速发展时期，在开局之年，各地方政府普遍就城镇化发展模式及目标等作出了安排。北京通过建设城乡结合部城市化工程来推进郊区城镇化步伐，力争 2011 年完成 50 个重点村的拆迁任务；云南全面启动村庄规划，抓好 1 500 个省级重点村的建设和 500 个自然村村容村貌整治工作；广东、山东、福建等构建以特大城市为中心、大城市为骨干、中小城市和重点建制镇为基础，城乡协调的城镇化发展思路；辽宁、黑龙江、大连、山西、四川、江西、河南等省提出“两化互动”、“多极发展、多中心带动”的城镇化路子，建立具有良好集聚效应的产业园区作为空间载体，在经济结构与产业空间调整的同时，推进就业结构及城市空间结构的连锁演进，实现新型工业化和城镇化良性互动发展，带动产业布局、基础设施、生产要素和重大项目的转移和聚集。

（五）应进一步加强对援疆援藏的实际投入

从新疆《政府工作报告》看，2010 年新疆相继与 30 多个国家部委及国内大企

业集团在多个领域签署战略合作协议，在新疆投资进一步增大，产业援疆迅速兴起；相比之下，当年援疆省市援助资金的实际到位仅为20亿元。而根据《西藏2010年国民经济和社会发展计划执行情况草案》，当年援藏省市援助资金的实际到位也仅为20.1亿元。2011年，北京、广东、浙江、山东、深圳等部分省份在“两会”上提出了相对明确的援疆援藏工作安排。

三、以中央重点工作为核心，积极搭建银政合作平台

（一）在当前宏观调控与平台监管政策下，重点推进水利等中央政策导向领域的平台合作，积极参与深圳等发达省市平台组建

各省普遍认为在水利、保障性住房等国家政策导向领域，平台监管的持续高压将出现缓和，为此纷纷将这些领域的筹资任务交给融资平台。商业银行可抓住有利时机，增强平台对当前防洪水利及其他重点规划项目的承载能力，延续政府合作的良好态势，协助政府在高起点上加强平台建设。

（二）积极参与地方专项规划编制工作，协助推动重点产业项目纳入国家规划，从规划源头争取竞争先发优势

专项规划工作是2011年国内规划工作的重头戏。借鉴“十一五”经验，各省份对重点产业项目纳入国家规划的重要性越来越重视。商业银行应抓住机遇，主动参与各地“十二五”专项规划的编制，并充分利用与部委开展行业规划的契机，协助推动各地重点产业项目纳入国家专项规划，从源头上开发、锁定产业类项目。

（三）积极参与跨境基础设施投融资平台的搭建，推进跨境基础设施业务成为商业银行国际业务的重要组成部分

云南等省份提出的就跨境基础设施投资主体问题谋划搭建开放平台的考虑，可望在一定程度上解决我国企业在国际基础设施市场中建设承包做得多、投资运营经验少的投资主体缺位问题。此类尝试如获成功，不仅可以解决当前针对周边国家跨境基础设施领域的投资主体缺位问题，而且从长远看，这些投资主体还可成为更广泛区域基础设施建设的投资主力。商业银行可加强关注，着手与相关省份谋划开展平台搭建工作。

（四）针对当前政策要求与地方政府在援疆援藏实际投入的差距，进一步加强对相关领域援助工作的介入

一是针对相关省份援助计划与实际完成量之间的差异，商业银行可在积极协助地方政府落实援助任务过程中需找工作空间；二是可进一步将援疆援藏工作目标锁定在与西藏、新疆签署战略合作协议的企业集团上，商业银行地方分行应跨区域协同推进业务。

2008—2010 年北京市地方财政收入对房地产业依存度研究

陈永波　杨　超[①]

2008 年爆发的全球金融危机，为我国经济持续增长增添了诸多不确定因素。在中央“保增长”的大背景下，宏观调控部门出台了一系列力度较大的促进房地产市场发展的政策，希望通过稳定房地产市场来拉动投资。在宽松的货币政策和积极的财政政策的配合下，北京市房地产市场发展迅速，固定资产投资逐步回暖，房屋价格持续高位运行。2010 年，国务院出台了以遏制房价过快上涨为目的的房地产新政。与此同时，中央对房地产税收政策进行了有利于增收的调整。北京市房地产市场出现了房地产市场持续低迷与税收高速增长并存的现象。

一、2008—2010 年北京市房地产运行情况

（一）住宅投资和土地购置价款带动房地产开发投资持续大幅增长

2008 年，受国际金融危机导致房地产市场投资性资金紧缩、大众观望心态的影响，北京市商品房交易量严重萎缩，当年房地产固定资产投资完成 1 908. 7 亿元，同比下降 4. 4% 。2009 年，在适度宽松的货币政策、税费优惠以及北京市大力兴建政策性保障住房等因素带动下，房地产市场有所回暖，投资呈现高涨态势。当年完成房地产固定资产投资 2 337. 7 亿元，增长 22. 5% 。2010 年，土地成交活跃，“地王”频现，土地成交价格大幅上涨，全市房地产固定资产投资稳步增长 24. 1% 。房地产占全市固定资产投资的比重由 2008 年的 49. 6% 攀升到 2010 年的 52. 8% ，创近年来新高。

① 作者简介：陈永波，供职于中国人民银行营业管理部；杨超，供职于北京市丰台区地方税务局。

表1 房地产投资占全社会投资比重

年份	全市固定资产投资（亿元）	其中：房地产业投资（亿元）	房地产业投资占比（%）
2006	3 371.5	1 719.9	51.0
2007	3 966.6	1 995.8	50.3
2008	3 848.5	1 908.7	49.6
2009	4 858.4	2 337.7	48.1
2010	5 493.5	2 901.1	52.8

在房地产开发投资中，住宅投资和土地购置价款占比大幅增加。其中，2010年住宅投资1 509亿元，占房地产开发投资的52%，较2008年和2009年分别增加了2.7个和13.2个百分点；2010年土地购置价款1 292.8亿元，占房地产开发投资的44.6%，较2008年和2009年分别增加11.1个和19.4个百分点。

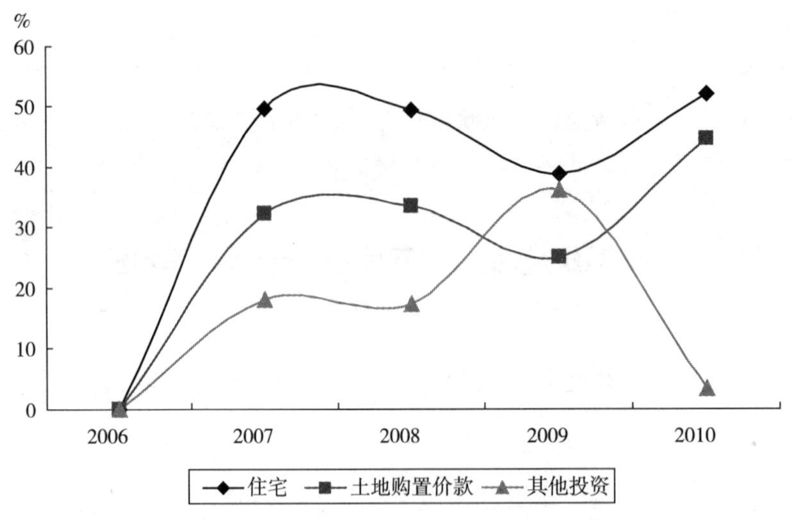

图1 房地产固定资产开发投资构成比较

（二）房地产供求增速同比下降，房屋价格持续高位运行

2008—2010年，全市商品房施工面积增速由负转正，总体呈小幅回暖的趋势。全市商品房竣工面积增速在经历了2009年短暂增长后有所回落。

房地产一级市场上，市场观望氛围强烈，房地产市场交易量冲高回落，但是房屋价格指数却持续高位运行。2008—2010年，全市房屋销售价格指数分别为109.5、101.4和106.3。其中，2010年第一、二季度，全市房屋销售价格指数曾分别高达112.3和113.5。

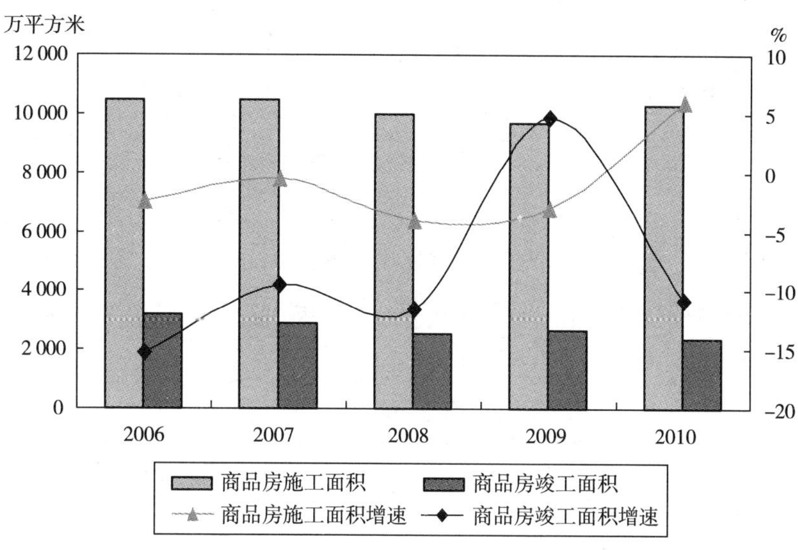

图 2　房地产施工、竣工面积及增速比较

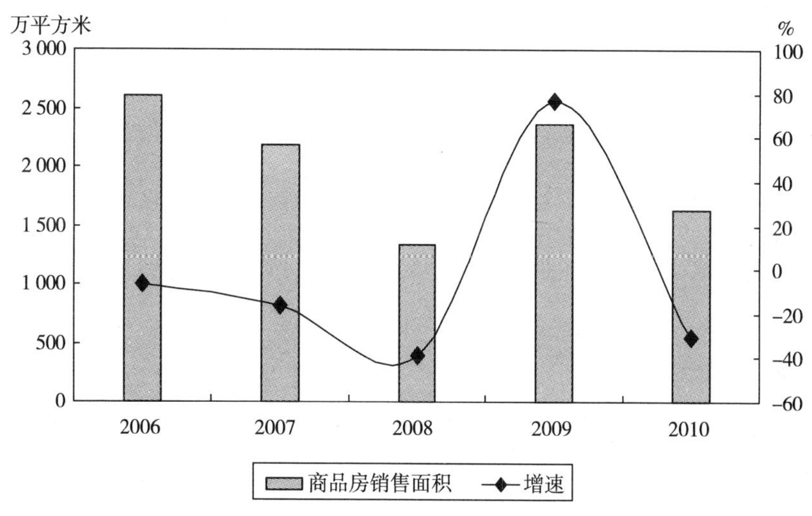

图 3　商品房销售面积及增速

二、2008—2010 年北京市财政收入对房地产业依存度分析

2008—2010 年，虽然北京市房地产市场供求总体呈现出下降的趋势，但是在房地产相关税收政策调整、商品房价格持续上涨以及土地成交活跃的共同作用下，北京市房地产业财政收入呈逐年增长的态势，对地方财政收入增收贡献度逐年提高。

（一）地方财政收入增长高度依赖房地产业

2008—2010年，北京市地方财政收入（含一般预算收入和基金预算收入）增速呈现逐年稳步增长的趋势，年均增速达22.3%。2007年以后，国有土地出让金收入开始纳入预算管理，地方政府基金收入大幅增加，在其带动下房地产税费收入增长迅猛，年均增速达33.8%，超过地方财政收入增速11.5个百分点。2008—2010年，房地产占全市财政收入的比重也由31.7%上升到48.2%，对全市财政收入增收贡献度则由12.9%迅猛增长到80.6%。

表2　　北京市地方及房地产财政收入情况

年份	地方财政收入（亿元）	地方财政收入增速（%）	房地产财政收入（亿元）	房地产财政收入增速（%）	房地产/地方财政收入比重（%）	房地产/全市GDP比重（%）
2006	1 235.8	34.8	—	—	—	6.2
2007	1 882.0	35.5	670.9	—	35.6	6.4
2008	2 282.0	22.6	722.6	7.7	31.7	5.8
2009	2 714.6	19.7	937.2	29.7	34.5	7.5
2010	3 857.2	13.4	1 858.6	98.3	48.2	6.8

2008年，房地产市场交易量严重萎缩，房地产业财政收入对地方财政收入的增收贡献度仅为12.9%，地方财政收入增速也由2007年的52.3%下降到21.3%。2009年，房地产市场有所回暖，房地产对全市财政收入的增收贡献度提高到49.6%。2010年，全市土地成交活跃，“地王”频现，土地成交价格大幅上涨，土地出让金收入大幅增加带动房地产财政收入完成1 858.6亿元，同比大幅增长98.3%，房地产财政收入在地产财政收入中的占比达到48.2%，增收贡献度高达80.6%。

（二）房地产业税费对地方财政收入贡献度不断增加

1. 房地产业税收收入对地方级税收贡献度居各行业首位

2008—2010年，由北京市房地产业创造的税收收入总量中，归属地方级的税收占到77%左右，即房地产每创造100元的税收中，属于地方级的税收大致为77元，中央级税收23元。从总量贡献上看，房地产业创造的地方级税收在北京市全部地方级税收中的占比分别为21.7%、23.1%和24%，总体呈逐年上升趋势，在北京市各行业中居于首位。通过对2008—2010年地方财政收入与房地产财政收入的相关边际函数计算得知，房地产业税收每减少1元，将会相应地使得地方税收减少0.21元，地方财政对房地产业存在较高依存度。

表3　北京市地方及房地产业税收情况

年份	地方税收收入（亿元）	地方税收收入增速（%）	房地产税收收入（亿元）	房地产税收收入增速（%）	房地产/地方财政收入比重（%）	房地产/地方税收增收贡献度（%）
2006	1 076.8	21.5	245.6	33.3	22.8	32.1
2007	1 435.7	33.3	380.1	54.8	26.5	37.5
2008	1 775.6	23.7	385.1	1.3	21.7	1.5
2009	1 914.0	7.8	443.1	15.0	23.1	41.9
2010	2 251.6	17.6	539.4	21.8	24.0	28.5

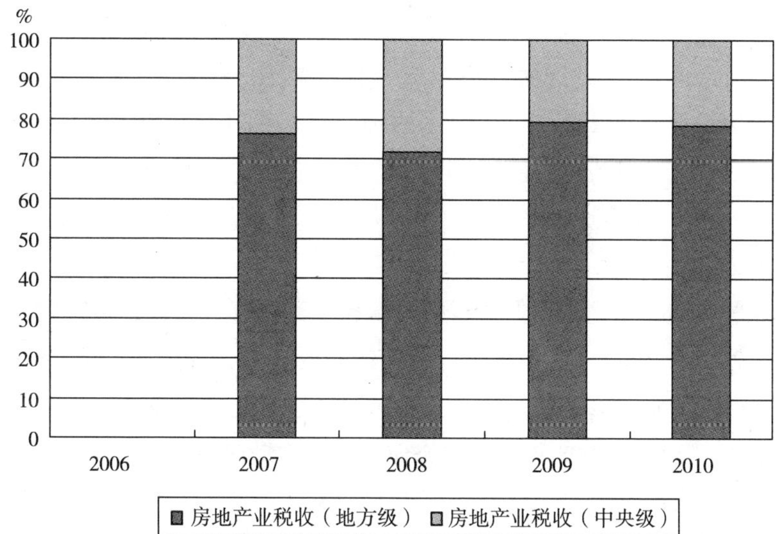

图4　房地产业税收收入中央、地方占比情况

（1）房地产营业税在增税政策及房价上涨带动下快速增长。近年来北京地区房地产市场的快速发展，有力地带动了该税种的快速增长。2008—2010年，房地产营业税年均增长37.6%。

表4　房地产营业税收入情况

年份	房地产营业税（亿元）	房地产营业税增速（%）	营业税/房地产税收比重（%）	营业税增收贡献度（%）
2006	136.2	22.5	55.5	-18.6
2007	171.3	25.8	45.1	26.1
2008	130.3	-23.9	33.8	-820.0
2009	188.6	44.7	42.6	100.5
2010	195.9	3.9	36.3	7.7

2008年，随着近年来国家在土地交易、信贷投放以及税收征管等方面宏观调控政策的进一步落实，特别是第二套住房政策的实施，从首付和按揭两方面削弱消费者的住房购买力，使升级置业的自住者以及投资者的贷款初始成本及利息成本均出现显著上升。此政策一度对房地产市场的需求和供给产生一定影响，房屋销售持续低迷，市场观望气氛较浓，房地产营业税开始出现下降。从2007年第四季度起，房地产营业税持续环比减收。2008年，房地产营业税收入130.3亿元，同比减收41亿元，同比下降23.9%。2010年起我国调整了个人住房转让营业税政策，对个人转让不足5年的非普通住房全额征收营业税的政策，超过5年的非普通住房或不足5年的普通住房对外销售的按差额征收营业税，较以往扩大了征收范围。此外，北京市房屋销售价格大幅上涨也推动了相关税收的增长。数据显示，2010年上半年北京市房屋价格较去年同期增长14.4%（而实际房屋价格涨幅可能要比该统计数据更大）。在上述两种因素的作用下，2010年上半年，房地产业营业税完成121.1亿元（占房地产税收总量的34.9%），同比增加42.2亿元，增长53.5%，其房地产税收增收贡献率达34%，但下半年增速出现大幅回落，全年累计增幅3.9%。

（2）预收政策对房地产企业所得税拉动作用逐渐降低，在房地产税收中占比有所回落。从2007年开始，税务部门对房地产开发企业按照预售收入的20%毛利率预征企业所得税，使得该税种大幅增长，并代替营业税成为拉动房地产业税收增长最主要的税种。特别是2008年以来，企业所得税拉动房地产税收增长的作用越发明显，当年该税种占到房地产业税收总量的43.2%，为近年来的最高值。但是，随着该税种基数的逐年提高，其对房地产业税收整体的拉动作用也有所降低。2009年和2010年，北京市房地产企业所得税占房地产业税收总量的比重分别下降到31.2%和32.4%，较2008年分别回落了12个和10.8个百分点。

表5 房地产企业所得税收入情况

年份	房地产企业所得税（亿元）	房地产企业所得税增速（%）	企业所得税/房地产税收比重（%）	企业所得税增收贡献度（%）
2006	69.0	43.2	28.1	-20.2
2007	138.4	65.1	36.4	51.6
2008	166.4	100.6	43.2	560.0
2009	138.2	20.2	31.2	-48.7
2010	174.8	-17.0	32.4	38.0

（3）土地税费金制度逐步完善带动部分税种大幅增长。虽然2009年底以来，中央和地方政府加大了对房地产市场的宏观调控力度，制定了一系列为抑制房地产

市场过热的宏观调控政策，对房地产业的供求产生了较大影响，施工面积、竣工面积、商品房销售面积等指标增速有所下降。但是另一方面，土地购置环节投入却在大幅增加。数据显示：2010年，北京市完成土地购置费用1 292.8亿元，增长1.2倍。一级市场上，房地产开发商竞购土地活跃，土地拍卖价格明显上涨，二级市场上随着二手房交易的持续活跃，契税占比逐年提高。契税由2008年的19亿元增加到2010年的34.1亿元，占房地产业税收的比重由4.9%上升到6.3%。

表6 契税收入情况

年份	契税（亿元）	契税增速（%）	契税/房地产税收比重（%）	契税增收贡献度（%）
2006	11.6	31.8	4.7	-2.1
2007	14.4	24.1	3.8	2.1
2008	19.0	31.9	4.9	92.0
2009	17.3	-8.9	3.9	-2.9
2010	34.1	96.9	6.3	17.4

此外，土地增值税在北京市房屋价格持续上涨，以及税务部门对房地产开发企业的历史拖欠土地增值税加大清缴力度的作用下，近年来一直保持了高速增长态势。2008—2010年，该税种分别完成31.2亿元、49.2亿元和75.96亿元，分别增长43.1%、57.7%和54.4%，占房地产业税收的比重逐年提高（3年间分别为8.1%、11.1%和14.1%），对地方财政的贡献同样不可忽视。

表7 土地增值税收入情况

年份	土地增值税（亿元）	土地增值税增速（%）	土地增值税/房地产税收比重（%）	土地增值税增收贡献度（%）
2006	5.0	127.3	2.0	-2.1
2007	21.8	336.0	5.7	12.5
2008	31.2	43.1	8.1	188.0
2009	49.2	57.7	11.1	31.1
2010	76.0	54.4	14.1	27.8

2. 土地出让金是地方政府基金收入的绝对来源

国有土地使用权出让金收入（以下简称土地出让金）从2007年起全额纳入地方基金预算管理。土地出让金纳入预算管理后，政府基金预算收入总量迅速增加。拍卖成功的土地数量、土地拍卖底价、土地溢价率是决定土地出让金的重要因素。这三大因素与房地产市场状况是密切相关的。2008—2010年，北京市土地类政府性基金收入年均增长率为76.5%，是房地产业税收收入年均增长率12.7%的近6倍，在地方政府基金收入中的占比由75.9%上升到90.5%，呈逐年上升趋势。2007年以后，新增建设用地土地有偿使用费提高1倍、国有土地使用权出让金收入等全部纳入地方政府基金预算管理等国家土地管理政策的出台，加之土地价格不断抬高，使得国有土地使用权出让金收入成为拉动政府性基金收入增长的主力。2009年，国家实施了适度宽松的货币政策，银行信贷投放巨增，缓解了2008年开发商资金紧张的局面，加之北京市大力兴建政策性保障性住房，房地产市场快速回暖，土地市场成交日益活跃。2008—2010年，国有土地使用权出让金平均（加权）占到政府性基金收入的82.2%，逐年上升。

表8 房地产土地出让金收入情况

年份	房地产土地出让金（亿元）	增加（亿元）	增长（%）	全市基金收入（亿元）	增加（亿元）	增长（%）	房地产土地出让金占全市基金收入比重（%）	房地产土地出让金对全市基金收入增收贡献度（%）
2007	290.8	—	—	410.4	—	—	70.8	—
2008	337.5	46.7	16.1	470.5	60.1	14.6	71.7	77.7
2009	494.2	156.7	46.4	669.3	198.8	42.2	73.8	78.8
2010	1 319.1	825.0	167.0	1 475.3	806.0	120.4	89.4	102.4

三、值得关注的问题

（一）房地产调整政策的实施带来的房地产税费收入波动将对地方财政收入产生影响

房地产业作为国民经济的重要产业之一，有着资本密集度高以及同其他行业都存在着高度关联的特点，其发展对我国启动内需、扩大消费和相关产业的发展有着不可替代的作用。2010年，房地产累计实现增加值937.2亿元，占北京市GDP总量的6.8%，成为仅次于金融业拉动北京市经济增长的支柱行业，同时房地产业财政收入快速增长，对地方财政收入贡献显著。但是，房地产各项增税政策调整的实施所带来的不可比因素将逐渐淡化或将不再持续，与此同时中央及北京市房地产市场调控政策密集出台，房地产投资和成交量开始萎缩，必然会对北京市房地产市场交易、房价以及供求都将产生深远影响，房地产财政收入高速增长的持续性或将难以实现，并对其他相关（如水泥、建筑等）行业产生负面影响，鉴于目前地方财政对房地产业存在的较高依存度，未来几年可能会对地方财政的持续增长产生不利影响。

（二）土地出让金收入对地方财政收入拉动性将难以持续

数据显示，2010年北京市房地产土地出让金收入占全部政府基金收入的比重高达90.5%。随着土地资源的有限性凸显，以及土地监管措施的日益严格，现行通过卖地的土地出让金来满足财政需求的土地财政所建立起来的城市经济发展模式将不可持续。一方面，在现行的房地产税费政策下，地方政府是最大的受益者之一，这种巨大的利益诱惑，必然很大程度上刺激地方政府的卖地冲动，而土地资源是有限的；另一方面，土地财政对抬高房价有推波助澜的作用，地价的不断攀升和房地产税费过高都在一定程度上助推了房价的飙升，从而形成新的房地产泡沫。

（三）北京市房地产供求不平衡仍较突出，刚性住房的民生需求不容忽视

北京市房地产供应结构不合理，土地供求一直处于不平衡的状态，供给相对不足。特别是2008年金融危机以来，土地供应宗数和面积曾出现了大幅回落，一定程度上影响到现在的市场商品房的竣工数量，使得供小于求的局面更加严峻。2011年，北京市新开工面积同比增速有所增加，但仍不能在短期内改变供求失衡的局面。此外，中央、地方各项房地产新政的出台，在一定程度上遏制了房地产投机性需求，改善性需求者持币观望。今年以来，房价一但出现松动，刚性需求的释放立即带动市场交易量上升，表明市场供给与居民真实住房需求不平衡问题仍较突出。

四、政策建议

（一）加强对房地产市场的管理，防止因房地产市场波动而影响地方经济的稳定性

政府各相关部门应加强协作，建立房地产市场综合管理机制。共同构建信息共享、优势互补、密切合作的房地产运行监测和管理体系，提高房地产管理和调控效率。同时，北京市应结合地方特色与优势，进一步优化经济发展模式和产业结构，以建立世界城市为目标，围绕发展现代服务业，培育可持续发展的新型经济支柱产业，为地方经济平稳、健康发展奠定基础，避免地方经济及财政收入对房地产业的过度依赖。

（二）完善土地出让方式，减轻地方政府对土地出让金的过度依赖

继续完善土地招拍挂方式。目前土地出让中的拍卖方式，存在一些弊端，容易造成高价地的现象，新政策将不再按照价高者得的原则，而是在保证政府收益的基础上，通过规定配建保障性住房或其他公共、配套设施等手段，以“明补”的方式发挥土地调节的作用，平抑市场价格，增加保障性住房的土地供给，确保居民正常的居住需求。同时，加快保障性住房体制改革，尽快建立“廉租房＋经济租赁房＋商品房”三位一体的住房体制，加强中低收入家庭居住保障。

（三）建立科学合理的房地产税制体系，加强房地产税收征管

一是增加房地产保有环节的税种，同时适当降低房地产交易环节的税率，协调房地产各环节的税负水平，将征税重点从房地产流转环节转向房地产保有环节。由于我国当前房地产税收体制存在的种种不足，税收改革的方向应是建立以宽税基、少税种、低税率的房地产税制体系作为发展方向，建立合理的房地产税收体系。从国外经验看，开征物业税能够提高房地产投机者的物业保有成本，打击囤积炒房行为，有利于降低房地产开发的土地成本和改善地方政府的税收结构，解决土地难题。二是由于房地产行业相比较其他行业而言征管难度更大，各相关管理部门应通过扩大宣传、强化管理、提高服务、加大惩处力度等手段，加强对房地产企业税收的征管工作，切实保证房地产税款足额、及时入库。

北京市房地产市场走势及银行信贷策略研究

肖　迪　陈晓阳[①]

一、房地产宏观政策解读及未来走势判断

（一）房地产宏观政策解读

1. 从2010年的“国十条”、“京十二条”到2011年的“国八条”、“京十五条”

2010年4月17日，国务院出台《关于坚决遏制部分城市房价过快上涨的通知》（“国十条”）。内容包括：实行差别化住房信贷政策，对购买首套自住房且套型建筑面积在90平方米以上的家庭，贷款首付款比例不得低于30%；对贷款购买第二套住房的家庭，贷款首付款比例不得低于50%，贷款利率不得低于基准利率的1.1倍。

2010年4月30日，北京市出台《北京市人民政府贯彻落实国务院关于坚决遏制部分城市房价过快上涨文件的通知》（“京十二条”）。内容包括：暂停对购买第三套及以上住房，以及不能提供1年以上本市纳税证明或社会保险缴纳证明的非本市居民发放贷款；暂定同一购房家庭只能在本市新购买一套商品住房等。市场普遍认为“京十二条”比“国十条”更加严格。

2011年1月，国务院出台《国务院办公厅关于进一步做好房地产市场调控工作有关问题的通知》（“国八条”）。内容包括：对贷款购买第二套住房的家庭，首付款比例不低于60%，贷款利率不低于基准利率的1.1倍；加大保障性安居工程建设力度等。

2011年2月16日，北京市出台《关于贯彻落实国务院办公厅文件精神进一步

① 作者简介：肖迪、陈晓阳，供职于交通银行北京市分行。

加强本市房地产市场调控工作的通知》（“京十五条”）。要求对已拥有1套住房的本市户籍居民家庭、持有本市有效暂住证在本市没拥有住房且连续5年（含）以上在本市缴纳社会保险或个人所得税的非本市户籍居民家庭可限购1套住房；除此以外暂停购房。“京十五条”对“国八条”进行了进一步强化。

2. 政策特点

此轮房地产调控政策的特点可归纳为以下两点：

一是全面调控，手段丰富。此次楼市调控政策是国内迄今为止最为全面和最为严厉的一次，国家通过一系列的调控政策，从行政、金融、土地、税收等全方位进行市场干预和监控，措施严厉、覆盖面全，最大限度抑制房地产的投机需求。2008年政府更多通过市场手段去调控干预楼市，但在2010年之后，除了市场工具之外，已全面过渡到行政手段，且行政工具覆盖从需求到供应所有环节，甚至大规模提供低端市场供应。

二是力度持续加大。从去年的“国十条”到今年的“京十五条”，北京地区的房地产调控力度不断增强，显现政府抑制不合理住房需求、严厉打击投资投机行为、维护市场稳定的决心。短期看，新政将对国内房地产需求产生重大影响，房地产市场成交量势必有所下降。房地产市场“量在价先”的规律决定房价将在成交量出现萎缩之后短期之内存在下行空间。

（二）对北京市房地产市场的影响

1. 房地产开发投资整体增幅下降，但保障性住房投资增长显著

2011年上半年，北京市完成房地产开发投资1239.5亿元，比上年同期增长3.7%，占全社会固定资产投资比重为52.4%，同比增幅较去年下降35.1个百分点。住宅完成投资686.8亿元，增长23%，其中，全市政策性住房完成投资278.7亿元，比上年同期增长2.3倍。

2. 商品房销售全线下滑，房价涨幅大幅放缓

上半年，全市商品房销售面积为555万平方米，比上年同期下降18.4%。其中，住宅销售面积为389.2万平方米，下降19.8%。

6月份，北京市新建住宅价格同比上涨2.2%，涨幅同比回落19.3个百分点；环比价格不变。

3. 土地市场成交面积及成交金额下降明显

随着市场宏观调控的升级，开发商拿地意愿及拿地实力明显下降，政策对土地市场的影响更为显著。北京市2011年上半年土地成交地块114块，成交价327亿元，较去年同期减少305亿元，成交规划建筑面积1 050万平方米，较去年同期减

少206万平方米。与去年同期相比，成交面积及总金额均有明显下降。

总体上看，多重调控压力导致房地产行业风险逐渐加大。近阶段，随着土地、金融、税收等多种调控手段的综合运用与控制措施力度的加大，房地产市场资金面趋紧可能导致新一轮行业调整，进一步加大房地产企业的违约风险。

（三）未来趋势

1. 房价走势判断

第一，未来一定时期内房价将延续下跌的趋势。首先，国家调控房地产市场、防范房价过快上涨的决心不可动摇，后续控制手段依然充足；其次，在可以预期的第三、四季度，货币政策保持从紧的可能性仍然存在，还可能加息和提高存款准备金率，房地产信贷政策也难以放松；再次，国家持续加大对保障性住房的政策支持，根据相关规划，我国保障性住房在住房供应体系中的比重将大幅提升，长期来看，保障性住房兴建计划的落实对于增加住房供应、稳定住房价格和健全房地产市场将起到显著作用。综上，预计下半年北京市住宅价格下降幅度在10%左右。至于明年走势，只有出现政策局部放松的现象时，市场才可能将逐步走出低谷。

第二，房价的下行空间受到制约。有几个因素将共同制约房价下行空间：一是中长期来看，我国快速城市化进程决定了房地产市场整体供求关系偏紧情况仍未根本改变，我国居民的住房刚性需求依然旺盛；二是年内高通胀还将持续，甚至会延长至明年，房产保值增值功能依然具有很大吸引力；三是年内人民币升值还将持续，涌入中国的游资中部分依然会选择配置房地产；四是受资金链趋紧和整体市场环境影响，开发商拿地日趋谨慎，土地供应和房地产开发投资呈现下降趋势，进一步制约了房价的下降空间，未来房价大幅下跌的可能性不大。

第三，北京市房价整体保持稳中有降的趋势、具体区域具体项目表现有所区别。就地区分布分析，处于核心地带的城八区房价将保持坚挺，而其他区域房价预计会有不同程度的下调；区别具体项目来看，处于优势地段的品牌项目仍具备较强上行预期。

2. 房地产开发企业的未来发展趋势

随着一系列调控政策的出台，房屋交易量的持续下跌和房价随之下降，而货币政策又无放松迹象的情况下，房地产开发商的资金链面临更加严峻的局面，行业内的主要开发商开始采取一系列应对战略与措施，主要的动向包括：一是加快战略转型，结合不同城市调控时间和力度差，逐步把房地产经营方向从一、二线城市向三、四线城市转移；二是投资结构适度向商业地产转移，以规避住宅市场限购带来的不利影响；三是为加快资金周转，开发商对于住宅类的项目会进一步采取变相降价、打折促销、延后开盘时间等策略；四是行业由粗放经营到集约化经营导致的开发主体向专业化和资产管理者方向转型。这些趋势都对企业的战略把控能力提出了新的要求，而能否满足并适应这些要求，成为关系企业未来发展的决定性因素。

二、银行信贷政策建议

目前，房地产行业面临十分复杂的局面，一方面房地产行业是支持我国经济发展的重要产业，对数十个关联行业的发展有较大影响，同时在调整经济结构和发展模式，保障民生的背景下，房地产市场总体仍将保持较平稳的发展；另一方面，政府对房地产市场的调控力度超过以往，显示出政府调控房地产市场健康平稳发展的决心，预计短期内政策松动的可能性较小，且不排除继续加大政策调整力度的可能，市场的波动性和不确定性有所加大。而房地产行业与银行息息相关，房地产市场的波动将对银行信贷资产质量产生直接影响。面对目前的形势，对银行信贷提出以下建议：

（一）提高准入门槛，完善房地产客户名单管理

对房地产企业择优选择，从开发资质、开发经验、资产负债情况、市场排名、资信情况等方面制定较为严格的准入标准，完善房地产客户名单制管理，对不同类型客户拟定不同的信贷策略，对名单以外企业，一律不得新增贷款。

对16家以房地产为主业的中央企业以及综合实力较强、市场排名靠前的大型房地产企业可优先支持。对存在土地闲置及炒地行为的房地产企业、存在捂盘惜售、囤积房源、哄抬房价等行为的房地产企业、在参与土地竞拍和开发建设过程中，存在股东违规对其提供借款、转贷、担保或其他相关融资便利行为的房地产开发企业以及具有其他违法违规行为记录的房地产企业应严格退出。

（二）优先支持普通商品房项目及保障性住房项目

普通商品房项目可为银行带来较大规模的存款与结算以及更多的按揭资源。而保障房的建设是“十二五”规划的重中之重，得到国家政策大力支持，随着政府对保障性住房建设支持力度的加大，为银行带来了相关业务发展契机。目前北京房地产市场的主流是商品房和保障性住房混搭的项目，银行可选择其中的优质项目进行信贷支持。

（三）选择优秀的经营性物业项目进行支持

从上半年情况来看，北京市写字楼、商业市场整体经营状况或出租情况良好，

受房地产市场的影响并不大，市场前景较为广阔。银行信贷应积极支持地理位置优越、商务氛围浓厚，由大型集团持有，综合收益较高的经营性物业项目。

（四）严格落实贷款封闭管理，确保项目合规运作

银行应切实加强贷款用途监管，确保专款专用，防范贷款挪用风险。银行经营部门应定期到现场核定工程进度，确保贷款的提用与工程进度相匹配。信贷支持的房地产开发项目必须取得合法批文，自有资金即所有者权益必须满足相关文件要求；必须“四证齐全”，确保房地产项目合规运作。

（五）进一步加强贷后管理，提高风险防控能力

新增房地产开发贷款原则上必须落实抵押，且抵押物应为对应项目的土地使用权及在建工程，抵押率不超过土地使用权及在建工程评估价值的50%。银行工作人员应审慎评估抵押物价值，不能简单采信评估公司的市场估值。对抵押物每年应进行不低于一次的价值重估，确保抵押率充足，有效控制风险。

（六）严格执行差别化房贷政策

银行要实行严格的差别化房贷政策，严格限制投资和投机性购房。要按照风险定价原则，执行差别化利率。建议取消首套房贷利率优惠，执行一般不低于基准利率。对贷款购买首套房的，贷款首付款比例不低于30%；对贷款购买第二套住房的家庭，首付款比例不低于60%，贷款利率不得低于基准利率的1.1倍；不对第三套及以上住房发放贷款。

工作交流

浅析银行以直接扣划储蓄存款方式解决信用卡不良资产的可行性

徐 晨[①]

近年来，随着国内信用卡业务规模、客户群体和应收账款规模的不断扩大，信用卡不良资产问题日渐凸显，在银行随之进行的追账过程中，经常出现持卡人信用卡账户逾期透支严重而其储蓄户却有大量余额的情况。对此，银行是否可以法定抵销权或合同约定为由，直接扣划持卡人储蓄存款以清偿其信用卡逾期欠款，就成为一个值得研究且具有实际意义的课题。

一、直接扣划持卡人储蓄存款清偿信用卡逾期欠款的实际意义

由于国内银行卡业务近年发展迅速，而与之不相应的是，客户群体素质和资信水平参差不齐，信用意识有待提高，故部分客户因过失性还款不足或恶意透支而导致银行发生信用风险。由于信用卡业务具有单卡授信金额较小，客户规模较大的特点，银行通过大批量进行催收成本较高，如逐一进行法律诉讼或追究持卡人刑事责任的方式进行清收更是心有余而力不足，部分案件甚至出现了追索成本明显高于逾期账款的情况，令银行颇感忐忑。

更令人无奈的是，在银行卡不良资产清收过程中，时常发现某些客户存在信用卡逾期账款时，其在发卡行的储蓄户却存在足额的存款能够完全或部分清偿欠款，而客户却出现与银行失去联系或拒不清偿的情况。面对这仅仅“一墙之隔”的资金与债务，银行是否可以直接进行扣划清偿，从而低成本、高效率的解决银行卡不良资产，直接缩减冗长的清收过程？如按此操作，会不会遇到法律、说理甚至道德层面的障碍？

---

① 作者简介：徐晨，供职于中国银行北京市分行。

从现阶段来看，银行与客户之间所签署的信用卡领用申请表视为合同性质，双方受到申请表上所附全部内容约定的权利义务的约束。我们可根据两种情况分析直接扣划行为的可行性：其一为申请表中未对直接扣划客户存款清偿债务作出任何约定，其二为申请表中约定一旦出现某种程度逾期，发卡行可从持卡人在本行开立的储蓄账户中扣划存款用以清偿债务。

二、从法定抵销权角度分析该行为的可行性

在第一种情况下，如直接扣划客户存款主要从《中华人民共和国合同法》（以下简称《合同法》）第九十九条规定中寻求依据，该规定表述为“当事人互负到期债务，该债务的标的物种类、品质相同的，任何一方可以将自己的债务与对方的债务抵销，但依照法律规定或者按照合同性质不得抵销的除外”，而行使法定抵销权扣划客户储蓄存款清偿债务。但存在以下两点问题需要解决：

1. 储蓄存款的性质

抵销权行使的前提是双方互负债务，而储蓄存款对于存款人属于所有权还是对银行享有的债权在法理上尚存争论。另外，在《储蓄管理条例》第五条中“国家保护个人合法储蓄存款的所有权及其他合法权益，鼓励个人参加储蓄……”的条款显示储蓄存款的所有权属于储户，储户对存款享有所有权，而不对银行享有债权，而《商业银行法》中关于将个人储蓄存款在银行破产时列于其他一般破产债权之前优先清偿的规定，又显示了商业银行实际享有储蓄存款所有权，储户享有的是对银行的债权。这不仅仅是理论界存在的争论，而且已经成为立法方面的矛盾。

如储蓄存款是存款人对其享有所有权，以抵销权作为扣划储蓄存款依据则失去前提。从法律依据层面上进行考量，贸然采取直接扣划储户存款的方式并无明显支持，而是矛盾重重。仅从说理角度分析，在直接扣划储蓄存款是否合法的不确定性和一旦被认定违法后所面临的严重社会声誉风险综合考虑之下，银行如采取此种方式解决信用卡不良资产，宜谨慎行事。

2. 主张抵销权的通知义务

在《合同法》第九十九条第 2 款中规定“当事人主张抵销的，应当通知对方。通知自到达对方时生效。抵销不得附条件或者附期限”。依照该条规定，银行方如使用抵销权，至少在针对失去联系的客户行使此项权利方面存在一定障碍。现由于客户对于自身信用的重视程度不足，领卡后往往不对联系方式予以及时更新，与客户失去联系的情况时有出现，且欠款同时拥有足以清偿存款的情况往往存在于某些客户的过失性还款不足，如能够联系进行提醒或催收，债务均能得到及时清偿。对

于该类卡户，探讨通知其扣划存款清偿债务的方式可行性显然失去意义。

三、从约定合法性角度分析该行为的可行性

如银行与客户双方出现上述第二种情况，约定银行有权从客户储蓄存款账户中扣划，看似属于客户主动放弃权利而使银行获得附条件的合法扣划权利，且该类条款在银行公司授信业务中已经实践，但实际对于个人信用卡业务仍有几点需要商榷：

1. 法律对于个人存款的保护

由于个人知识范围所限，对于公司业务中直接扣划清偿的法律依据难以举例。但依据国务院1993年颁布的《储蓄存款条例》中第三十九条规定“为维护储户的利益，凡查询、冻结、扣划个人存款者必须按法律、行政法规规定办理，任何单位不得擅自查询、冻结和扣划储户的存款……”以及《中国人民银行、最高人民法院、最高人民检察院、公安部、司法部关于查询、停止支付和没收个人在银行的存款以及存款人死亡后的存款过户或支付手续的联合通知》中规定“……个人将合法收入存入银行的存款，归个人所有，不得侵犯……”和其中对特定国家机关的授权行为来看，银行虽然属于国家经济运行中的重要金融机构，但仍难以逾越法律的限制，在未予明确授权的情况下，仅以申请表这一格式合同特征明显的约定文本，即判定享有直接扣划储户存款的权利来看，或有被判定为与法律强制性规定相违背而无效的风险。

2. 格式条款对于约定效力的影响

格式条款是当事人为了重复使用而预先拟订，并在订立合同时未与对方协商的条款。依照《合同法》第四十条规定“格式条款具有本法第五十二条和第五十三条规定情形的，或者提供格式条款一方免除其责任、加重对方责任、排除对方主要权利的，该条款无效。”及《合同法》第五十二条“有下列情形之一的，合同无效：……（五）违反法律、行政法规的强制性规定”。而信用卡领用申请表由于其单方拟订的特点属于典型的格式合同文本，依照上述规定，约定扣划条款有一定可能被认定为无效。

从合法性角度考量，依照合同约定使银行享有直接扣划权的方式，虽然在实践中已有部分银行在部分案件中加以使用，但一旦客户对于自身权利加以主张，通过法律手段维护自身权利，银行仍有被判定行为违法的可能，并招致经济损失甚至声誉风险。

四、以直接扣划存款为思路解决信用卡不良资产的方法的可行性及风险

综上所述，无论从行使法定抵销权还是从行使约定扣划权利的角度看，虽然银行都有一定支持直接扣划个人客户存款清偿债务的理论基础，但同时也面临着法律和道德风险的考验。毕竟个人存款账户不同于公司业务存款和个人保证金账户，它遵循着个人金融中“存款自愿、取款自由、存款有息、为储户保密”的基本原则，储户对其享有的权利是银行职业准则中神圣不可侵犯的底线。虽然金融机构作为国家重要的经济结构组成部分，在确保公众资产的安全采取必要措施时能够得到包括司法部门在内的各级相关单位的理解和支持，或这种以高效率、低成本的方式处理不良资产能够得到社会的普遍认可，但在法律和道德的认定方面仍存在着桎梏。

笔者认为，虽然面对着逾期卡户咫尺之遥的储蓄存款资金，银行最为“规矩”的方式仍然是通过法律手段由司法机关将其扣划并予以发还——这对于小金额的信用卡透支案件严格得甚至有些严酷。同时，如依据客户前期所签署的格式条款授权而进行直接扣划，从现今的司法实践来看，也并无明确意见予以否定，故银行对于使用直接扣划逾期卡户在本行储蓄存款的方式清偿信用卡债务，从现阶段来看，虽能够高效清收，但也隐含风险。

浅谈银行资金结算业务发展

郑莉莉[①]

资金结算业务是商业银行的一项基础性服务业务，发展情况关系到银行的整体运营。商业银行如何做好各项资金结算工作，不断改革和创新支付结算服务品种，提高银行的经营效益，并且更好地满足各种社会经济活动的需要，促进社会经济的发展，实现企业与社会的双赢，已成为商业银行目前所面临的一个课题。本文就当前商业银行资金结算业务的发展进行粗浅的探讨。

一、资金结算业务的重要性

结算类产品是商业银行最基础的产品类型。随着企业融资渠道、融资方式的日益多样，银行从过去主要依赖利差收入逐渐转为向中间业务要效益，而结算业务也日益成为商业银行稳定的中间业务收入的重要来源。

随着新企业会计准则与巴塞尔资本协议的广泛实施，经济资本已成为约束商业银行经营规模的瓶颈之一，占用资本较少的结算与现金管理业务日益受到商业银行的重视。国有大型商业银行的总行已经将结算兴行的竞争战略作为重要的战略目标，要求资金结算管理部门在工作中实现从结算制度管理到结算产品与服务管理、从支付结算服务到现金管理服务、从结算操作性管理到结算专业化经营的跨越，使得资金结算业务围绕结算账户拓展、本外币结算业务联动、电子与网点渠道建设、现金管理等重点产品和业务展开。

① 作者简介：郑莉莉，供职于中国建设银行北京市分行。

二、基层行资金结算业务发展中遇到的问题与困难

（一）柜面人员的营销意识、营销能力需要进一步加强

传统的银行服务分为：客户经理服务和柜面服务，为客户出谋划策解决问题是客户经理的职责所在，国有银行中的贷款户或大中型客户才会有专门的客户经理，柜面服务仅仅为客户提供核算服务。长期以来，对公柜面人员仅仅负责做日常的核算工作，对银行的产品可谓了解甚少，也不负责产品的客户推介。而发展资金结算业务是面向全体对公客户，中小型的无贷户是资金结算产品的忠实使用者，这些企业的维护与营销依赖柜面核算人员。目前，柜面核算人员的营销还处于非常初级的水平，还无法在短时间内转变角色，快速建立起服务、营销意识，还不能根据客户需求将商业银行好的产品推荐给客户。

（二）考核机制尚未建立，缺乏有效激励

虽然各行已经明确资金结算产品对银行发展的重要潜力，明确了资金结算部门作为前台经营部门的职能定位和具体职责，要求对公会计人员从核算型逐步向营销与核算并重型转变，以提高客户的维护度。专职结算产品经理配备、营销台账建立、会计条线营销账户数量、小额无贷账户余额增长幅度、小额无贷户存款余额档次的迁徙数量、小额无贷户产品覆盖度和中间业务收入增长幅度、小额无贷户交易量增长幅度、睡眠户激活、培育推荐信贷需求客户数、会计条线营销产品数量、风险控制等多方面的指标，还无从考核。柜面人员参与营销，缺少数据反馈机制和有效的激励机制。

（三）柜面人员营销观念尚需要改变

传统的对公营销主要是客户经理上门服务。对于中小客户，要求柜面人员转变观念，利用与公司财务人员长期接触并直接交流的机会，建立与客户良好的人脉与合作关系，加强与客户沟通，深入了解小额无贷户的资金动态、产品需求、财务人员（负责人）的偏好，不仅成功营销结算产品，而且在业务部门的密切配合下，有效捕捉并培育客户的信贷需求，提升整体对公业务竞争力。

（四）核心业务系统需进一步优化，劳动效率尚需提高

各行已经大力推广和完善客户账户集中审批、同城票据集中提入、客户对账等

事项的后台集中，但是，柜面仍旧存在一些非直接客户服务类的工作，柜面系统的自动控制和自动处理能力还需要进一步加强，事务性工作的存在必然降低柜面的工作效率，影响网点的竞争力。

三、资金结算业务发展的建议

（一）狠抓单位结算账户增长，力保收入之源

账户是存款和收入之源，应将加强账户管理作为结算业务工作的突破口，在纯新账户拓展、存量账户维护挖潜、睡眠账户走访激活等方面多头并举，实现基本结算账户数量的增长，减少销户数量。

（二）细分客户深挖掘，提升中间业务收入

按照客户综合贡献度、发展潜力，并参考账户类型、结算量、注册资金规模、账户余额等标准进行综合评估，将客户细分为维护型、潜力型、培育型三类，并根据客户分类情况采取差别化的营销服务。对基本账户和临时账户的客户，通过多渠道服务，积极挖掘客户需求；对一般账户的客户，促进增加交易频率和存款沉淀，实现增存增收；对专用账户的客户，加强沟通，增加资金归集，减少资金分流。结算产品经理重点做好潜力型、培育型客户的维护和营销，将挖潜与培植有机结合，全力促进客户的转化和升级。维护型客户应加强日常沟通联系，维系与客户的良好关系，在客户成长中把握商机。

（三）强化考核谋发展，刺激基层员工的营销积极性

资金结算业务的开展，对中小客户的柜台维护工作，使得对公营业网点的职责发生了较大改变。通过营销台账的建立，营销数据的返还，考核会计条线营销账户数量、小额无贷账户余额增长幅度、小额无贷户存款余额档次的迁徙数量、小额无贷户产品覆盖度和中间业务收入增长幅度、小额无贷户交易量增长幅度、睡眠户激活、培育推荐信贷需求客户数、会计条线营销产品数量、风险控制等多方面的指标，通过对指标的考核，将基层行会计人员的收入与考核指标挂钩，让基层会计人员能够切实体会到营销带来的实惠，激励网点人员加强对中小客户的维护，提高结算业务收入。

（四）加强培训，提高会计核算人员的营销能力

资金结算管理部门以服务客户、提升整体对公业务竞争力为出发点，通过对柜

员营销技能和产品知识的系统培训，增强柜员服务与营销意识，帮助柜员掌握必要的营销理念、营销技巧和服务礼仪，不断提高柜员的客户服务和营销能力，在实践工作中能够根据客户的需求，适时推荐相应的银行结算产品，提高结算产品的覆盖度。

（五）进一步加强会计集中，优化柜面劳动组合，提高工作效率

将前台、中台概念引入对公柜台，对岗位职责和劳动组合进行重新设计和定义，前台突出柜面销售职能，中台处理传统柜面交易业务。定期与柜面人员进行沟通，了解客户需求，根据客户需求对核心系统进行改善，提高系统自动控制和自动处理柜面交易的能力，提高柜面劳动效率。

（六）加强队伍建设，实现风险控制和价值创造的双轮驱动

中小客户的管理任务，使对公柜员从单纯的柜面交易中走出来，更多地承担柜面产品销售、客户营销、客户关系维护工作，所以，需要调动更多人员的积极性，使他们参与到营销工作中来。通过资金结算产品经理的培训和转培训工作，在基层行培养一批既懂核算又懂业务的会计人员，形成资金结算产品经理、前台会计人员、中台会计人员相互依存的营销团队，充分释放、发挥会计柜台的渠道功能，提升直接价值创造力，实现对中小单位客户的关系维护及价值挖掘，实现风险控制与直接价值创造的双轮驱动。

我国商业银行在网络银行方面的应用及面临的挑战

孙　珊①

一、网络银行概念

网络银行又称网上银行，顾名思义是指基于互联网或其他电子通信网络手段提供的各种金融服务的银行机构或虚拟网站。网络银行是银行电子化的第三阶段，第一阶段是银行办公自动化和内部网络阶段，即用计算机的自动化处理来代替手工操作。第二阶段是银行间网络和电子银行阶段。

网络银行有狭义和广义之分。

狭义的网络银行又可称为纯网络银行，是指没有像传统银行一样的分支机构和营业场所以及自动柜员机，仅利用网络进行金融服务的金融机构。

广义的网络银行则包括纯网络银行、电子分行和远程银行。电子分行是指同时拥有实体分支机构的传统银行中仅从事网上银行业务的分支机构；远程银行是指同时拥有自动柜员机、电话银行、专有的家用计算机软件和纯网络银行的金融机构。

网络银行的概念可以从三个方面理解：一是银行提供服务的渠道。传统银行是通过一定的营业场所，客户与柜员面对面接触，填写相应的纸质单据，获得所需的银行服务。在网络银行的服务模式下，客户不用亲自到银行网点，无需与银行柜员接触，只需要通过计算机登录网上银行，点击相应的菜单，输入指令和数据，就可以完成相应的银行业务。二是银行服务的场所。传统银行富丽堂皇的办公楼、设施齐全的银业大厅、熙熙攘攘的人群不见了，取而代之的是设计精美的网银用户界面，客户利用个人电脑就可以享受到银行提供金融服务。三是银行服务的内涵。通过网络银行，客户不仅可以享受到存款、转账、汇款等服务，还可以享受投资理财、统

① 作者简介：孙珊，供职于中国建设银行北京白纸坊支行。

计分析、财务管理等金融创新服务。

二、我国商业银行网络银行的产生

1996年2月，中国银行在国际互联网上建立了主页，首先在互联网上发布信息，开创了国内网络银行之先河，但此时的网络银行并不是真正意义上的银行，因为它不具有银行的基本功能，只是一个银行的网站。随后，1997年4月招商银行建立网上银行“一网通”并推出网上个人银行。1998年4月，招商银行率先在国内推出网上企业银行，并开通网上支付功能，成为国内首家提供网上支付服务的银行。截至1999年底，招商银行已经建成了以“一网通”为品牌的国内著名金融证券网站，其功能包括“企业银行”、“个人银行”、“网上证券”、“网上商城”和“网上支付”5个系统，功能非常强大，可以说招商银行是中国发展网络银行最早、最快、最成功的银行。

此后，各大商业银行也纷纷跟进，发展自己的网络银行。1998年3月，中国银行正式开通了该行首家网络银行的业务，包括“企业在线理财”、“个人在线理财”和“支付网上银行”等网络银行的系列产品，分别针对企业、个人的资金管理和理财需要提供服务，以及为持卡人、商家提供B to C网上安全支付的手段。

1999年8月，中国建设银行在北京和广州相继推出了网上虚拟银行业务，初期的业务处理能力比较低，为日处理130万笔业务，最多只能允许5万人同时进行银行网站的访问和交易，并且只开通了对私业务。2000年1月，中国建设银行北京市分行正式开通网上个人理财业务，提供个人投资分析、个人储蓄、债券、汽车消费信贷、个人住房贷款、个人助学贷款、个人小额质押贷款、个人住房装修贷款等个人理财服务，随后为了丰富网络银行业务种类，又推出了针对股民的网上银证转账业务。

2000年2月，中国工商银行开通对公网上银行业务，业务覆盖北京、上海、天津、广州四个城市；6月推出B to B企业在线支付；8月在北京和浙江推出牡丹信用卡B to C在线支付业务，同时推出的还有个人网上银行业务，包括牡丹卡账户和储蓄账户的余额查询、缴费、转账等功能，并分别在北京和浙江开通了个人外汇买卖、个人网上银证转账业务，形成了涵盖集团理财、个人金融及B to B[①]、B to C[②]在线支付等系列产品的完整功能体系。

① B to B，是企业与企业（Business to Business）的简称，指企业与企业之间进行的电子商务活动。
② B to C，是企业与消费者（Business to Consumer）的简称，指企业与消费者之间进行的电子商务活动。

中国农业银行在2000年建成网络银行中心，建立了包括网络银行、网上支付在内的电子商务系统。由于体制以及技术的原因，农业银行的网银起步较晚，2001年，农业银行推出“95599”在线银行；2002年4月正式推出网上银行。在营销方面，农行投入了大量的人力和物力来改善网上银行的现状，希望能跟上国内网上银行的发展步伐。目前，农行在个人网上银行业务上推出了网上缴费、漫游汇款等业务，企业网上银行推出了集团理财、财务管理等业务，已经在网银市场上占据了前三名的市场份额，可以说发展是非常快的。

1999年，国家金融认证中心建立，为网络银行的电子商务在线支付服务提供了强有力的安全支持。与此同时，中国互联网飞速发展，网民的数量快速增长也为网络银行的发展提供了强大的客户基础。从我国商业银行网络银行的产生可以看出，虽然我国的网银起步较晚，但发展很快，并且网络银行的形式都是传统银行与网络银行结合的产物，而非纯网络银行，网络银行的发展都是依赖于母体行。另外，我国网络银行的业务方式的演变也相当迅速，许多商业银行的网站基本上一开始就进入了动态、交互式信息检索阶段，而且在这一阶段停留的时间也很短，很快就进入以客户为中心的全方位、多元化、高效率的与电子商务相结合的网络银行阶段。

三、我国商业银行网络银行发展的阶段划分

虽然与国外发达国家和地区相比我国网络银行业务起步较晚，但近些年呈现出迅猛发展的态势，其发展可分为四个阶段：

第一个阶段：1996—2000年，国内开始发展网上银行，银行建立自己的网站，主要是作为信息发布渠道，提供账户查询等信息类服务，而其主要操作集中在单一账户上。这时的网上银行更多地起到各商业银行宣传窗口的作用。这是网络银行发展的第一个阶段，也可以称做“银行网站”阶段。

第二个阶段：2000—2005年，银行利用网络银行服务和运营成本低廉的优势快速发展网上银行用户，将大量的传统柜面业务转移到互联网上，增加了汇款、转账支付、网上缴费、金融产品购买等交易功能。这个阶段主要的特征是多账户的关联操作，这是网络银行发展的第二个阶段，也可以称做“银行上网”阶段。

第三个阶段：2005—2010年，银行面对网络信息化快速发展的浪潮，已经不满足于仅仅将传统的银行业务放到网上去做，还创造出大量的新产品，如网上炒汇、银期直通、银证转账、理财服务等，真正以客户为中心，因客户需要而变化。不仅如此，有些银行还使用批量软件直接完成批量收付业务，可同时完成向多个账户收

支付款等结算业务，大大提高了工作效率，降低了企业成本。

第四个阶段：2010 年以后，传统的网络银行是各自为政的状态，2010 年 8 月央行推出了可以打破银行之间壁垒的第二代支付系统——超级网银。用户通过一个操作界面便可查询多家商业银行的账户情况，实现跨行转账实时到账，还可直接向各银行发送交易指令，从而可以实现统一身份验证、跨行账户管理、跨行资金汇划、跨行资金归集、统一直联平台、统一财务管理流程、统一数据格式等七种产品功能。只是因为目前还处于不成熟、不稳定的阶段，数据传输不稳定、收费也较高，还没有大面积推广与普及。

四、我国网络银行发展的现状

（一）设立网站或开展交易性网上银行业务的银行数量增加

到 2002 年底，中国国有银行和股份制银行都建立了网络银行，国内商业银行已有 31 家设立银行网站，其中国有银行 4 家、股份制银行 10 家、地方性商业银行 11 家；能够从事网络银行交易的商业银行已达 21 家，其中国有银行 4 家、股份制银行 10 家、地方性商业银行 4 家。

（二）网上银行业务量迅速增加

主要表现在交易额和客户数量两个方面。根据艾瑞咨询集团的统计，2007 年中国网络银行交易额总体规模达 245. 8 万亿元，较 2006 年增长 163. 1%。其中，企业网银占 93. 6%。2007 年个人网络银行增长的速度超过了企业网络银行的增长速度，个人网银的交易额占所有网银的交易额的比重也连年上升（见表 1）。

表 1　　中国网络银行交易额增长表

单位：万亿元、%

年份	2005	2006	2007	2008	2009	2010	2011
网络银行总交易额	72. 6	93. 4	245. 8	457. 0	672. 8	924. 4	1 136. 2
增长率	47. 3	28. 7	163. 1	85. 9	47. 2	37. 4	22. 9

注：1. 网络银行交易额由个人网络银行交易额和企业网络银行交易额构成。

2. 以上数据主要参考企业访谈和媒体公布数据，其中各家统计口径不一，仅供参考。

资料来源：艾瑞咨询。

根据中国互联网网络信息中心（CNNIC）发布的《第 23 次中国互联网发展统

计报告》，截至2008年底，中国网络银行的用户数已达5 800万户，美国网络银行用户规模已达8 000多万人。可见，中国的网络银行用户远远低于美国，在网银的使用率上我国为23.4%，也低于美国53%的使用率以及韩国39.1%的使用率。这些都说明我国网络银行业务仍有很大的发展空间。

（三）网上银行业务种类、服务品种迅速增多

2000年以前，我国银行网上服务单一，一些银行仅提供信息类服务如新闻资讯、银行内部信息及业务介绍、银行分支机构导航等，作为银行的一个宣传窗口。但目前，交易类业务已经成为网上银行服务的主要内容，提供的服务包括存贷款利率查询、外汇牌价查询、投资理财咨询、股票指数基金查询。个人的银行服务主要包括：账户查询、账户资料更新、挂失、转账、汇款、代理缴费、银证转账等，一些银行如中国银行和工商银行还提供外汇买卖、结售汇业务，建设银行等银行还提供小额质押贷款、住房按揭贷款等授信业务。一些网络银行如招商银行等推出网上证券交易委托平台，以便其客户可以直接在其网站上从事股票买卖、查询和投资管理等。网上支付包括B to C和B to B，大部分网络银行都提供B to C。这种服务大多是与网上商城相结合，银行设定了一些商城链接，支付方式主要有三种：银行卡直接支付、专用支付卡支付（如招商银行）和电子钱包（如中国银行）。

与此同时，银行日益重视业务经营中的品牌战略，出现了名牌网站和名牌产品。但目前我国尚未出现完全依赖或主要依赖信息网络开展业务的纯虚拟银行。

（四）中资银行网上银行服务开始赢得国内外声誉

中国工商银行作为我国国有商业银行里规模最大的银行，2005年的网络银行交易额达42.2万亿元，比2004年增长24%。网络银行个人客户达到1 485万户，业务总量达到0.61万亿元；网络银行企业客户达到32万，交易额达36.6万亿元；通过电子银行渠道完成的交易量为36.5亿笔，占工行同期全部业务量的26%。凭借快速增长的网络银行客户数量和交易资金量，2002年9月，中国工商银行网络银行被英国《银行家》杂志评为“2002年度全球最佳银行网站”，之后又被美国《环球金融》杂志评为“中国最佳企业网络银行”和“中国最佳个人网络银行”等。2005年12月，在中国互联网产业品牌50强——“TOP50”的评选活动中，中国工商银行又以其“方便快捷、安全可靠”的网络银行服务获得网络银行类第一名。招商银行也以其在网络银行上突出的表现，在2005年10月被《VALUE》杂志评选为“优秀基金网上代销银行”及“优秀基金电子交易结算渠道”。可见，中国银行业网上银行的服务水平已向国际水平靠拢和看齐。

五、我国网络银行与发达国家相比存在的问题

（一）发展环境欠完善

虽然我国的网络银行业务近几年已有了长足的发展，但其深度和宽度还很有限，这主要是受信息基础设施规模小、终端设备普及程度失衡、客户群体缺乏规模、现代支付体系不完善、信用评价机制不健全、认证中心（CA）体系尚未建成等国情的制约。

网络银行的客户是通过上网来接受服务的，所以网络银行的发展与计算机网络的发展以及上网人数的多少有很大关系。虽然这些年我国的互联网建设以及普及程度越来越高，但与发达国家相比还有很大差距，而且大多数网民上网的主要目的还是查询信息并获取信息，真正使用网络银行办理业务的用户还是比较少的，网民进行网上消费和网上支付的意识还不强。网络银行的业务流程要求客户更多地通过自主的方式选择、判断并办理业务，这对用户的文化水平及自身素质有一定要求，并不是每个会上网的人都能自如地使用网络银行。因此，单从用户角度讲，发达国家网络银行的优势是我国网络银行无法比拟的。互联网的社会普及程度及网民的数量与素质很大程度上制约了我国网络银行的进一步发展。

认证中心（CA）是保证网络银行业务以及电子商务安全运作的核心。目前我国的CA认证机构可分为三个体系，即银行、行业和地方体系CA，它包括国家认证体系骨干框架的建设，涉及资金流的问题，具有足够的权威性，如中国金融认证中心（CFCA）。第二种是行业体系特指国内的商务部、电信企业、地方政府组织等发展的CA认证体系，这些体系有丰富的行业经验、强大的网络优先资源及公信力，并与大客户端联系紧密等优势。第三种是地方体系指地方政府和网络服务商提供的认证系统，如北京认证中心（BJCA）、中国南方认证中心等。多种认证中心各自发展但面临许多不同银行间认证交叉与混乱的问题，影响了网络银行的服务效率和可靠性，形成了身份认证体系不完善、不统一的局面。所以，从规范角度讲，应该建立一个国家的统一的认证机构体系，才能起到认证机构的中立、权威的作用。

由于在网络银行上进行的支付交易都是在不见面的“虚拟”环境中完成的，所以，健全的信用机制也是网络银行发展的基本条件之一。美国的网络银行之所以发展得很快，正是由于其建立了完善的社会信用机制。而我国在这方面差距还很大，个人及企业信用体系方面的建设还基本上属于空白，这也是导致一些客户对网络银行及其他电子交易采取观望态度的原因之一。

（二）市场主体发展不健全

目前，国内网络银行都是在原有传统银行的基础上发展起来的，通过网络银行延伸服务即所谓的传统业务外靠的电子银行系统，虽然网站的设置样式繁多，令人眼花缭乱但大多业务只是起到一个宣传介绍的作用，最后办理还是要到银行网点通过柜台办理，从网上能办理的业务主要集中为存款、汇款、汇兑等。所以在业务种类上，我国的网络银行还有待进一步开发，一方面不要盲目攀比，盲目引进与投入；另一方面，要积极研究新的技术手段，建立更加有内涵、符合我国市场特色的产品。

另外，网络银行也改变了银行的经营观念及内部管理制度，使银行非常重视市场营销，并将市场营销观念作为指导银行经营的基本思想。现在西方银行已经普遍建立了以客户为中心的网络营销模式，并且其内部管理制度也从以物为中心的管理转向以人为中心的管理转变。而我国在这方面的改革才刚刚开始，其所受的重视程度还远远不够，效果也不是很好。管理是第 位的，技术是第二位的，如果只是在技术上发展起来，而管理制度以及经营观念没有及时更新，我国网络银行的发展也会停滞不前，不能跟上国际金融业的发展潮流。

（三）风险管理有待进一步加强

1. 法律风险

中国内地的金融立法相对滞后，一些网络银行的问题出现后，缺乏相关的法律依据，所以法律风险主要是指网络银行问题涉及的责任认定、承担、仲裁结果的执行等复杂的法律关系难以确定而造成的风险。

一是网络运行中的法律责任风险。网络银行属于新兴业务，与传统银行支付结算业务不同的是网络银行是在开放式网络环境中提供资金结算的，在使用电子货币结算服务中，客户只需在自己的终端甚至移动通信工具上就可以完成资金转账指令。但是这些指令的实现，是通过通信系统或互联网传送到银行计算机系统，经过认证系统和网关后才能完成。虽然我国已经通过了《中华人民共和国电子签名法》、《电子银行业务管理办法》等法律法规，对规范电子签名行为以及电子认证服务等行为的法律责任等作出了规定，但如果客户与银行单方面或双方违反或不遵守法律法规或约定惯例，或交易各方在法律上的权利和义务关系约定不明确，银行将会承担被罚款、民事罚金、赔偿损失以及合约无效的后果，对银行的名誉、特许价值、业务拓展等产生不良影响。

二是境外业务中的法律冲突风险。与传统银行相比，网络银行有两个十分明显的特征：其一是它的信息传递及契约签订是通过电子化的方式；其二是它跨越了国家之间的自然疆界，其业务与客户随着互联网的延伸可达到世界的各个角落。这样就对传统的基于自然疆界和纸质合约基础上的法律法规提出了挑战。

这些挑战主要包括跨境网上金融服务交易的管辖权以及法律适用问题；交易和服务契约的合法性问题；品牌及知识产权的保护难度问题；境外信息的有效性及法律认定问题；语言选择的合法性问题等。由于各国有关网络金融的法律法规发展程度不同以及存在国别差异，所以在网络银行的跨国交易过程中，必然会产生法律冲突。目前国际上还没有就网络银行涉及的法律达成共同协议，这也增加了跨国经营网络银行的法律风险。

三是客户隐私权被侵犯的法律风险。网络银行也可能因为提供虚拟金融服务和使用电子货币而涉及客户隐私权的保护问题。这是因为网络银行在自己的网页上建立与重要客户链接，一旦电脑黑客利用这种链接侵入客户的网页，就会导致客户的隐私泄露，客户可能因此对网络银行提起诉讼，这必然使银行的名誉等受损。目前，我国的法律中对网络运行和业务操作中出现的消费者保护和隐私权保护问题并没有作出相应规定，从而使网络银行面临很大的法律风险。

2. 技术风险

技术风险是指由于网络银行所采用的技术不当或相对落后而带来的安全技术隐患所造成的风险。这是由网络银行的高技术性、无纸化及瞬时性等特点决定的，是网络银行经营中的主要风险，也是广大客户和金融机构最关注的问题，这一问题如果不能及时有效地解决，必然会对网络银行的可用性造成影响。

一是技术选择风险。网络银行必然要选择一种技术解决方案来支撑网络银行的业务开展，因此，其选择的技术解决方案在设计上可能会存在缺陷等风险。例如，客户在安装网络银行系统时，如果网络银行使用的系统与客户终端上已经存在的软件项互不兼容，那么就存在使用不了或使用起来不方便的风险。出于成本最小化及客户服务便利化的考虑，网络银行往往要依靠外部市场服务的支持，如网络银行是通过微软的IE浏览器登录到自己的页面，而IE浏览器的版本不断升级，有的网银产品的兼容性不好，如果客户使用的是最新版本的IE浏览器就无法打开网络银行的页面，这必然会对网络银行提供高质量服务造成威胁。

二是技术设计风险。技术设计所产生的交易风险是多种多样的。交易风险通常是由于系统设计、实施以及系统设备后续维护不足产生的。例如，银行雇用外部销售商来设计产品、服务、传送渠道和过程而未能适用于银行的系统或客户需求，此时交易风险就会增加。如果银行兼并其他银行或收购新业务时，组合后的银行计算机系统可能存在不准确或不完整的信息，或不能正常运行。如果不能及时地建立安全措施、应急计划、测试和审评标准，交易风险就会增加。

三是网络系统建设薄弱风险。尽管我国在银行网络化建设上投入了大量资金，但与发达国家相比，我国银行业对电脑网络系统投入仍然比较少，这必然造成银行电子化规模小、发展水平低，基本上还停留在传统业务电脑化上，网络化程度比较低，网络技术的发展比较缓慢，数据传输系统的安全性不高。跨城市、跨地区、跨国家的银行内部网络建设还不完善，而且，各银行、各地区的网络建设缺乏整体规划，在软硬件的使用上没有统一标准，影响了银行从传统经营模式向网络银行模式的转变。

3. 操作风险

操作风险是指由于系统稳定性、可靠性和安全性的重大缺陷而导致的风险。网络银行客户的疏忽、网络银行安全系统及其产品设计缺陷和银行职员的操作失误都可能导致操作风险的发生。

操作风险主要涉及网络银行的风险管理系统、网银账户的授权使用、网络银行与其他银行和客户间的信息交流，真假电子货币的辨别等。目前，由于计算机的处理能力日益增强、客户的地理空间位置越来越分散以及可以采用的通信手段多种多样，导致网络银行对进入银行账户的授权管理难度越来越大。对于电子货币来说，网络安全系统的缺陷可能会让客户误认为网络银行实施了欺诈行为。对于其他网络银行业务，如果没有经过明确授权使用账户可能导致客户直接的经济损失，加大了客户对网络银行的不信任。

商业银行职员对新业务的不熟悉或疏忽大意，也有可能导致网络银行严重的操作风险，从而危及网络隐含的总体安全。例如，网络银行的签约大多需要客户到柜台，由银行的工作人员进行操作，如果银行操作人员在设置时存在错误或其他偏差，以及银行职员与客户不能充分理解网络银行的业务时进行的误操作，就会造成操作风险。此外，客户在公共场合使用网络银行时，如登录网络银行汇款转账等，其身份信息、银行卡号及密码等容易被他人窃取而造成客户或银行蒙受损失。

当网上支付系统建成并投入使用后，通过电子支票支付账款时，网络银行将不再以物理状态（如各种建筑物、柜台和纸张等）存在，许多客户就会因此而产生不安全感，进而产生对网络银行资信的怀疑。这种怀疑一旦蔓延开来，就会构成网络银行的另一种形式的操作风险。

4. 战略风险

战略风险是指由于业务决策不正确、决策的实施不恰当以及对行业变化缺乏响应而造成的对网络银行的风险。战略风险的影响因素很多如组织战略目标的一致性、为实现目标而制定的业务战略、为实现目标而利用的资源、实施质量等。其中为实现业务战略而必需的资源包括有形资源与无形资源，主要包括通信渠道、传送网络、操作系统、管理能力与才能。评价战略风险时，必须对经济、技术、竞争、立法和其他环境变化的影响进行比较从而促进资源的有效利用。

一是决策失误引发的战略风险。这种风险给网络银行带来的损失往往是最大的。目前网络银行的业务多种多样，商业银行需要选择与不同的信息技术公司合作，选择采用哪种网络银行的解决方案时就会存在一种潜在的系统风险。因为一旦决策失误，就将使商业银行面临巨大的技术机会损失，甚至蒙受巨大的商业机会损失。

二是技术发展引发的战略风险。银行使用的技术对银行的竞争能力是非常重要的，所以管理部门必须及时地理解、支持和应用某项新技术，避免银行使用了某些不可靠的技术而造成战略风险。这样，在决定开发某项业务种类之前，管理部门必须了解与此相关的网上银行业务的风险。有些情况下，银行可以通过互联网来提供新的网银产品和服务。以后网络银行发展趋势就是在现有业务领域与其他金融机构竞争，所以必须把所采用的技术和战略计划紧密联系起来。

三是技术应用不当引发的战略风险。它是指管理部门未能恰当地计划、管理和监控与技术相关的产品、服务、过程及传送渠道而产生的战略风险。也就是说，在引入一项网银产品之前，管理部门应该考虑该产品和技术是否与银行战略计划中的业务目标一致，银行是否有足够的专业知识与资源来识别、监控和管理网银业务中的风险。在计划和决策时，应该同营销与运行经理一起考虑该产品是如何满足特定的业务需要，而不是把该产品作为一个单独的客体来研究。银行技术专家也要在决策与计划过程中发挥作用，保证该计划与银行整体业务目标一致，并在银行的风险承受能力之内。

5. 网络安全风险

网络安全风险是指由于网络防范不严密或应用系统设计有缺陷，遭到非法入侵或其他不确定因素对网络银行所造成的风险。

一是黑客入侵风险。据有关报道，1999 年一名俄罗斯数学专业的学生通过互联网进入了花旗银行的电脑系统，非法转存了上百万美元的资金。据统计，1998 年全球有 65% 的公司信息系统受到病毒和黑客的攻击，其中金融与银行业占到受攻击总数的 57%，也就是说，多一半的病毒与黑客的攻击是专门针对银行等金融服务业信息系统的。

由于网络银行的开放性和应用系统可能存在的缺陷，一旦被黑客入侵，就会直接危害系统的安全，用户资料、商业机密被窃取，甚至造成银行资金的损失。所以，网络安全是网络银行生存与发展的头等大事。

为了保证网络银行系统的安全，网络银行大都设计了多层次的安全系统，同时大额交易都会进行控制，在交易前要鉴别特殊的密码，如果有人企图非法入侵，系统就会自动报警。尽管网络安全的解决方案及技术层出不穷，但网络银行的系统安全仍是网络银行业务中最薄弱的环节。因为，黑客攻击的技术随着信息技术的发展也会逐渐增强，所以这种风险是伴随着网络银行的发展而存在的。

二是病毒破坏风险。这是由于网络防范不严，电脑病毒通过网络进入网络银行的主机系统从而造成数据丢失等严重后果。同时，正常客户或非法入侵者在与网络银行的业务交往中，也可能给网络银行带来各种电脑病毒，造成主机甚至系统的瘫痪。

三是内部欺诈风险。这是由于银行内部工作人员利用网络系统进行欺诈行为而对网络银行造成的风险。例如，银行内部人员利用他们的职业优势，窃取客户信息，使用客户账户的资金进行各种风险投资，如炒股、外汇和期权等，将交易风险转嫁到客户身上；也可能通过窃取电子货币，使客户资金受损失，或制造假的电子货币从网络银行获取利益。所以，内部欺诈风险也是网络银行风险之一。

6. 信息不对称风险

信息不对称风险是指由于市场信息传导的不充分导致的网络银行面临的不利选择以及道德风险引发的风险。由于网络银行的虚拟性，银行无法在网络上鉴别客户的风险水平而处于不利的选择地位，网上客户可以通过隐蔽个人信息以及行动做出对自己有利但损害网络银行利益的行为，以及面临由于不利的公众评价使网络银行丧失客户和资金来源的风险等。

在网络银行虚拟的环境中，客户不了解每家银行提供的服务质量与其价格的高低是否相对应，容易引起逆向选择，多数客户将会按照他们对网络银行提供的服务的平均质量来确定预期的价格。但是，有可能这个预期的价格低于提供高质量服务的网络银行能够承受的最低价格，导致只有提供低质量服务的网络银行能够被客户接受，从而使提供高质量服务的银行被排挤出市场。

由于网络市场上银行与客户之间信息处于严重的不对称状态，网络银行的客户会比传统形式的银行客户更多地利用信息优势形成对网络银行不利的道德风险行为。例如，网络银行根据原有风险水平确定一种新的金融产品的价格，但高于原有风险水平的客户大量购买这种新金融品种，而低于原有风险水平的客户也许不购买这种金融产品，所以，网络银行每销售一份新产品就会多承担一份风险损失。

7. 管理风险

管理风险是指网络银行的管理现状和水平与网络银行业务的发展速度不协调而造成的风险。我国商业银行的发展历史并不长，真正的商业银行运行机制还未形成，正处于发育和完善阶段，所以我国在发展网络银行时会出现三个不协调：

一是管理水平不能满足网络银行业务发展的需要。网络银行的发展会进一步加快银行业务处理集中化的程度，所以银行业务的管理和运作必须随着网络银行的发展而进行改变与重组。然而，我国的商业银行特别是国有银行在管理水平上仍局限于传统的理念，在网络银行发展迅速的时期，国有银行庞大的营业网点在一定程度上会增加运营成本，这也成为业务发展的一个包袱。

二是现有的规章制度和管理经验不能满足网络银行业务发展的需要。我国网络银行的业务基本上都是建立在传统银行业务的基础之上的，但我国的商业银行发展不完善，内部控制机制不健全，缺乏整套的成熟的风险管理与控制机制，这也增加了网络银行业务风险控制的难度。

三是管理人才缺乏，难以满足网络银行发展的需要。由于网络银行是近些年才在中国发展起来的一项业务，所以管理人才尚不能满足现有网络银行业务风险管理和控制的需要，这也会影响网络银行业务的快速发展，降低服务的质量，甚至导致网络银行的经营风险。

8. 金融监管风险

金融监管风险是指由于网络银行在发展过程中产生的各种风险使金融监管所面临的情况更加复杂，从而产生的金融监管当局在监管过程中的风险。

一是对金融监管当局面临的风险。网络银行都是通过无纸化的操作进行交易，没有纸质凭证可查，而且由于设有密码，监管当局一般无法进一步核查。通过网上进行的金融交易，其电子记录有时可以不留痕迹地进行修改，这也使交易的确认过程变得更加复杂。监管当局如果对银行业务的核查存在困难，就会造成监管数据不准确，一致性不能得到保证。网络银行的经营模式使得一家银行可以通过使用多个终端获得多家银行业务的服务效果，所以监管当局不仅需要参照传统银行的监管标准如注册管理的标准，还要根据虚拟银行的特殊性进行技术性安全和管理安全的监管，即对网络交易双方的身份的真实性、交易资料和交易过程的安全性以及支付系统提供服务的网络主机系统和数据库的安全性，还要对跨界金融数据流和网络银行网站上提供的各种网络金融服务广告进行监管等。

二是对货币政策的影响。网络银行可以发行电子货币，这样就相当于货币创造，会对货币政策目标的实现造成不良影响。目前，我国由于技术和配送渠道等电子商务发展的限制，电子货币的使用还不是很广泛，所以还不会对货币政策造成显著影响。但如果不对电子货币的发行加以规范、不对电子货币的使用有效监管、不对网络银行的市场退出机制加以完善的话，随着网络银行技术的普及与完善，电子货币发行量越来越大，很有可能对货币供应造成冲击，影响货币政策的实施。

三是对资本管制的影响。在资本管制的情况下，监管当局还可能面临逃避管制的风险。比如，携带货币出入境金额受限制时，可以通过网络支付和提款渠道达到不受管制的目的。再比如，网络银行的广泛应用会进一步加速离岸的管制货币自由兑换市场以及投机套作市场的发展，使资本管制变得更加困难。此外，跨国金融机构还可以逃避所在国的分业经营管制，通过网络银行实现异地、境外吸收存款和支付、结算功能等。上述这些都会使资本管制出现漏洞，从而使资本管制失去意义。

基于现金流量层次的财务报表分析方法

蔡　夷[1]

现金流量作为现代企业生存和发展的一个重要因素，日益凸显出对其进行财务分析的重要性。在现行的对企业现金流量的分析中，比较偏重对经营活动现金流量的分析。一般认为，如果企业的现金流量和现金增加额主要来自经营活动，那么说明这家企业的产品或服务适销对路，获现能力比较好，营运能力比较强，财务风险也相对比较低。然而，在市场经济中，企业之间的竞争异常激烈，仅以原有的产品、技术、销售渠道、服务方式和生产规模等，难以在市场中有更大的发展，严重的还会影响企业的生存，正所谓“不进则退”。所以，企业往往不断地投入资源进行产品的研发和升级换代、生产设备的改造和购置，等等，以保持竞争优势，创造更多的企业价值，在市场竞争中立于不败之地。

在对一家企业的经营活动和财务状况进行全面分析时，必须要考虑企业维持正常生产经营和持续发展对财务资源的需求。任何组织都可被视为一个由相关的“价值链”活动组成的系统。价值链活动包含并创造价值。迈克尔·波特（Michael Porter）认为，企业的“价值链”主要活动包括投入性后勤、作业、产出性后勤、营销和销售以及服务。这些主要活动的每一个方面都与支持性活动相关。支持性活动包括采购、技术开发、人力资源管理和企业基础设施。其中，采购定义为购买生产资源的过程，技术开发则指如产品设计、过程和开发等所有价值活动涉及的技术开发，人力资源管理主要包括人员的招聘、培训等，而企业基础设施主要涉及厂房及设备等[2]。波特的价值链图（见图1）直观地表达了这些活动之间的关系。这几项支持性活动包括了财务报表中的营运资本项目、固定资产项目和无形资产项目，由于人力资源属于非财务项目，不在财务报表中列示，这里暂不做讨论。所以，在评价企业的盈利、现金流量等财务状况时，也需要考虑这些项目对财务状况的影响。因此，

---

① 作者简介：蔡夷，经济师、注册会计师，供职于中国建设银行北京市分行海淀会计管理分中心。

② 杜胜利：《企业经营业绩评价》，经济科学出版社，1999。

我们需要一个更综合的指标来满足这一视角的分析需求。

自由现金流量这个概念来源于代理成本学说，广泛应用于企业价值评估的研究。该指标反映了公司扣除维持正常经营和必要发展支出后的“剩余”现金流量，对综合评价企业财务状况、可持续发展能力有一定的帮助。

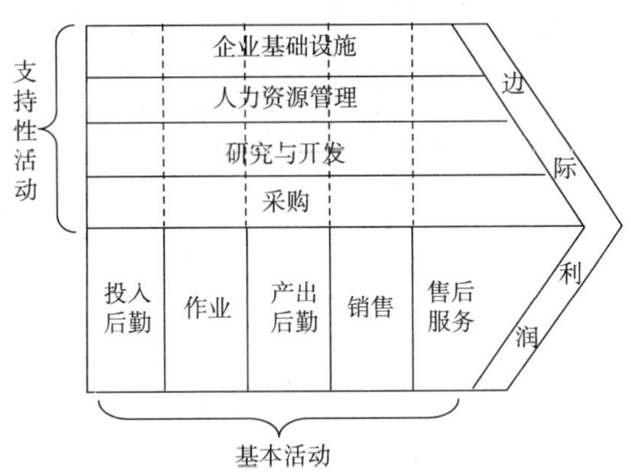

图1 波特的价值链图[①]

一、自由现金流量的含义

自由现金流量（Free Cash Flow，FCF）最早是由美国西北大学阿尔弗雷德·拉巴波特（Alfred Rappaport）、哈佛大学詹森（Michael Jensen）等学者于20世纪80年代提出的一个全新的概念。如今它在西方公司价值评估中得到了非常广泛的应用[②]。1986年，詹森（Michael Jensen）在《美国经济评论》上发表了《自由现金流量的代理成本、公司财务与收购》，在文中给出了自由现金流量的定义：企业在满足了净现值大于零的所有项目所需资金后的那部分现金流量，即为自由现金流量[③]。

从现金流量的角度来说，股东与债权人没有性质上的差异，只存在支付顺序上的差异，所谓的“自由”体现为公司在满足再投资需求之后所剩余的现金流量，它流向了包括普通股股东、债权人和优先股股东在内的所有索取权持有人[④]。

虽然国内外关于自由现金流量的定义很多，表述也不尽相同，但其对于自由现金流量的内涵有着基本相同的描述，归纳出来包括以下几点：一是自由现金流量从

① 杜胜利：《企业经营业绩评价》，经济科学出版社，1999。

② 李菁：《自由现金流的涵义及其风险控制应用》，载《开放潮》，2007年第6~7期合刊。

③ 符蓉、黄激动、干胜道：《自由现金流理论研究综述：发展与应用》，载《经济与管理研究》，2006（12）。

④ 陈小悦等：《财务管理基础理论与实务专题》，中国财政经济出版社，2006。

企业可持续发展的角度，扣除了维持经营的营运支出和发展必要的资本性支出，是一种“剩余”现金流量或“超额”现金流量；二是从分配者的角度来看，自由现金流量是面向所有资金清偿者的现金流量，即公司的自由现金流量包括可分配给债权人和所有股东的现金流量；三是自由现金流量是公司偿还债务和分配股利的财务基础，是一个比较综合的财务指标，可以衡量企业的发展能力、偿还能力等。

二、以自由现金流量为核心的层次分析

（一）现金流量的五个层次

除去按照活动性质区分现金流量，还可以基于自由现金流量的概念将现金流量划分为经营性现金流量、自由现金流量、广义自由现金流量、股权自由现金流量和公司自由现金流量。

按照自由现金流量的含义，可以定义自由现金流量为经营性现金流量减去资本性支出的剩余现金流量。企业在生产经营之外，还会进行对外的投资活动，包含对外投资活动的自由现金流量称为广义自由现金流量。筹资活动是企业经营活动和投资活动以外的第三大财务活动。根据资金的来源，可以将企业的筹资活动分为债务性融资和权益融资活动，股权自由现金流量就是在广义自由现金流量基础上增加了债务性融资活动的现金流量。最终，包含所有经济活动的现金流量就是公司自由现金流量。

（二）与三种活动现金流量的对应关系

五个层次的自由现金流量以经营性现金流量为起点，层层剥离，与现行现金流量表中的三种活动的现金流量存在着对应关系。

自由现金流量是经营性现金流量扣除必要的资本性支出后的剩余现金。这里的资本性净支出指的是企业为了可持续发展进行的投入，可以视为企业对内的投资活动。企业为了更好地生存和发展，往往需要不断地投入资本，比如新增固定资产以扩大生产规模，投入资金进行技术研究和产品开发等。这种对内投资的支出与现金流量表投资活动中的购建和处置固定资产、无形资产和其他长期资产产生的现金净流量相对应。

广义的自由现金流量包含了企业对外投资产生的现金净流量，这部分与现金流量表投资活动中的收回投资、对外投资支付的现金等项目对应。

在广义自由现金流量的基础上，将筹资活动现金流量分为与债务融资和权益融

资相关的项目，就得到了股权自由现金流量和公司自由现金流量。

公司自由现金流量包括了当期所有活动的现金流入和流出，是企业当期现金的变动额，其与期初现金余额的合计为期末的现金余额。

可以用图2来表示企业现金流量的层次。

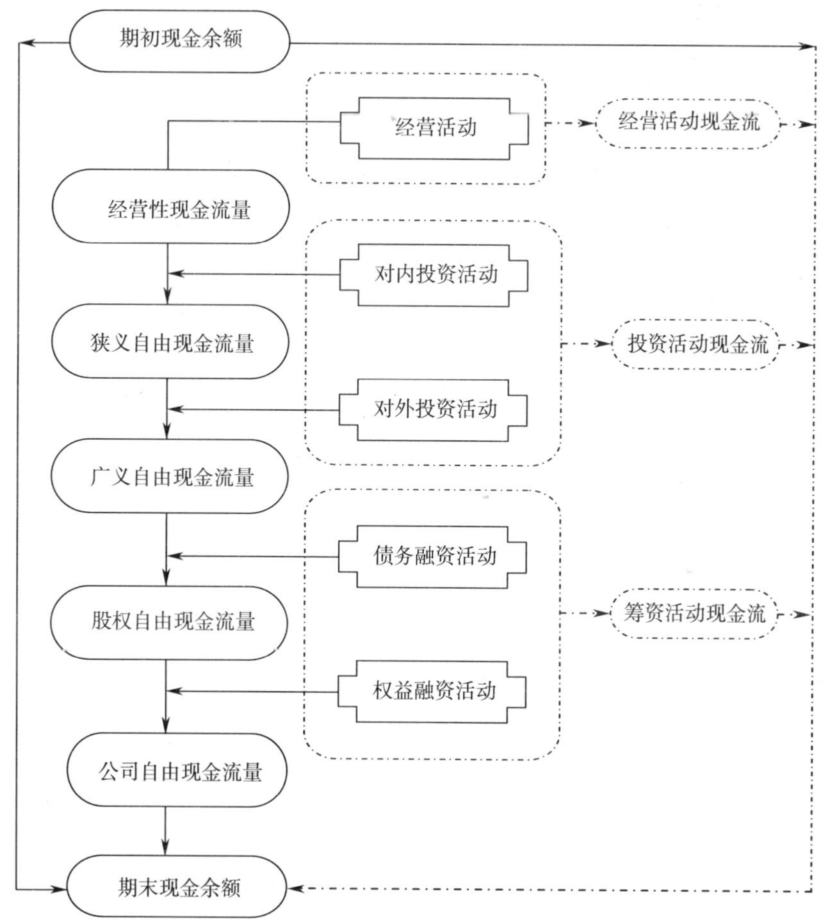

图2 企业现金流量层次图

三、现金流量表的结构重构分析

对现金流量层次的划分，为报表分析者提供了另外一种分析现金流量表的方法，即按照现金流量层次重新组合现金流量表中的项目。

首先重构间接法编制的现金流量表，将净利润调整为营运资本投入之前的现金利润，以评价企业创造经营现金的能力；再将现金利润调整为经营性现金流量，以揭示营运资本的变化情况，评价企业营运资本的投入和管理情况。

接下来重构直接法编制的现金流量表，以经营性现金流量为起点，围绕自由现金流量的不同层次展开，揭示企业各种经济活动现金流动的情况。

通过图3可以清晰地展示结构重构后的现金流量表的框架，以及与间接法和直接法编制的现金流量表的对应关系。

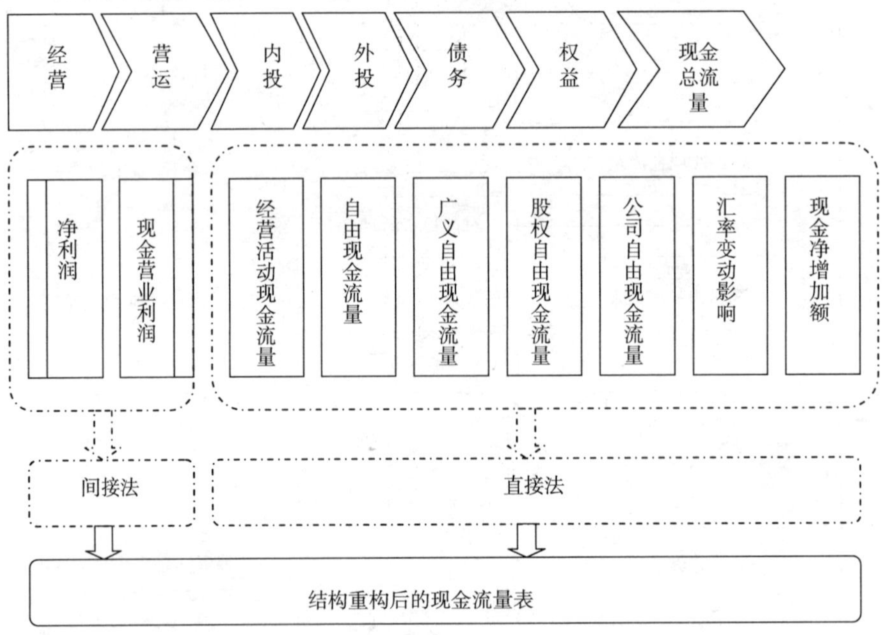

图3 现金流量表结构重构框架图

结构重构后的现金流量表如表1所示。

表1 结构重构后的现金流量表

项目	分析内容
一、净利润	经营活动
加：计提的坏账准备或转销的坏账	
固定资产折旧	
无形资产摊销	
长期待摊费用摊销	
处置固定资产等长期资产的损失（减：收益）	
财务费用（非现金支付）	
投资损失（减：收益）	
递延税款贷项（减：借项）	
其他	

续表

项目	分析内容
二、现金营业利润	营运资本管理
加：待摊费用减少（减：增加）	
预提费用增加（减：减少）	
存货的减少（减：增加）	
经营性应收项目的减少（减：增加）	
经营性应付项目的增加（减：减少）	
其他	
三、经营活动现金流量净额	对内投资活动
加：处置固定资产等长期资产收回的现金净额	
减：购建固定资产等长期资产所支付的现金	
其他	
四、自由现金流量净额	对外投资活动
加：收回投资所收到的现金	
利息收入	
减：权益性投资所支付的现金	
其他	
五、广义自由现金流量净额	债务融资活动
加：借款所收到的现金	
减：偿还债务所支付的现金	
发生筹资费用所支付的现金	
分配股利、利润或偿付利息所支付的现金（债务融资）	
其他	
六、股权自由现金流量净额	权益融资活动
加：吸收投资所收到的现金	
减：分配股利、利润或偿付利息所支付的现金（权益融资）	
其他	
七、公司自由现金流量净额	现金总流量
八、汇率变动对现金的影响	
九、现金及现金等价物净增加额	

四、现金流量层次与其他报表项目的对应关系

现行企业财务报告中的利润表是一种多步式的利润表，它将企业的各种收入和

成本、费用进行配比，在报表中分步对应列示，使报表使用者可以了解到企业各种业务的盈利情况。而作为企业的债权人如商业银行，不仅需要了解企业账面的利润情况，还需要对账面利润中的现金含量，即盈利质量进行分析，因此，现金流量表成为分析利润表的重要补充，用来分析企业各种业务的盈利质量。然而，在对企业的盈利质量进行分析时，往往侧重分析账面利润的现金含量，忽视了对非现金利润的分析。

利润表是以权责发生制即应计制为编制基础的报表，这是利润数据与现金流量数据存在差异的根本原因，这种差异就是应计制项目带来的利润。所以，从计量基础的角度来看利润的构成，企业的利润等于现金利润和非现金利润的和。非现金利润就是企业各种资本的增值，因此，可以这样解读企业的利润，它由经营活动（包括对外投资）产生的现金流量净额和经营性净资产（包含对外投资资产）的增值构成。也就是说，企业的利润如果没有带来相应的现金流量，其差异必然来自资产的增值①

资产是指企业过去的交易或者事项形成的，由企业拥有或者控制的、预期会给企业带来经济利益的资源，这种预期是指直接或者间接导致现金和现金等价物流入企业的潜力②。账面利润与现金利润的差异来自于资产的增值，这就需要进一步分析这些资产的质量，以判断其未来产生现金流量的能力。对利润构成的重新阐述，使得财务报表分析不仅注重对历史现金流量状况的分析，而且更加注重对资产质量的分析，从而对企业未来现金流量状况做出评价和判断。

另外，现金流量还可以从现金流动的角度分析资产、负债等项目的变动情况。比如，企业新增一项资产，可以从现金流量的角度分析有没有实际的现金流出，流出的现金是企业的内源资金还是通过融资得来的资金等。

这种对现金流量与利润表和资产负债表项目关系的认识，使得财务报表分析的视角也发生了变化，由原来的以分析资产负债表和利润表项目为主、现金流量表项目为辅的方式，转变为以现金流量表为基础的三大报表关系的分析。下面逐一说明不同层次现金流量与资产负债表和利润表项目的关系。

（一）经营性现金流量与营运资本、营业利润

这里的营业利润指的是企业的经营性利润，它与经营性现金流量相对应，其差额为营运资本的追加额或变动额。

---

① 陈小悦、孙力强、陈璇：《以经济学原理为基础的会计计量模式探析》，载《当代会计研究》，2008（1）。
② 中华人民共和国财政部：《企业会计准则（2006）》，经济科学出版社，2006。

（二）自由现金流量与固定资产和无形资产

自由现金流量是经营性现金流量扣除必要的资本性支出后的现金流量。这些资本性支出主要用于购建固定资产、产品研发和技术更新等。这些支出往往当期无法产生收入或现金流入，而表现为固定资产或无形资产的增加。从经营性现金流量向自由现金流量的变化与资产负债表中的固定资产和无形资产、长期负债等项目存在着联系，对这种联系的分析包括：

1. 企业资本性支出的资金来源：是来自于经营性现金流量，还是来自于外部融资？如果来自外部融资，是长期债务还是短期债务？债务偿还的期限是何时？

2. 资本性支出是否与企业经营主业相关？是否为必要的资本性支出？

3. 资本性支出的质量如何？即未来创造现金的能力。未来创造的现金是否足够按时偿还外部融资的债务？

（三）广义自由现金流量与对外投资

企业除直接的生产经营外，还进行对外投资，包含对外投资收支的现金流量就是广义自由现金流量，从自由现金流量向广义自由现金流量的变化与资产负债表中的长期投资等项目密切相关，对这种联系的分析包括：

1. 企业对外投资的资金来源：是来自于内生资金，还是来自于外部融资？如果来自外部融资，是长期债务还是短期债务？债务偿还的期限是何时？

2. 对外投资内容是什么？是单一投资还是多元化投资？是否存在过度投资的现象？

3. 对外投资的质量如何？对外投资能否带来持续的现金流入？

（四）融资性现金流量与长短期借款和所有者权益

企业的筹资活动不能直接产生收益，必须通过经营活动或投资活动才能转化为利润，但是筹资活动直接影响企业的现金余额，与长短期借款等项目联系紧密，对这种联系的分析包括：

1. 企业的平均融资规模是多少？期限分布是怎样的？

2. 外部融资的渠道是否畅通？

3. 外部融资环境的变化等。

五、基于现金流量层次的财务报表分析方法

资产负债表、利润表和现金流量表是企业财务报告的主要组成部分，它们揭示

了企业不同方面的财务信息，如利润表和现金流量表是时期报表，资产负债表是时点报表；资产负债表和利润表以权责发生制为基础，而现金流量表以收付实现制为基础；资产负债表反映了企业某一时点的资产负债状况，利润表反映企业某一个时期的损益情况，而现金流量表揭示了企业某个时期各项现金流动的情况。分析企业财务报表时，不能孤立地分析某一张报表，只有将资产负债表、损益表和现金流量表结合起来分析，才能对企业的经营活动和财务状况作出较全面、正确的评价。

现金流量的五个层次与资产负债表和利润表项目紧密联系，对它们的分析基本涵盖了所有的报表项目，这种分析方法可以用图 4 来表示：

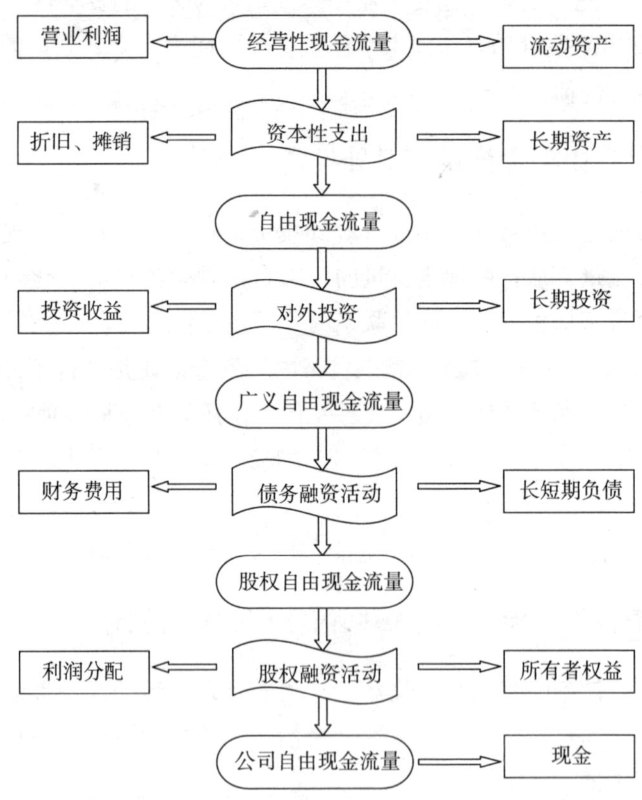

图 4　基于现金流量分层的财务报表关系分析方法

传统的报表分析方法，以评价企业的盈利能力、营运能力等五个方面能力的指标为主要内容，是一种通过比率指标连接三张财务报表的分析方法。而基于现金流量分层的财务报表关系分析方法以现金流量表为基础，通过不同层次现金流量的变化连接资产负债表和利润表相关项目，层层递进，将五个方面能力的分析贯穿其中，在一定程度上改进了传统财务报表分析路线较为分散的不足。

对统筹城乡发展背景下农村金融产品创新的思考

——四川资阳、宜宾地区案例分析

何迎新[①]

农村金融产品创新不是新话题，一直以来都是金融工作的重点。近年来，党中央提出了统筹城乡发展、发展现代农业、建设社会主义新农村的战略部署。为响应党中央号召，满足新形势下“三农”巨大而迫切的金融需求，人民银行、银监会等金融管理部门于2008年10月和2010年5月先后出台了《关于加快推进农村金融产品和服务方式创新的意见》和《关于全面推进农村金融产品和服务方式创新的指导意见》，农村金融产品创新被提到一个前所未有的高度。统筹城乡发展背景下的农村金融产品创新不同于传统的产品创新方式，是提高农业现代化水平、推进社会主义新农村建设的全方位、多层次的创新，就是要突破传统思维模式以及政策、体制和法律上的障碍使传统金融产品解决不了的问题得到创造性的解决。笔者通过对四川资阳、宜宾地区实地调研，对统筹城乡发展背景下农村金融产品创新实践、面临的问题和下一步发展有了一些思考和认识。

一、四川资阳、宜宾地区农村金融产品创新实践

近年来，四川资阳、宜宾地区金融机构认真贯彻落实金融支农政策，因地制宜，推出了一大批农村金融创新产品，满足了“三农”多样化的信贷需求，促进了农村经济快速发展，为统筹城乡发展、新农村建设作出了积极贡献。具有典型代表的有：

（一）“六方合作+保险”模式

2006年初，为支持生猪养殖业持续健康发展，资阳市政府推动开创了“六方合

① 作者简介：何迎新，供职于中国人民银行成都分行。

作+保险”模式。该模式是“金融机构+担保公司+饲料企业+种畜场+肉食品加工企业+协会农户”及保险的有机联系与合作，以风险补偿体系为核心，以利益为纽带，以保险为保障，把生猪养殖产业链上各主体、各要素紧密串联起来，实现了财政引导、企业推动、金融扶持、标准生产、多方共赢的良性循环。

（二）农民专业合作社法人贷款

农民专业合作社是我国立法确定的新型农村经济组织形式，目的是促进农业发展方式转变，增强农业竞争力，增加农民收入。资阳金融机构采取“一次授信、连续使用、封闭运行、定向流转、严格监管”的方式，推出了直接向农民专业合作社发放贷款的品种，着重支持生猪、柠檬和中药材生产，并将专合社信用等级设为“优秀、良好、普通”三个级别，优化操作流程，建立高效的贷款调查、审议制度。

（三）“多元联保+贷款包干”模式

为支持香藕特色种植业发展，宜宾筠连县创新了“多元联保+贷款包干”模式，满足了多层次的贷款需求，主要做法有：一是对一般小规模种植农户，由农村信用社发放小额信用贷款解决。二是对资金需求较大的农户，由农业银行发放“惠农卡”贷款解决。三是对能够组成“联保体”的农户，由邮政储蓄银行发放农户联保贷款支持，同时由乡镇领导个人提供保证。四是对合作社的大额资金需求，通过“乡镇财政提供专项担保资金+财政贴息+乡镇主要领导个人保证”的担保方式，由小额贷款公司发放贷款解决。

（四）旅游景区收费权质押贷款

近年来，随着旅游人数不断增加，宜宾蜀南竹海旅游风景区产生了建设大型停车场、改造陈旧落后设施、开发新景区的融资需求。宜宾金融机构根据该景区游客数量、旅游收入等经营情况，灵活采取风景区收费权质押的办法，先后发放贷款7 900多万元，解决了该景区的融资难问题，促进了地方旅游业的发展。

（五）大学生村官创业富民贷款

宜宾屏山县农村信用社通过大学生村干部创业互保、大学生村干部创业基金担保等创新方式，累计发放150多万元大学生村官创业富民贷款，不仅为自身盈利带来新的增长点，还取得了很好的社会效益。该信用社支持的大乘镇龙胜村支部副书记杨勇最具有代表性，他办起了“鸡勇士蛋鸡养殖场”，成为全国大学生村官十大创业先锋第一名，养殖场也成了大学生村干部创业示范园。

二、四川资阳、宜宾地区农村金融产品创新的几点启示

启示一：农村金融产品创新的关键是解决抵押担保难的问题。传统农村金融主要满足农民小额、短期信贷需求，农民创业致富的大额、长期信贷需求往往因为缺乏固定资产、不动产等有效抵押担保物被金融机构拒之门外。解决“三农”贷款难问题，关键是抵押担保方式的创新。从调研的情况看，主要有两种方式：第一种途径是扩大抵押担保物的范围，由固定资产、不动产扩大到动产质押、权利质押，如宜宾开展的以农副产品、储酒、机器设备、船舶为质押品的动产质押；宜宾煤矿企业采矿权抵押贷款、蜀南竹海景区收费权质押贷款、中小企业股权质押贷款、应收账款质押贷款。第二种途径是建立政策性、会员制、商业性多层次的担保公司体系，满足多样化的融资担保需求。

启示二：农村金融产品创新以信贷政策和“三农”实际需求为依据选择创新突破口。农村金融产品创新不是盲目的，必须符合国家信贷政策和“三农”的实际需求，因地制宜，选择创新突破口。比如，国家出台集体林权抵押贷款政策以及农民工返乡创业、中小企业、妇女小额创业就业等信贷政策后，金融机构就可以在宽松的政策环境中根据当地“三农”的实际需求发挥创造力，选准创新突破口。

启示三：依靠地方政府的力量，加强部门间协调配合，才能增强产品创新的实施效果。农村金融产品创新是一个长期的系统工程，涉及农业、财政、税收、金融等多个部门和多项政策，必须依靠地方政府力量，加强部门间协调配合，建立跨部门工作协调机制，齐抓共管，形成合力，才能增强产品创新的实施效果。

启示四：农村金融产品创新必须与各种金融资源有机结合，才能取得实效。农村金融产品创新不是孤立的，需要高效便捷的金融服务落到实处，需要新型金融机构参与从而注入新的活力，需要建立农村信用体系营造良好的金融生态环境。只有与各种金融资源有机结合，农村金融产品创新才能顺利推开，取得实效。

三、面临的主要问题

（一）以农村产权为创新点的金融产品缺乏相关法律保障

产权明晰是金融支农的法律基础。目前，包括四川资阳、宜宾在内的一些地区正在探索试点土地承包经营权和宅基地使用权抵押贷款，这与现行《物权法》、《担

保法》是不相符合的。而且，农村生产资料确权、登记、管理和流转缺乏法律支撑，运作尚不规范，不利于金融机构依法处置有关抵贷资产，由此产生的抵押、担保权益就难以落实，容易引发纠纷。

（二）财政引导金融支农的支出比重较小

近年来，财政支农资金投入的增长幅度较大，但财政资金在担保、贴息、保险、储备费用等引导金融支农方面的支出比重较小，如资阳市每年用于担保、贴息、保险、储备费用的支出不足5 000万元，这不利于发挥财政“四两拨千斤”的作用，不利于引导金融机构积极创新农村金融产品。

（三）农业保险发展比较滞后

目前，我国农业保险发展比较滞后，商业性保险基本没有涉足农业，以财政补贴为特征的政策性农业保险正在试点，品种范围较窄，四川试点品种仅限于水稻、玉米，育肥生猪、能繁母猪和奶牛，不利于增强农民应对自然灾害的能力，也不利于激发金融机构产品创新的积极性。

（四）新型农村经济合作组织处于发展的初级阶段

农民专业合作社、农村资金互助社等新型合作组织是产品创新的重要依托，目前处于发展的初级阶段。农民专业合作社成立时间短、没有现成模式可循，存在生产规模小，经营功能单一，辐射带动能力不强，法人治理结构不健全等问题，一些专合社还不能成为合格的信贷主体。农村资金互助社既有扶贫性质，又有近似传统银行的功能，但法律上未明确其地位，其规范运作、依法运营、风险控制、监督管理等受到较大影响。实际运作中，由于资金来源单一（以财政投入为主并吸收社员资金入股），贷款额度小（一般为3 000元到5 000元），难以满足农户生产及投资需求。管理人员主要为当地村干部，缺乏管理经验和能力，容易被血缘、亲情关系所左右，存在市场、操作和道德等风险隐患。

四、政策建议

（一）完善法律法规，为产品创新提供制度保证

修订完善《物权法》、《担保法》及相关法律法规，在法律层面上进一步明确农村土地、宅基地等融资权，出台农村生产要素确权、登记、评估、抵押、转让等具

有可操作性的配套法规和措施，为农村金融产品创新提供有力的制度保证。

（二）提高财政引导金融支农的支出比重

财政部门应积极发挥财政“四两拨千斤”的作用，提高引导金融支农的支出比重，重点是落实专项资金，加大对农民专业合作社、农业龙头企业和种养殖大户的贷款贴息；建立完善农业和中小企业贷款风险补偿基金，加大农业政策性保险的补贴力度。

（三）推动农村保险发展，分散转移“三农”贷款风险

扩大农业政策性保险试点品种，可开办粮食、油料、牛、羊、鱼等种养殖保险；成立农业再保险公司，对农业政策性保险及高风险农业项目实施再保险；鼓励商业保险公司开发农村和农业保险业务，构建政策性和商业性相结合的农业保险体系，通过分散转移“三农”贷款风险，激发金融机构产品创新动力。

（四）提高新型农村经济合作组织经营管理水平

按照产权明晰、管理规范、决策民主、风险控制要求，健全农民专业合作社内部机制，围绕主导产业和优势产业，通过品牌打造、利益驱动、政策引导，在重点和龙头企业带动下，不断提高农民专合社经营管理水平。金融机构应帮助不符合贷款条件的农民专合社完善财务制度，逐步将其培育成合格的信贷主体。明确农村资金互助社法律地位，鼓励该区域内其他组织参股，拓宽资金来源渠道；成立专门机构，配备专职人员，从事专项管理。

非金融机构支付服务模式选择

龙　超[1]

2011年5月26日，中国人民银行正式向支付宝、财付通等27家非金融机构颁发了首批《支付业务许可证》，标志着非金融机构正式获得从事支付服务的合法地位，同时也具备了接入中央银行网上支付跨行清算系统（以下简称“网银系统”）办理支付业务的主体资格。未来非金融服务机构提供支付服务将面临两种模式选择，即传统的第三方支付模式和网银系统支付模式，新的支付模式的产生可能会对现有支付服务市场格局产生深远影响。

一、传统的第三方支付模式

非金融机构介入到支付服务体系通常运用电子化手段为市场交易者提供前台支付或后台操作服务，其提供的服务被称做“第三方支付”。以支付宝的担保交易为例，传统的第三方支付模式的基本流程是：客户将交易资金暂存在非金融机构账户，待客户确认购买产品、服务满意后，通知非金融机构付款，非金融机构将交易资金划转给商户。从上述流程不难看出，由于非金融机构充当担保方角色，一笔买方向卖方支付的跨行交易被拆分为两笔行内交易，即客户与非金融机构间的交易和非金融机构与商户间的交易（见图1）。

二、网银系统支付模式

网银系统为非金融机构资金结算提供了另外一种途径，即非金融机构通过网银系统的第三方贷记功能完成客户与商户间的资金结算。基本流程是：非金融机构通

① 作者简介：龙超，中国人民银行新余市中心支行。

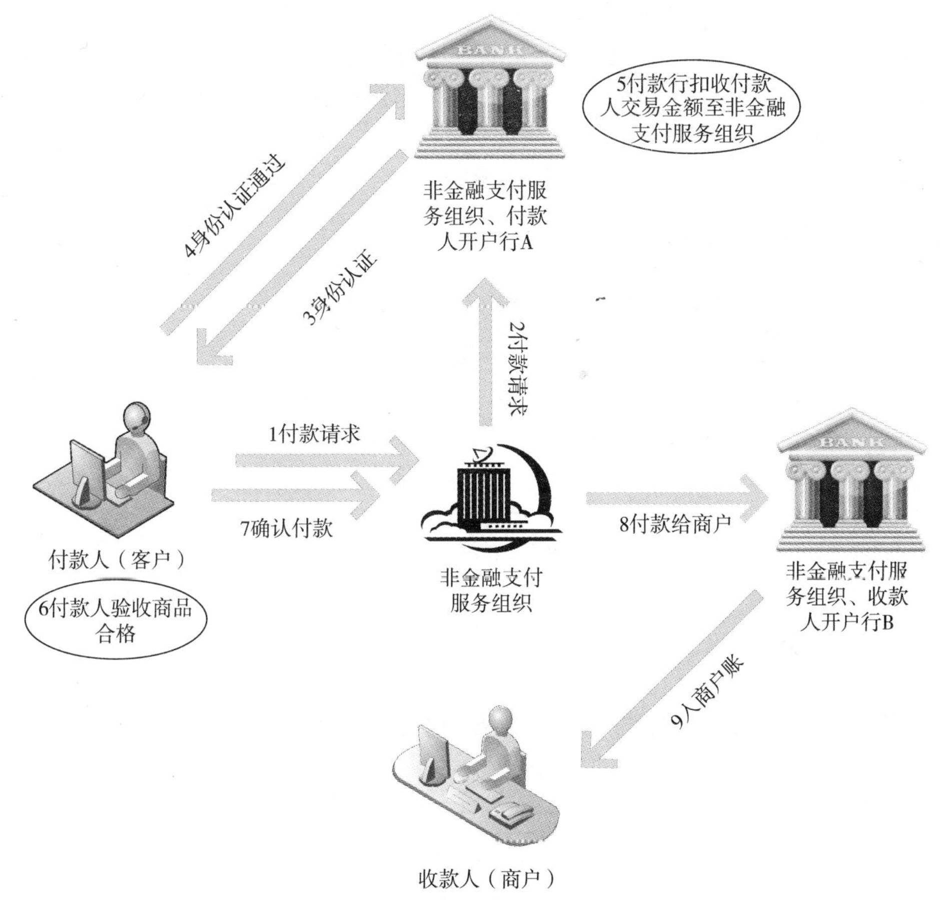

图1 第三方支付模式示意图

过网银系统发起借记买方账户，贷记卖方账户的支付交易，付款银行、收款银行实时验证买卖双方账户信息的正确性，网银系统最终完成付款银行和收款银行之间的资金结算。为最大限度地兼容现有电子商务模式，该支付模式可变换为非金融机构发起借记买方账户，贷记非金融机构账户的支付交易，将客户资金暂存在非金融机构账户，待买家对产品确认满意后，非金融机构可采取传统模式或者网银系统模式将交易资金划转到商户账户（见图2）。

三、两种支付模式比较分析

（一）支付主体地位

传统的第三方支付模式下，非金融机构是银行机构客户，其支付主体地位可简

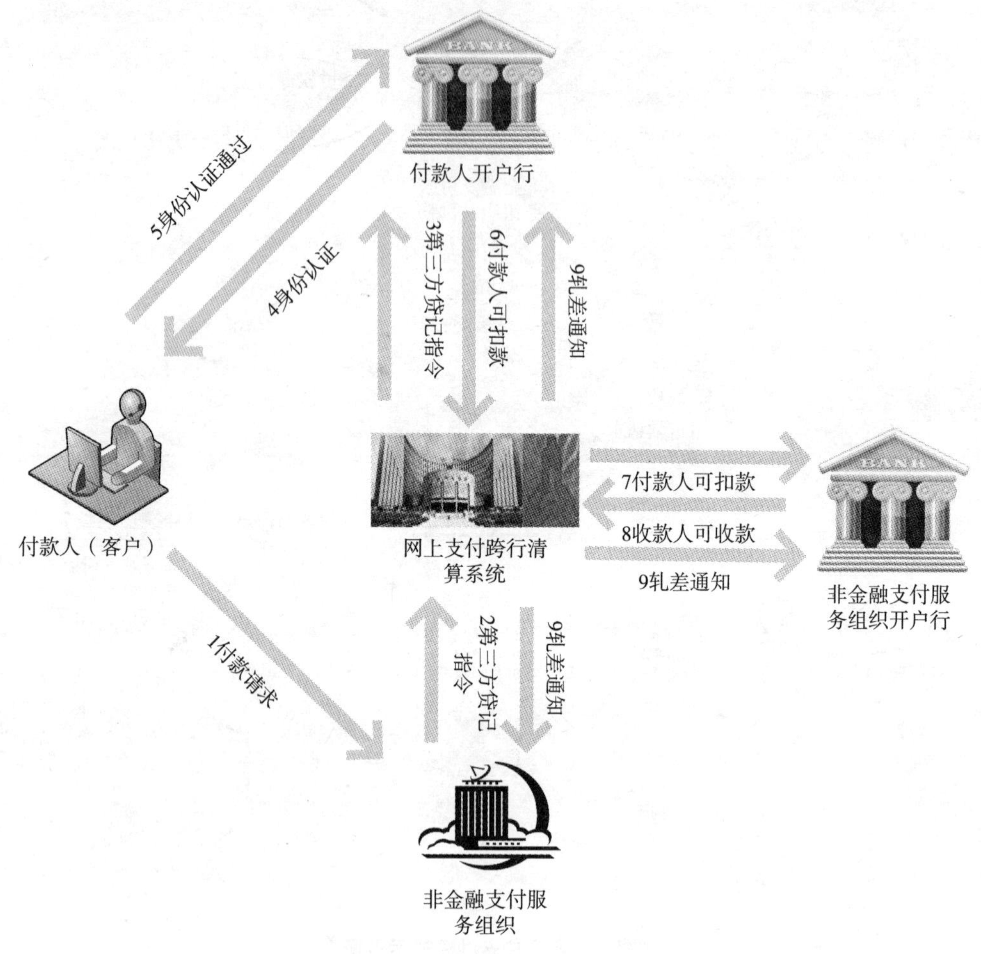

图2 网银系统支付模式示意图

单等同于存款大、交易频繁的银行大客户或VIP客户；网银系统支付模式下，非金融机构是中央银行支付清算系统的参与者，与同样作为系统参与者的银行机构处于同一层级，其支付主体地位大大提升，支付话语权也随之提高。

（二）支付交易成本

非金融机构的支付服务成本主要包括人员成本、系统和网络建设维护成本、支付渠道拓展和维护成本、业务对账成本等。传统的第三方支付模式中，非金融机构必须与每家银行逐一进行谈判，采取“一对一”的方式确定一系列合作协议，包括支付信息网络建设方案、利益分配机制、支付风险防范措施等内容，因此，非金融机构与银行建立合作关系时需要付出巨大的成本。这样重复的成本付出无疑是对社会资源、企业资源的浪费，也极大地制约了支付效率、企业效益的提升。

非金融机构接入网银系统，通过系统实现与各银行机构的连接，只需付出一次支付成本即与所有银行机构建立了支付渠道。与传统模式相比，该模式极大节约了非金融机构的支付成本，尤其是支付渠道的建设成本。

（三）两种支付模式的博弈

第三方支付作为支付服务市场的细分市场，是随着我国电子商务蓬勃兴起而相应发展起来的。第三方支付不仅催生了非金融机构的发展、有力支持了淘宝网等非接触式商业模式的应用，而且很好地契合了公众特别是年轻公众的消费和支付习惯。随着第三方支付市场潜能的不断释放，非金融机构将继续发展壮大，银行作为传统支付业务的垄断地位必将受到冲击。目前，各银行机构开始调整发展战略，纷纷建立银行电子商务平台，依托巨大的网银客户资源涉足第三方支付市场，与非金融机构的支付服务开展竞争。

非金融机构接入网银系统后，将在传统的第三方支付模式和网银系统支付模式之间权衡选择，这必将带来非金融机构和银行机构间新一轮的市场博弈。

传统模式中，非金融机构与银行的合作关系受双方合作协议约束，双方均存在违约或中止合作的可能，但显而易见的是，银行处于相对主导、强势地位，较非金融机构有较强的承受能力。网银系统支付模式的产生直接引入了支付渠道的竞争，非金融机构将由原来相对从属、弱势地位转向与银行相对平行的地位，为传统支付模式的拓展提供了更强的议价能力。非金融机构可以更加灵活地安排支付业务在传统第三方支付模式与网银系统支付模式的分布，更好地实现在支付效率、客户体验、产品创新上的布局。

从银行角度看，网银系统支付模式可以突破现有银行电子商务平台只服务本行客户的商业模式，既为本行客户提供电子商务服务，又像独立的电子商务企业一样面向所有互联网用户提供服务，与非金融服务机构提供的支付服务也基本同质。因此，银行对采用传统模式的合作意向将把自身电子商务服务竞争力作为重要考虑因素，而不单纯纠缠于非金融机构的管理服务费用了，市场竞争将日趋激烈。

四、两种模式将长期并存

虽然，网银系统支付模式能更好地降低非金融机构的支付成本，提高支付主体地位，但并不意味着传统第三方支付模式没有存在的必要：一是网银系统目前的功能可能不能完全满足非金融机构的需求，非金融机构需要同非网银系统参与者采取传统模式支持业务的发展；二是在客户体验方面，由于传统第三方支付模式下的两方交易相较于网银系统模式的三方交易，业务处理节点少，业务处理时效性略强，因此非金融机构和客户都需要一段时间的过渡和适应；三是非金融机构和银行之间已经建立起合作关系，其前期投入的支付成本仍可在一定时间内继续创造价值。因此传统模式和网银系统模式将长期同时存在。

五、结语

网银系统支付模式赋予了非金融机构平等主体地位并与银行一起公平享受各方资源，这极大地降低了电子支付的社会总成本，同时也突破了电子商务支付服务市场的既有格局，特别是银行机构将借助网银系统后起发力积极介入电子商务领域，支付服务市场竞争将进入新阶段，由此必然引发电子商务变革和发展。

风险防范

浅谈商业汇票贴现的法律特征及风险防范

王仲贵[①]

贴现是指持票人在需要资金时，将其持有的未到期的商业汇票（以下简称汇票），经过背书转让给银行，银行从票面金额中扣除贴现利息后，将余款支付给贴现申请人的票据行为。就贴现这一票据行为而言，到底具有怎样的法律特征，又应采取怎样的风险防范措施，以下作简要分析。

一、贴现的法律特征

1. 贴现是银行的一种授信行为

贴现实际上是贴现人即银行对持有汇票的贴现申请人的一种授信行为。在贴现的实际业务中，贴现申请人与贴现人都要签订贴现协议，这个协议实际上就是贴现合同，而贴现合同实际上就是借款合同。从贴现协议的双方当事人看，贴现申请人实际上就是借款合同中的借款人，贴现人实际上就是借款合同中的贷款人。从贴现协议约定的内容看，贴现金额实际上就是贷款金额，贴现利率实际上就是贷款利率，贴现期限实际上就是贷款期限。从贴现协议的解除条款看，贴现协议的解除实际上就是借款合同的解除。解除条款一般都约定，无论何种原因导致发生下述事件之一的（这些事件包括：第一，贴现申请人违反本协议的约定；第二，贴现商业汇票承兑人财务状况恶化，将无力履行其付款义务；第三，承兑人被解散、撤销、关闭或发生破产；第四，承兑人主要财产发生毁损，或被查封、扣压、冻结、没收、拍卖或征用；第五，承兑人涉及重大诉讼或仲裁案件，可能影响贴现人的债权安全），贴现人有权解除本协议，并要求贴现申请人立即返还贴现资金、利息和有关费用；在此情况下贴现申请人同意贴现人从贴现申请人开立在贴现人的账户中扣划上述款

① 作者简介：王仲贵，供职于中国银行北京顺义支行。

项。从贴现协议的成立与生效看，它与借款合同的成立与生效一样，都是诺成合同，即都是双方当事人签字盖章之日起成立并生效。由此可见，贴现从其法律性质看，是贴现人即银行对贴现申请人的一种授信行为。

2. 贴现是一种汇票转让行为

在贴现的实际业务中，贴现申请人与贴现人即银行都要签订贴现协议，在协议中通常要约定贴现申请人自愿将本协议项下的汇票背书转让给贴现人，贴现人向其提供汇票贴现款。也就是说，贴现人通过转让自己的贴现款而取得贴现申请人的贴现汇票，贴现申请人则是通过转让自己持有的汇票而取得贴现款。贴现人一旦取得该汇票，就拥有了该汇票的一切票据权利，包括付款请求权和追索权；汇票到期后，贴现人就可以要求承兑人付款，如果承兑人拒绝付款则可以向其前手进行追索，以最终实现汇票权利，取得汇票款。可见，贴现申请人此时就是《中华人民共和国票据法》（以下简称《票据法》）上的汇票背书人，而作为贴现人的银行此时就是《票据法》上的被背书人。贴现就其法律性质而言，是贴现申请人与贴现人双方各自向对方支付对价又分别取得资金和汇票权利的汇票转让行为。

3. 贴现是一种特殊的汇票质押担保行为

我们可以试想，贴现如果是银行的一种授信行为，那么这种授信是一种信用授信呢？还是一种担保授信呢？如果是信用授信就没有必要让贴现申请人将汇票背书转让给贴现人。如果认为贴现只是一种单纯的汇票买卖转让行为而不存在汇票质押担保，那么按照等价交换原则，就不会有贴现利息。我们一方面承认贴现是银行的一种授信行为，另一方面又承认银行作为贴现人拥有该贴现汇票，难道这两者是彼此孤立存在的吗？显然不是，事实上在汇票贴现业务中，存在着一种特殊的汇票质押担保。说它是一种特殊质押担保，是因为《票据法》对此做出了特殊的规定，《票据法》第三十五条第2款明确规定：“汇票可以设定质押；质押时应当以背书记载‘质押’字样。被背书人依法实现其质权时，可以行使汇票权利。”《最高人民法院关于审理票据纠纷案件若干问题的规定》第五十五条也明确指出：“依照票据法第三十五条第2款的规定，以汇票设定质押时，出质人在汇票上只记载了‘质押’字样未在票据上签章的，或者出质人未在汇票、粘单上记载‘质押’字样而另行签订质押合同、质押条款的，不构成票据质押。”由此可以看出，汇票质押担保要生效，背书必须要完善，不仅背书人要签章、被背书人名称要填好，还必须在背书人签章栏内记载“质押”字样。另外，根据《中华人民共和国物权法》（以下简称《物权法》）第二百二十四条（“以汇票、支票、本票、债券、存款单、仓单、提单出质的，当事人应当订立书面合同。质权自权利凭证交付质权人时设立；没有权利凭证的，质权自有关部门办理出质登记时设立。”）规定，要设定汇票质押担保，贴现人与贴现申请人还要签订质押合同或设定质押条款。那么，我们应当怎样处理汇票质押合同与汇票质押背书之间的关系呢？由于《物权法》是一般法，《票据法》是特别法，又由于《物权法》是新法，《票据法》是旧法，因此我们要优先适用特别法（《票据法》）又要优先适用新法（《物权法》）。为稳妥起见，我们既要做好汇票质押背书，同时又要签订好汇票质押合同或质押条款（有关质押条款后面还要讲到），这样才能在汇票上表明谁是汇票的出质人，谁是汇票的质权人，该汇票已经设定了质押担保，也才能更加明确地表明出质人与质权人就该汇票设定质押担保的真实意思表示，从而使汇票质押担保生效。而汇票质押担保一旦生效，则被背书人即质权人就是该汇票的持票人，该质押汇票也只能以持票人即质权人的名义来主张票据权利，包括付款请求权和追索权，这是由汇票的文义性所决定的，此时贴现人（持票人、质权人）就可以通过实现汇票权利来实现其贴现债权。可见，贴现人即银行为贴现申请人提供的授信与拥有贴现汇票这两者绝非彼此孤立存在、互不相干的，相反两者是紧密相连不可分割的，拥有贴现汇票正是为了质押担保授信债权的实现。因此，贴现从其法律性质看是一种特殊的汇票质押担保。

4. 贴现是银行授信、汇票转让、汇票质押的一种竞合

从前面的分析我们可以看到：第一，作为贴现汇票，要转让就必然要经过背书，背书人就是转让人，被背书人就是受让人，此时贴现申请人即借款人同时又是背书人，而贴现人即贷款人（银行）同时又是被背书人。可见，银行的授信与汇票转让是一种竞合。第二，银行作为贴现人与贴现申请人签订的贴现协议实际上就是一个授信合同，并且是一个主合同，贴现汇票流转到贴现人手中的唯一目的就是为了担保贴现协议的履行，所以在汇票贴现业务中还存在着一个汇票质押担保的从合同，此时贴现申请人同时又是汇票质押担保合同的出质人，而贴现人同时又是质权人，可见，银行的授信与汇票质押担保是一种竞合。第三，汇票质押担保要生效，同样也要经过背书转让，而一旦背书转让，此时的出质人就是背书人，质权人就是被背书人。可见，汇票的转让与质押担保也是一种竞合。由此我们可以看到，贴现申请人同时又是背书人、出质人、借款人，贴现人同时又是被背书人、质权人、贷款人，贴现就其法律特征而言是银行授信、汇票转让和汇票质押的一种竞合，绝非单纯的汇票转让行为，更不是没有任何担保的银行授信行为。

二、贴现的风险防范

认识到贴现的这种法律特征，对于我们有效防范贴现业务中的各种风险具有重要的指导意义。

1. 要确保贴现汇票的真实合法性。为此，我们必须要做好贴现汇票的查询工作，包括进入人行支付查询查复处理系统进行查询该汇票是否真实存在、有无挂失等情况，必要时银行工作人员也可以直接到该汇票承兑人处进行查询，以进一步落实该汇票的真实合法性。

2. 要确保贴现汇票背书转让的连续性和完整性。为此，我们就要审查背书人的签章是否连续，转让汇票的背书人与受让汇票的被背书人在汇票上的签章是否依次前后衔接，也就是说，前一次背书转让的被背书人是否与后一次背书转让的背书人相一致，背书人签章是否确保单位公章加其法定代表人或其授权代理人的签章。

3. 要确保质押背书的完整有效性。为此，我们既要审查出质人（背书人）在汇票背书栏是否记载“质押”字样，又要审查其是否在背书栏签章，还要审查在汇票的名称栏处是否填好质权人即被背书人的名称；同时，我们还要进一步审查汇票质押担保合同或汇票质押担保条款的内容是否准确完整。只有这样，才能确保汇票质押担保的有效性，才能使其有效地为贴现这一主合同提供质押担保，以确保贴现债权的实现。

4. 要自觉地把贴现协议这一诺成合同（主合同）与汇票质押担保这一实践合同（从合同）统一起来。由于贴现协议是双方当事人在协议上签字盖章之日起生效的诺成合同，而汇票质押担保合同是自汇票交付之日起生效的实践合同，那么为防范风险，银行作为贴现人同时又作为质权人，在签订贴现协议的同时必须要收取贴现汇票。从前面所讲贴现是银行授信、汇票转让、汇票质押的一种竞合的法律特征就可以看到，贴现业务中银行授信这一主合同与汇票质押担保这一从合同也是竞合的，此时汇票质押担保这一从合同与银行授信这一主合同具有了同等的法律地位，两者实际上已不存在主从之分了，银行可以直接通过实现汇票质权来实现其授信债权。

5. 要严格审查承兑人和贴现申请人的资信状况。我们知道汇票分为商业汇票和银行汇票。商业汇票是银行以外的人作为出票人签发的，委托付款人在指定日期无条件支付确定的金额给收款人或持票人的票据。商业汇票又分为银行承兑汇票和商业承兑汇票，由银行以外的付款人承兑的为商业承兑汇票，由银行承兑的为银行承兑汇票。而贴现通常是对银行承兑汇票和商业承兑汇票而言的。银行作为承兑人在为出票人承兑汇票时，一般都要求出票人交纳百分之百的保证金，为持票人支付票款时，通常是将出票人的保证金划入承兑行的账户，然后从承兑行账户将票款支付给持票人。因此，我们一定要认真审查承兑行的资信状况，对那些资信状况较差的银行所承兑的汇票，贴现时一定要慎重考虑，因为承兑行一旦宣告破产，而对出票人所交纳的保证金又没有特定化时（关于此项内容我曾在《北京金融》2006 年第 6 期发表的“浅谈保证金的法律性质与风险防范”一文中有较为详细的阐述，在此不再赘述），汇票质押担保将会落空，贴现人的债权也将会由汇票质押担保债权转化为一种无任何担保的破产债权。对于商业承兑汇票贴现，在贴现实务中，由于出票人和承兑人通常为同一人，承兑人承兑汇票时要收取保证金显然不具有操作性，贴现汇票所对应的款项承兑人也很难将其特定化，因此更要严格审查该承兑人的资信状况，以避免承兑人一旦宣告破产，贴现人的汇票质押担保债权转化为无任何担保的破产债权。可见，在承兑人宣告破产等情况下，就不能确保贴现人的债权全部顺利实现。为此，贴现人要顺利实现其债权，还必须要对贴现申请人的资信状况进行严格审查，必要时可派工作人员亲自到贴现申请人处实地考察，因为此时在汇票质押担保失去作用的情况下，汇票质押担保这一从合同就与贴现协议这一主合同相分离了，从而也就打破了它们的竞合状态。那么，在汇票权利最终无法得到实现（通过行使付款请求权和追索权都不能实现汇票权利）的情况下，贴现人就只能靠通过履行贴现协议这一主合同（贴现人与贴现申请人签订的授信合同）来实现其债权了，此时如果贴现申请人的资信状况良好，贴现人的债权就可以顺利实现；如果贴现申请人的资信状况较差，贴现人的债权就不能顺利实现。因此，我们不能只看到贴现协议这一主合同与汇票质押担保这一从合同的同一性，还要看到两者的对立性（在一定条件下两者是可以相互分离的），不能因为只看到两者的同一性就忽略对贴现申请人的资信审查。正因为存在这一风险点，贴现协议中才设有协议解除条款，从解除条款的内容就可以看到审查承兑人及贴现申请人资信状况所具有的必要性。

6. 要对贴现协议中甲乙双方当事人的称谓给予完善。在贴现实务中，通常都是贴现人与贴现申请人签订一个贴现协议，而不另立汇票质押担保合同，只是在贴现协议中设有质押条款，这当然是无可质疑的，《中华人民共和国担保法》第九十三条明确规定：“本法所称保证合同、抵押合同、质押合同、定金合同可以是单独订立的书面合同，包括当事人之间的具有担保性质的信函、传真等，也可以是主合同中的担保条款。”可见，贴现协议这一主合同中的汇票质押条款也是质押担保合同的一种表现形式。为此，在贴现协议中我们除了要设定好汇票质押条款外，还必须明确甲乙双方当事人的多重身份关系，同时赋予它们多种法律称谓。事实上贴现人和贴现申请人都各有三重身份，因而也就各有三种法律称谓，贴现人即被背书人即质权人即贷款人，贴现申请人即背书人即出质人即借款人。因此，在贴现协议中，对此问题我们必须要给予完善，甲方贴现申请人可以表述为贴现申请人（背书人、出质人、借款人），乙方贴现人可以表述为贴现人（被背书人、质权人、贷款人），这样就可以把我们前面所讲的有关贴现的法律特征有机地统一起来，使甲乙双方当事人各自都能明确其所享有的权利和所承担的义务，从而有助于贴现协议的履行。

7. 要妥善保管好贴现汇票。在贴现业务中，汇票作为质权凭证，同时又是一种有价证券，因此，我们一定要将其视为现金进行妥善保管。贴现人对汇票的保管必须做到双人入库保管，要一人管密码，另一人管钥匙；账务也要双人管理，一人作记账，另一人作复核，并确保账实相符。即使是上级有关部门、有关领导需要检查贴现汇票，管库人员也要亲自在场，并且还应在监控录像下进行检查。如果贴现汇票因保管不当而丢失、毁损，就会给贴现人带来不必要的成本支出，甚至还要到法院通过公示催告程序加以解决，无形中加大了贴现风险。

试析商业银行授信类合同交叉违约条款

胡从宝[①]

交叉违约（Cross - default）可以理解为合同主体在本合同项下未发生违约，但相关主体在其他合同项下发生了债务违约行为，进而导致本合同项下违约或债务加速到期情形。交叉违约条款有利于商业银行及时监控客户履约能力，有效保护金融债权安全。纵观国有商业银行及股份制商业银行企业授信类合同文本（本文以四大国有商业银行、民生银行、北京银行企业示范文本为例），虽大多文本对交叉违约作出了约定，但约定内容略显空泛，可操作性不强。

下面笔者通过解析主要商业银行授信类合同交叉违约条款的不足之处，旨在借鉴国际互换和衍生交易协会（ISDA）交叉违约条款的基础上，探讨交叉违约条款将触发金额、违约主体、违约范围、违约性质三者合理结合的有效途径。

一、商业银行授信类合同交叉违约条款现状

目前，在主要商业银行的企业授信类合同文本中，均存在要求合同对方单方面遵守交叉违约条款的约定。在具体条款安排上有替代性条款，选择性条款和单独条款三种方式。

（一）授信类合同交叉违约条款类型

1. 替代性条款约定

此类合同文本中未明确约定交叉违约条款，仅规定了替代性条款。如，受信人的任何重大的信贷融资、担保、赔偿或其他偿债责任到期不能履行的。

---

① 作者简介：胡从宝，供职于中国银行北京市分行。

2. 选择性条款约定

此种条款通常对交叉违约的范围作出几类不同规定，在依据实际业务中，交易的具体情况选择适用条款。如：

（1）借款人在与贷款人或贷款人其他机构之间的其他合同项下发生违约事件；

（2）借款人在与贷款人或贷款人其他机构之间的其他合同项下发生违约事件；借款人与其他金融机构之间的授信合同项下发生违约事件（根据业务实际需要选择其一，不适用的条款应删除）。

3. 单独条款约定

单独条款主要出现于人民币和外币类借款合同、国际贸易融资类合同：

借款人（出口商、申请人等）与贷款人（出口保理商等）或贷款人其他机构之间的其他合同项下发生违约事件。

以上三种约定方式，替代性条款往往约定过于空泛，难以有效监控与落实。而选择性条款和单独性条款中，交叉违约的主体均仅约定为合同相对方；对交叉违约的触发金额均未作出约定；交叉违约的违约范围方面：选择性条款如涉及其他金融机构，则只触及其他金融机构授信合同项下违约事件，而单独条款中则仅包含贷款人其他机构所有合同项下的违约事件。

（二）实际业务中交叉违约条款修改

实际业务中，客户往往对上述交叉违约条款存在异议，特别是针对交叉违约条款未明确约定触发条件争议较大。实际业务中如出现交叉违约事件，即使微不足道的违约情形，也会触发交叉违约条款，客户违约风险较大，商业银行也难以有效落实相应救济措施。基于营销需求与风险控制的平衡考虑，如客户修改意愿强烈，通常对上述交叉违约条款作一定修改。具体如下：

第一，客户坚决要求直接删除，基于客户资信良好，迫于营销压力，直接删除上述交叉违约条款。

第二，将违约事件附加程度性限定：如发生重大违约事件，不会对甲方（贷款人相对方）本协议项下履约能力产生不利影响的除外。

上述修改并未从根本上解决交叉违约条款非合理性约定。合同双方通过模糊性约束，将可能的争议推迟至争议解决阶段。需要注意的是，上述模糊性约定一旦产生争议，往往缺乏可操作性，而商业银行作为合同文本提供方，有可能被动接受不利解释。

二、商业银行交叉违约条款分析

（一）合同文本应力争保留交叉违约条款

交叉违约条款作为确保合同当事人履约能力的手段，是对法定合同救济手段的重要补充。通过设定违约触发条件，交叉违约条款对合同当事人提供更为直接、更为有效的预先救济保护。金融实务中，设立交叉违约条款，有利于金融企业对对方履约能力的动态监测。具体授信业务中，由于贷款信息获取的滞后性，企业存在于授信发起审批阶段符合授信条件，但授信发放后突破或弱化授信条件的现象，如“多头融资、多头授信”等现象时常发生。通过设立交叉违约条款，无疑将强化金融企业风险预警机制。

值得关注的是，在《流动资金贷款管理暂行办法》中，明确要求将借款人发生重大交叉违约事件视为借款人违约。因此，在流动资金贷款合同中，交叉违约条款应当为必备条款。

（二）合理确定交叉违约条款触发条件

1. 交叉违约条款触发金额确定

当前，商业银行交叉违约条款，大多未设定触发金额，即可理解成客户发生的任何违约事项均为交叉违约触发条件，如此约定显然有悖于合同双方利益平衡，徒增合同谈判难度。实际操作中，也难以有效落实上述约定。

合理设定交叉违约触发金额，有利于平衡金融机构风险预警与客户正常运作需求。借鉴ISDA业务实践，交叉违约金额可以采取动态比例数额方式，即根据合同相对方提供的财务报告，用其净资产或法定公积金乘以一个比例（通常为5%左右）作为触发金额。企业净资产、法定公积金在财务报表中相对比较稳定，能够确定一定时间内企业的整体资信情况。实际业务中，也可结合具体企业的特殊性，采取合理指标确定触发金额。

2. 交叉违约条款违约主体确定

商业银行交叉违约条款大多仅将合同相对方其他合同项下违约事件视为交叉违约。实际业务中，企业之间关系往往比较复杂，如企业存在关联企业、附属企业、特殊机构等关系，仅控制合同相对方交叉违约事项很难有效预防可能的风险。

ISDA交叉违约条款中，将交叉违约主体确定为：合同相对方、合同相对方的任何信用支持提供者或合同相对方的任何适用特定机构。在金融业务合同中，可借鉴

ISDA 上述约定，依据合同相对方具体情况，可将交叉违约主体限定为合同相对方及其履约保障提供者（主要包括担保人、母子公司、控股公司等）。

3. 交叉违约条款违约范围确定

商业银行交叉违约条款大多约定将相对方在贷款人、贷款人其他机构之间的违约事项视为交叉违约。在选择性约定中涉及其他金融机构授信合同项下违约事件也视为交叉违约。如此约定难以有效确保相对方履约能力，如相对方与其他主体合同项下发生重大基础交易违约，即不能触发交叉违约条款。

参考 ISDA 交叉违约条款，只要相对方发生违约事项，达到触发金额，均视做交叉违约发生。商业银行交叉违约条款也应当采取上述约定，以最大限度地维护贷款人债权安全。

4. 交叉违约条款的违约性质确定

何种性质的违约类型可被认定为交差违约条款的触发条件之一，实践中主要有三种操作方式。一是将借款人任何性质的债务未履行均视为交差违约的构成要件；二是将借款人债务未履行界定为“未支付”。“未支付”即借款人信贷融资、担保、赔偿等偿债责任到期未能支付；三是将任何可能导致债务加速到期的违约行为都约定成交差违约条款触发条件。

上述第一种做法对借款人无疑过于苛刻，合同执行的成本较高且可操作性较低。第二种做法将“未支付”作为债务的性质，此种约定直接将借款人的交差违约事项限定在金钱债务范围。此种方式有利于保护借款人的正常生产经营，但通常只有借款人具有较高的信用等级时，方可谨慎适用，并且还应当对借款人的其他非支付类型的重大事项（如破产、重组等）作为一般违约事项。第三种做法将任何可导致授信合同项下债务加速到期的情形均视为交差违约要件，此种做法有利于发挥交叉违约条款的预警功能，有利于商业银行贷款债权的及时维护，同时也避免了将借款人的任何债务未履行都作为交叉违约的触发条件。

三、商业银行交叉违约条款修改具体建议

商业银行授信类示范合同文本可对相关交叉违约条款作出修改。交叉违约条款的设置应在贷款方风险控制与客户实际经营需求之间取得平衡。就条款具体内容，应当合理设置触发金额、违约主体、违约范围与违约性质。商业银行企业授信类示范文本交叉违约条款触发金额可约定为相对方净资产或法定公积金的5%；交叉违约主体可扩展到相对方的提供履约保障的关联企业、附属企业等；交叉违约条款违约范围及违约性质可约定为：导致交叉违约主体授信合同项下债务加速到期的一切

违约事项。

以借款合同为例，交叉违约具体条款可修改如下：

借款人、借款人履约保障提供者（根据业务实际情况，合理确定具体交叉违约主体）其他合同项下发生违约、违约事件、其他类似情况或事件且在适用的宽限期（如有）届满后仍未纠正，累计金额达到上述主体各自或总体净资产或法定公积金的5%（以先达到且金额小者为准）。

浅谈如何运用强制执行公证制度维护银行债权

于　琳[①]

公证制度是我国司法制度的组成部分。全国各地设立的公证处是代表国家行使证明权的机关，是依法证明法律行为、有法律意义的事实和文书的真实性、合法性的机关。公证处出具的公证书依法具有证据效力、强制执行效力和法律行为成立要件效力，是法律认定事实的根据。非经法定的公证程序，不得撤销、变更公证证明。公证处出具的公证书具有法律所确认的效力。

强制执行公证是公证制度中的一项重要内容。2005 年国家颁布实施《中华人民共和国公证法》后，强制执行公证制度更加规范。强制执行公证制度的实施，在保护债权人合法权益方面发挥了积极作用。据有关资料统计，"近年来，深圳市通过强制执行公证保障的合同的履约率达 99% 以上，出现的个别未按期还款情况，借款人也在公证处的知会下及时还款。仅仅有极少数借款人由公证处出具了执行证书，并且得到了人民法院的及时执行，而履行还款义务"[②]。

本文拟通过对我国现有强制执行公证制度的适用情况进行初步研究，希望对银行开展信贷业务、维护贷款安全起到一定的抛砖引玉作用。

一、强制执行公证的概念

根据《中华人民共和国公证法》的规定，强制执行公证制度是指"对经公证的以给付为内容并载明债务人愿意接受强制执行承诺的债权文书，债务人不履行或者履行不适当的，债权人可以依法向有管辖权的人民法院申请执行"。我国《民事诉讼法》第二百一十八条规定："对公证机关依法赋予强制执行效力的债权文书，一方当事人不履行的，对方当事人可以向有管辖权的人民法院申请执行，受申请的人

① 作者简介：于琳，供职于交通银行北京市分行。

② 摘自《深圳晚报》，2010－03－03。

民法院应当执行”。

因此，基于以上规定，经公证机关依法赋予强制执行效力的债权文书到期后，债务人拒不履行的，这种债权文书便可成为执行依据，与生效的判决书、调解书、仲裁书具有同等的法律效力。

二、强制执行公证适用的业务范围

根据最高人民法院、司法部于2000年9月1日下发的《关于公证机关赋予强制执行效力的债权文书执行有关问题的联合通知》（以下简称《联合通知》）第二条的规定，公证机关赋予强制执行效力的债权文书的范围包括：

（一）借款合同、借用合同、无财产担保的租赁合同；

（二）赊欠货物的债权文书；

（三）各种借据、欠单；

（四）还款（物）协议；

（五）以给付赡养费、扶养费、抚育费、学费、赔（补）偿金为内容的协议；

（六）符合赋予强制执行效力条件的其他债权文书。

据此规定，对于明确载有借款人的还款义务意思表示的银行借款类合同，当该合同中增加借款人明确表明其愿意接受强制执行承诺的意思表示后，该合同将具备依法申请强制执行公证的条件。

三、强制执行公证适用的条件

根据《联合通知》的规定，公证机关赋予强制执行效力的债权文书应当具备以下条件：

（1）债权文书具有给付货币、物品、有价证券的内容；

（2）债权债务关系明确，债权人和债务人对债权文书有关给付内容无疑义；

（3）债权文书中载明债务人不履行义务或不完全履行义务时，债务人愿意接受依法强制执行的承诺。

因此，银行在向公证机构申请对借款类合同进行强制执行公证时，应当确保该合同中债权债务关系明确、借款人应还贷款本金、利息金额具体明确、借款人还款义务确定无疑义，并由借款人承诺当发生贷款逾期时，债务人承诺愿意接受依法强制执行。

四、强制执行公证的受理程序

1. 向公证机构申请办理公证，应当填写公证申请表。并应当提交下列材料：

（1）自然人的身份证明、法人的资格证明及其法定代表人的身份证明，其他组织的资格证明及其负责人的身份证明；

（2）委托他人代为申请的，代理人须提交当事人的授权委托书，法定代理人或者其他代理人须提交有代理权的证明；

（3）申请公证的文书；

（4）申请公证事项的证明材料，涉及财产关系的须提交有关财产权利证明；

（5）与申请公证的事项有关的其他材料。

公证机构受理公证申请后，应当向申请人发送受理通知单。申请人或其代理人应当在回执上签收。

2. 公证机构受理公证申请后，应当根据不同公证事项的办证规则，分别审查下列事项：

（1）当事人的人数、身份、申请办理该项公证的资格及相应的权利；

（2）当事人的意思表示是否真实；

（3）申请公证的文书的内容是否完备，含义是否清晰，签名、印鉴是否齐全；

（4）提供的证明材料是否真实、合法、充分；

（5）申请公证的事项是否真实、合法。

当事人应当向公证机构如实说明申请公证事项的有关情况，提交的证明材料应当真实、合法、充分。

3. 公证机构可以采用下列方式，核实公证事项的有关情况以及证明材料：

（1）通过询问当事人、公证事项的利害关系人核实；

（2）通过询问证人核实；

（3）向有关单位或者个人了解相关情况或者核实、收集相关书证、物证、视听资料等证明材料；

（4）通过现场勘验核实；

（5）委托专业机构或者专业人员鉴定、检验检测、翻译。

4. 公证机构经审查，认为申请公证的事项符合《公证法》规定的，应当自受理之日起十五个工作日内向当事人出具公证书。因不可抗力、补充证明材料或者需要核实有关情况的，所需时间不计算在前款规定的期限内，并应当及时告知当事人。

5. 公证书自出具之日起生效。需要审批的公证事项，审批人的批准日期为公证书的出具日期；不需要审批的公证事项，承办公证员的签发日期为公证书的出具日期；现场监督类公证需要现场宣读公证证词的，宣读日期为公证书的出具日期。

6. 公证书出具后，可以由当事人或其代理人到公证机构领取，也可以应当事人的要求由公证机构发送。当事人或其代理人收到公证书应当在回执上签收。

五、强制执行公证执行程序

依法通过公证程序被赋予强制执行效力的债权文书，债务人到期不履行的，债权人可以通过公证机构向法院申请强制执行。根据《公证程序规则（2006）》，具体程序如下：

1. 债务人不履行或者不适当履行经公证的具有强制执行效力的债权文书的，公证机构可以根据债权人的申请，依照有关规定出具执行证书。执行证书应当在法律规定的执行期限内出具，并应当载明申请人、被申请执行人、申请执行标的和申请执行的期限，其中对于债务人已经履行的部分，应当在申请执行标的中予以扣除；因债务人不履行或者不适当履行而发生的违约金、滞纳金、利息等，可以应债权人的要求列入申请执行标的。

2. 公证机关签发执行证书应当注意审查以下内容：

（1）不履行或不完全履行的事实确实发生；

（2）债权人履行合同义务的事实和证据，债务人依照债权文书已经部分履行的事实；

（3）债务人对债权文书规定的履行义务有无疑义。

3. 债权人凭原公证书及执行证书可以向有管辖权的人民法院申请执行。

4. 人民法院接到申请执行书，应当依法按规定程序办理。必要时，可以向公证机关调阅公证卷宗，公证机关应当提供。案件执行完毕后，由人民法院在十五日内将公证卷宗附结案通知退回公证机关。

六、实践中运用强制执行公证时应当注意的事项

（一）强制执行公证与担保之间的关系

1. 强制执行公证不能取代担保

经过公证依法赋有强制执行效力的债权，从本质上说，是属于基于债权合同约定而享有的一般债权。只是与一般债权不同的是，当债务人到期不履行债务时，债

权人可以不经诉讼程序，而直接凭借强制执行公证申请法院按照执行程序处置债务人资产，实现债权。作为一般债权，经公证依法赋有强制执行效力的债权在申请强制执行处置债务人资产时，不得对抗对该资产享有优先受偿权的其他债权人（如担保权人、破产清算程序等法定享有优先受偿权的债权人）。而担保权益是法律赋予债权人对担保财产优先受偿的权利，它可以对抗一般债权人和依照法律规定受偿顺序在其后的其他担保权人而对担保财产的处置所得优先受偿。

2. 对抵押权申请强制执行公证的效力

根据《司法部关于印发〈抵押贷款合同公证程序细则〉的通知》（司发［1992］15号）的规定："双方当事人可以在合同中约定，借款人违约时，贷款人可以申请公证机关出具强制执行证书，向人民法院申请强制执行借款人的抵押财产"。基于此规定，对于经公证依法赋有强制执行效力的抵押权，可以不经诉讼程序而直接向法院申请强制执行。

（二）对于有争议的强制执行公证债权文书

根据《最高人民法院关于当事人对具有强制执行效力的公证债权文书的内容有争议提起诉讼人民法院是否受理问题的批复》（法释［2008］17号）的规定，对于有争议的强制执行公证债权文书，债权人或者债务人对该债权文书的内容有争议直接向人民法院提起民事诉讼的，人民法院不予受理。但公证债权文书确有错误，人民法院裁定不予执行的，当事人、公证事项的利害关系人可以就争议内容向人民法院提起民事诉讼。

（三）对于正在执行的合同能否申请强制执行公证

根据《联合通知》的规定：未经公证的符合本通知第二条（上述第二点）规定的合同、协议、借据、欠单等债权文书，在履行过程中，债权人申请公证机关赋予强制执行效力的，公证机关必须征求债务人的意见；如债务人同意公证并愿意接受强制执行的，公证机关可以依法赋予该债权文书强制执行效力。

（四）申请强制执行公证的费用

根据1998年5月10日《国家发展计划委员会、司法部关于调整公证服务收费标准的通知》（以下简称《通知》）规定，赋予债权文书具有强制执行效力，按债务总额的0.3%收取。各省、自治区、直辖市物价部门可根据本地区实际情况，在上下不超过10%的幅度内，确定本地区实施的具体收费标准，并报国家计委和司法部备案。

根据上述《通知》的规定，北京市物价局、北京市司法局于1999年制定了《北京市公证服务收费标准》（以下简称《标准》）。根据《标准》的规定，凡在北京地区的公证处均要严格按照本通知规定的收费标准收费，不得自行增设收费项目，不得提高收费标准，不得随意减免公证收费。其中，赋予债权文书具有强制执行效力，按债务总额的0.3%收取。

因此，目前，在北京地区对债权文书申请强制执行公证的收费标准为债务总额的0.3%。

七、强制执行公证制度对银行债权保护的意义

银行的借款合同在经过公证具有强制执行的效力后，一旦债务人不履行债务，银行就可以直接持债权文书向人民法院申请强制执行。因此，对于银行来说，对借款合同办理强制执行公证，可以有利于减少诉讼或仲裁案件情况，减轻银行应诉负担，并节省了银行诉讼或仲裁成本和时间；同时，通过减少在审判或仲裁程序中耗费的时间，还可有效防止债务人在案件受理和诉讼期间转移财产，逃避债务，从而保证银行债权的实现，可成为保护银行债权的较为有效率的手段之一。

因此，银行在开展信贷业务中，可以尝试将强制执行公证制度作为抵押、保证、质押担保等贷款保护手段的有益补充。比如在贷款的担保方式是第三人担保的情况下，银行可以追加借款人办理强制执行公证，这样，当贷款逾期时，除向担保人追偿外，银行还可凭借强制执行公证申请法院按照执行程序处置债务人资产，实现债权。银行还可对抵押合同本身办理强制执行公证，当借款人违约时，银行直接向法院申请执行抵押人的抵押财产。